浙江文叢

陸贄集

〔唐〕陸贄 著 劉澤民 點校

浙江出版聯合集團
浙江古籍出版社

圖書在版編目(CIP)數據

陸贄集 / (唐) 陸贄著；劉澤民點校. —杭州：浙江古籍出版社，2013.8(2024.3 重印)
(浙江文叢)
ISBN 978-7-5540-0121-9

Ⅰ.①陸… Ⅱ.①陸… ②劉… Ⅲ.①陸贄(754～805)—文集 Ⅳ.①K242.307-53

中國版本圖書館 CIP 數據核字(2013)第 196562 號

陸贄集

(唐)陸贄 著　劉澤民 點校

出版發行　浙江古籍出版社
(杭州市體育場路 347 號　郵編:310006)
網　　址　https://zjgj.zjcbcm.com
責任編輯　徐　碩　李　林
封面設計　劉　欣
責任校對　余　宏　潘丕秀
照　　排　浙江時代出版服務有限公司
印　　刷　浙江新華數碼印務有限公司
開　　本　710mm×1000mm　1/16
印　　張　22.25
字　　數　228 千
版　　次　2013 年 11 月第 1 版
印　　次　2024 年 3 月第 3 次印刷
書　　號　ISBN 978-7-5540-0121-9
定　　價　150.00 圓(精裝)

ISBN 978-7-5540-0121-9
01>
9 787554 001219

前言

陸贄（七五四—八〇五），字敬輿，唐蘇州嘉興（今浙江嘉興市）人。大曆進士，中博學宏辭科，授華州鄭縣尉。德宗即位，由監察御史召爲翰林學士。建中四年，朱泚之亂，陸贄跟隨德宗避難奉天，轉爲考功郎中。李懷光叛亂，德宗被迫逃往梁州，陸贄扈從，轉諫議大夫。李晟收復長安，德宗還京後，轉爲中書舍人。貞元七年，拜兵部侍郎，知貢舉，餘職皆解。貞元八年，德宗以陸贄爲中書侍郎、同平章事。『户部侍郎、判度支裴延齡姦宄用事，天下嫉之如讎』，德宗却非常信任他。陸贄多次上疏，極言裴延齡的罪過，德宗反以爲排擯，待延齡益厚，逐漸疏遠了陸贄。貞元十年，遂罷陸贄知政事，爲太子賓客。貞元十一年春，因受裴延齡譖毀，貶爲忠州别駕。順宗即位後，下詔徵還，詔未至而贄卒。時年五十二歲。謚曰宣。

陸贄是唐代的賢相，是一位大政治家。他具有遠見卓識，了解當時的社會矛盾，有實際政治才能。德宗即位初年，由於各種矛盾深化，爆發了一連串的反叛、討叛戰争，唐王朝的統治面臨崩潰的危險。在這岌岌可危的時刻，陸贄指陳時弊，策畫大計，給德宗出了很多好主意。建議德宗了解下情，廣開言路，納諫改過，消弭戰争，輕徭薄賦，儲糧備邊，黜小人，任賢能，『布革弊之詔，弘恤隱之懷』。他認爲『惠澤所及，謳歌乃歸』。這些建議，多爲德宗採納，化作了當時的實際政策。

建中初，發生了『四王之亂』，奉詔討叛的涇原軍繼又嘩變，衝進長安，德宗倉皇出走，朱泚被亂軍擡出來做了『大秦皇帝』。在這嚴重關頭，德宗按照陸贄的規勸，下詔罪己，聲明赦免李希烈、王武俊、李納、田悦的罪過，一切待之如初。王武俊、李納、田悦見到詔書，先後去掉王號，上表謝罪。唐王朝摇摇欲墜的局面，才開始扭轉。『議者以德宗克平寇亂，不惟神武之功，爪牙宣力，蓋亦資文德腹心之助焉。』這一評論是非常公允的。

陸贄卓越的政治才能，不僅表現在變亂中善於輔助德宗，扭轉危局，而且在事變之前，也常能敏鋭地預測到事態的發展，並提出積極的預防措施。建中四年，李希烈寇襄城，德宗問當今事宜，陸贄奏稱『宫苑之内，備衛不全』，應謹防『將帥之中，或竊發郊畿，驚犯宫闕』的禍亂，勸德宗抽回外出作戰的禁軍，加强長安的守備力量。但德宗没有採納，結果，當涇原亂軍衝進長安時，竟無一人禦敵，德宗只得狼狽逃跑，釀成了長達兩年之久的朱泚之亂。當李懷光的反迹已露，陸贄顧慮李建徽、楊惠元兩軍爲其所併，上疏勸德宗調回李、楊兩節度兵。德宗猶豫不決，不久，李懷光果然劫奪了兩節度使的兵。當渾瑊、馬燧收復河東，討平李懷光後，根據當時的形勢，陸贄對叛軍首領李希烈作了如下估計：『彼既氣奪算窮，不有人禍，則當鬼誅。朝廷務崇德以待之，臣固知其必不逃於所揣矣。』(《收河中後請罷兵狀》)不久，當李希烈患病時，他的大將陳仙奇派醫生陳山甫用毒藥殺死了他，舉衆來降。清人丁宴稱贊説：『宣公先識之明，炯若蓍蔡。』其政治預見，的確令人歎服。

陸贄是一位帝制時代的治世能臣。他負秉貞剛，嚴於律己，有『上不負天子，下不負所學』、以天下爲己任的思想，故對人對事，一秉至公，敢於矯正人君的過失，揭露姦臣蠹政誤國的罪惡。竇參、吴通玄相互勾結，諂害陸贄，但當竇參獲罪，德宗要殺他的時候，陸贄猶兩次上疏爲之辯解，以爲『用刑太過，有虧聖德』。判度支裴延齡以諂佞得幸，群臣莫敢言，而贄獨以身當之，不避殺身之禍，上《論裴延齡姦蠹書》，列舉七大罪狀，要求按驗其罪。

陸贄有人君立國以民爲本的思想。他對『富者兼地數萬畝，貧者無容足之居，終年服勞，無日休息，罄輸所假，常患不充』，『倘遇荐饑，遂至顛沛，或行丐鄽里，或縊死道途』的悲慘生活，表示深切的同情。他力勸德宗愛人節用，輕徭薄賦，反對『蠶事方興，已輸縑稅；農功未艾，遽斂穀租。上司之繩責既嚴，下吏之威暴愈促』的横徵暴斂行爲，主張使『一代黔黎，躋富壽之域』。在他遭譖被貶以後，因『家居瘴鄉，人多癘疫』，還編《集驗方》五十卷來醫治人民的病痛。

陸贄的學養和政治才能，深得同僚及後人稱賞，權德輿歎『漢道未融，既失之於賈傅，吾唐不幸，復擯棄於陸公』。蘇軾稱贊他『才本王佐，學爲帝師』，『使德宗盡用其言，則貞觀之治可復』，惜其『仕不遇時』。

陸贄有著述多種，權德輿《序》稱制、誥、奏議而外，有詩文賦集，《新唐書·藝文志》著録

『《議論表疏集》十二卷』,『又《翰苑集》十卷韋處厚纂』,『《備舉文言》二十卷』,『《遺使録》一卷』,『《陸氏集驗方》十五卷[二]』。『制誥奏議』等關於時政,被稱爲『經世有用之言』,『昭昭然與金石不朽者』,流傳甚廣,古今評論很多。宋祁《新唐書·陸贄傳贊》稱:『觀贄論諫數十百篇,譏陳時病,皆本仁義,可爲後世法。』《四庫全書總目提要》卷一百五十評曰:『《新唐書》例不録排偶之作,獨取贄文十餘篇,以爲後世法。司馬光作《資治通鑑》,尤重贄議論,採奏疏三十九篇。其後蘇軾亦乞以贄文校正進讀。蓋其文雖多出於一時匡救規切之語,而於古今來政治得失之故,無不深切著明,有足爲萬世龜鑑者,故歷代寶重焉。』清劉熙載《藝概》評論説:『《陸宣公奏議》評以四字,曰「正實切事」。』這些評論,洵非過譽。其他數種,惜乎久佚。陸贄處在古文運動興起的時代,他的文章却仍然沿用駢體,不過他一掃六朝以來的浮靡之風,而切重於實用,形式雖出之以四六,却一點也不妨礙他的説理陳情。他的議論明白暢達,委婉動人。他的文筆,晶瑩如山泉,澎湃如海濤,文章中滲透著切中時弊的深刻見解,表達了針砭時事的政治内容,富有現實意義,取得了引人注目的成就,對後世的影響很大,以致使得宋代的蘇軾終身效法,清代的曾國藩也取法於他。

此次整理,以清代年羹堯雍正元年刻本(以下簡稱年本)爲底本,以《四部叢刊》影宋本(以下簡稱影宋本)、《四部備要》本(以下簡稱備要本)、《全唐文》爲對校本,還參校了《唐文粹》、《唐書》、《資治通鑑》、《文苑英華》、《册府元龜》、《唐大詔令集》等書的有關部分。在校勘中，凡明顯錯訛，如『己』、『已』、『巳』混用等，徑自改正，不出校記；遇有異文，則擇善而從，並在校記中加以説明。

本書年本題爲《陸宣公集》，《四部叢刊》本題爲《陸宣公翰苑集》，今以《陸贄集》名義出版。並將收於《全唐文》中的賦七篇，《全唐詩》中詩三首、逸句一則，仍輯補於卷後（原署『介春耆英增輯』）。並將《舊唐書·陸贄傳》、清人丁晏編的《陸宣公年譜》和《四庫全書總目提要》的有關部分，附録於後，以供參考。

由於水平所限，錯誤疏漏在所難免，懇祈方家教正。

劉澤民　一九八六年三月

注釋

〔一〕『《陸氏集驗方》十五卷』，《新唐書》、《舊唐書》本傳、《順宗實録》、《册府元龜》等均作『五十卷』。

再版説明

我社於二十世紀八十年代曾經出版了劉澤民先生整理的《陸宣公集》，原書簡體豎排。今納入《浙江文叢》，以繁體豎排重新排印出版。並重新用底本校對一過，改正了原書的一些錯誤，增補了部分校記。遺憾的是劉先生久已謝世，無法見到此書的出版了。所以此次重排本若有訛誤，自當由我社負責。本書疏漏之處，尚祈讀者指正。

浙江古籍出版社　二〇一三年十一月

目録

卷五　制誥

卷六　制誥

卷十五　奏草

卷十六　奏草

卷十七　中書奏議

陸贄集輯補

賦

詩

附録

陸宣公翰苑集序

唐・權德輿撰

嘗讀賈誼書，觀其經制人文，鋪陳帝業，術亦至矣！待之宣室，恨得後時，遇亦深矣！然竟不能達四聰而盡其善、排群議而試厥謀，道之難行，亦已久矣！東陽、絳、灌，何代無之？嘻！一薰一蕕，善齊不能同其器；方鑿圓枘，良工無以措巧心。所以理世少而亂日多，大雅衰而正聲寢。漢道未融，既失之於賈傅；吾唐不幸，復擯棄於陸公。公諱贄，字敬輿，吴郡蘇人，溧陽令侃之子。年十八，登進士第，應博學宏辭科，授鄭縣尉，非其好也。省母歸壽春，刺史張鎰有名於時，一獲晤言，大加賞識。暨別，鎰以泉貨數萬爲贐，曰：『願以此奉太夫人一日之膳。』公悉辭之，領新茶一串而已。是歲，以書判拔萃，調渭南尉〔一〕，御史府以監察換之。德宗皇帝春宮時知名，召對翰林，即日爲學士，由祠部員外轉考功郎中。朱泚之亂，從幸奉天。時車駕播遷，詔書旁午，公灑翰即成，不復起草，初若不經思慮，及成而奏，無不曲盡事情，中於機會；倉卒填委，同職者無不拱手歎伏，不能復有所助。嘗從容奏曰：『此時詔書，陛下宜痛自引過，以感人心。昔禹、湯以罪己勃興，楚昭以善言復國，陛下誠能不悋改過，以言謝天下，俾臣草辭無諱，庶幾群盜革心。』上從之。故行在詔書始下，雖武人悍卒，無不揮涕激發。議者以德宗克平寇亂，不惟神武之功，爪牙宣力，蓋亦資文德腹心之助焉。及還京師，李抱真來朝，奏曰：『陛下在山南時，山東士卒，聞詔書之辭，無不感泣，思奮臣節，臣知賊不足平也。』公自行在帶本職，拜諫議大夫、中書舍人，精敏小心，未嘗有過，艱難扈從，行在輒隨，啓沃謀猷，特所親信，有時讌語，不以公卿指名，但呼陸九而已。初幸梁、洋，棧道危狹，從官前後相失。上夜次山館，召公不至，泫然號於禁旅曰：『得陸贄者賞千金。』頃之，公至，太子親王皆賀。初，公既職内署，母韋氏尚在吴中，上遣中使迎至京師，道路置驛，文士榮之。丁韋夫人憂去職，持喪於洛，遣人護溧陽之柩，附葬河南。上遣中使監護其事，四方賻遺數百萬，公一無所取。素與蜀帥韋南康布衣友善，韋令每月置遺，公奏而受之。服闋，復内職，權知兵部侍郎。覲見之日，天子爲之興，改容敘弔，優禮如此。内外屬望，旦夕俟其輔政，爲竇參忌嫉，故緩之。真拜兵部侍郎，知貢舉，得人之盛，公議稱之。貞元八年拜中書侍郎、平章事。公以少年入侍内殿，特蒙知遇，不可與衆浮沉、苟且自愛，事有不可，必諍之。上察物太精，躬臨庶政，失其大體，動與公違，姦諛從而間之，屢至不悦。親友或規之，公曰：『吾上不負天子，下不負吾所學，不恤其他。』公精於吏事，斟酌剖决，不爽錙銖。其經綸制度，具在《德宗實録》。及竇參納劉士寧之賂，爲李巽所發，得罪左遷，横議者以公與參素不協，歸罷相之議於公。户部侍郎、判度支裴延齡，以姦回得幸，害時蠹政，物議莫敢指言，公獨以身當之，屢言不可。翰林學士吴通玄，忌公先達，每切中傷，陰結延齡，互言公短。宰相趙憬，公之引拔，升爲同列，以公排邪守正，心復異之。群邪沮謀，直道不勝，十年，退公爲賓客，罷政事。明年夏旱，芻糧不給，軍校訴於上，延齡奏曰：『此皆陸贄輩怨望，鼓扇軍人也。』貶公忠州别駕。上怒不可測，賴陽城、張萬福救之，獲免。蜀帥韋令抗表請以贄代己，歲賂資糧。公在南賓，閉門却埽，郡人稀識其面，復避謗不著書，惟考校醫方，撰《集驗方》五十卷行於世。江峽十稔，永貞初，與鄭餘慶、陽城同徵還，公已薨，歿時年五十二。公之秉筆内署也，搉古揚今，雄文藻思，敷之爲文誥，伸之爲典謨，俾獷狡向風，懦夫增氣，則有《制誥集》一十卷。覽公之作，則知公之爲文也。潤色之餘，論思獻納，軍國利害，巨細必陳，則有《奏草》七卷。覽公之奏，則知公之爲臣也。其在相位也，推賢與能，舉直措枉，將斡璿衡而揭日月，清氛沴而平泰階，敷其道也，與伊、説争衡，考其文也，與《典》、《謨》接軫，則有《中書奏議》七卷。覽公之奏議，則知公之事君也。古人以士之遇也，其要有四焉：才、位、時、命也。仲尼有才而無位，其道不行；賈生有時而無命，終於一慟；惟公才不謂不長，位不謂不達，逢時而不盡其道，非命歟？裴氏之子，焉能使公不遇哉？説者又以房、魏、姚、宋逢時遇主，克致清平。陸君亦獲幸時君，而不能與房、魏争列，蓋道未至也。應之曰：道雖在我，弘之在人。蜚蝗竟天，農、稷不能善稼；奔車覆轍，丘、軻亦廢規行。若使四君與公易時而相，則一否一臧，未可知也；而致君不及貞觀、開元者，蓋時不幸也，豈公不幸哉！以爲其道未至，不亦誣乎？公之文集，有詩文賦集，表狀爲别集，十五卷。其關於時政，昭昭然與金石不朽者，惟制誥奏議乎！雖已流行，多謬編次，今以類相從，冠于編首，兼略書其官氏景行，以爲序引，俾後之君子，覽公制作，效之爲文爲臣事君之道，不其偉歟！

校勘記

〔一〕『尉』，底本原作『簿』，夾注云『本傳作尉』，今據改。

進呈奏議劄子

宋·蘇軾等

元祐八年五月七日，蘇軾同吕希哲、吴安詩、豐稷、趙彦若、范祖禹、顧臨劄子奏：臣等猥以空疎，備員講讀，聖明天縱，學問日新。臣等才有限而道無窮，心欲言而口不逮，以此自愧，莫知所爲。竊謂人臣之納忠，譬如醫者之用藥，藥雖進於醫手，方多傳於古人，若已經效於世間，不必皆從於己出。伏見唐宰相陸贄，才本王佐，學爲帝師，論深切於事情，言不離於道德。智於子房，而文則過；辯如賈誼，而術不疎。上以格君心之非，下以通天下之志。但其不幸，仕不遇時。德宗以苛刻爲能，而贄諫之以忠厚；德宗以猜疑爲術，而贄勸之以推誠；德宗好用兵，而贄以消兵爲先；德宗好聚財，而贄以散財爲急。至於用人聽言之法，治邊馭將之方，罪己以收人心，改過以應天道；去小人以除民患，惜名器以待有功：如此之流，未易悉數，可謂進苦口之藥石，鍼害身之膏肓，使德宗盡用其言，則貞觀可得而復。臣等每退自西閣，即私相告言，以陛下聖明，必喜贄議論，但使聖賢之相契，即如臣主之同時。昔馮唐論頗、牧之賢，則漢文爲之太息；魏相條晁、董之對，則孝宣以致中興。若陛下能自得師，莫若近取諸贄。夫六經、三史、諸子百家，非無可觀，皆足爲治。但聖言幽遠，末學支離，譬如山海之崇深，難以一二而推擇。如贄之論，開卷了然，聚古今之精英，實治亂之龜鑑。臣等欲取其《奏議》，稍加校正，繕寫進呈。願陛下置之坐隅，如見贄面，反復熟讀，如與贄言，必能發聖性之高明，成治功於歲月。臣等不勝區區之意！

陸贄集卷一

制誥赦宥上

奉天改元大赦制平朱泚後，改建中五年爲興元元年

門下：致理興化，必在推誠；忘己濟人，不吝改過。朕嗣守丕構，君臨萬方，失守宗祧，越在草莽。不念率德，誠莫追於既往；永言思咎，期有復於將來。明徵厥初〔一〕，以示天下。

惟我烈祖，邁德庇人，致俗化於和平，拯生靈於塗炭，重熙積慶，垂二百年。伊爾卿尹庶官，洎億兆之衆，代受亭育，以迄於今，功存於人，澤垂於後。肆予小子，獲纘鴻業，懼德不嗣，罔敢怠荒。然以長於深宮之中，暗於經國之務，積習易溺，居安忘危，不知稼穡之艱難，不察征戍之勞苦，澤靡下究，情不上通，事既壅隔，人懷疑阻。猶昧省己，遂用興戎，徵師四方，轉餉千里。賦車籍馬，遠近騷然，行齎居送，衆庶勞止。或一日屢交鋒刃，或連年不解甲冑，祀奠乏主，室家靡依，生死流離，怨氣凝結。力役不息，田萊多荒，暴命峻於誅求，疲甿空於杼軸。轉死溝壑，離去鄉閭，邑里丘墟，人煙斷絶。天譴於上而朕不悟，人怨於下而朕不知，馴致亂階，變興都邑。賊臣乘釁，肆逆滔天，曾莫愧畏，敢行凌逼。萬品失序，九廟震驚，上辱於祖宗，下

負於黎庶。痛心靦貌，罪實在予，永言愧悼，若墜深谷。賴天地降祐，神人叶謀，將相竭誠，爪牙宣力，屏逐大盗，載張皇維。

將弘永圖，必布新令。朕晨興夕惕，惟念前非。乃者公卿百寮，累抗章疏，猥以徽號，加於朕躬。固辭不獲，俯遂輿議。昨因内省，良用矍然！體陰陽不測之謂神，與天地合德之謂聖，顧惟淺昧，非所宜當。文者所以成化，武者所以定亂，今化之不被，亂是用興，豈可更徇群情，苟膺虚美！重余不德，祇益懷慚！自今以後，中外所上書奏，不得更稱『聖神文武』之號。

夫人情不常，繫於時化；天道既隱，亂獄滋豐。朕既不能弘德導人，又不能一法齊衆，苟設密網，以羅非辜，爲之父母，實增愧悼！今上元統曆，獻歲發生，宜革紀年之號，式敷在宥之澤，與人更始，以答天休。可大赦天下，改建中五年爲興元元年。自正月一日昧爽以前，大辟罪已下，罪無輕重，咸赦除之。

李希烈、田悦、王武俊、李納等，有以忠勞任膺將相，有以勳舊繼守藩維。朕撫馭乖方，信誠靡著，致令疑懼，不自保安。兵興累年，海内騷擾，皆由上失其道，下罹其災。朕實不君，人則何罪？屈己弘物，予何愛焉？庶懷引慝之誠，以洽好生之德。其李希烈、田悦、王武俊、李納及所管將士官吏等，一切並與洗滌，各復爵位，待之如初。仍即遣使分道宣諭。

朱滔雖與賊泚連坐，路遠未必同謀，朕方推以至誠，務欲弘貸，如能效順，亦與惟新。其河南、北諸軍兵馬，並宜各於本道自固封疆，勿相侵軼。

朱泚大爲不道，棄義蔑恩，反易天常，盜竊名器，暴犯陵寢，所不忍言，獲罪祖宗，朕不敢赦。其應被朱泚脅從將士官吏百姓及諸色人等，有遭其扇誘，有迫以兇威，苟能自新，理可矜宥。但官軍未到京城以前，能去逆效順，及散歸本道者，並從赦例原免，一切不問。

天下左降官，即與量移近處；已量移者，更與量移。流人、配隸及藩鎮效力，并緣罪犯與諸使驅使官，兼別敕諸州縣安置；及得罪人家口未得歸者，一切放還。應先有痕累禁錮，及反逆緣坐，承前恩赦所不該者，並宜洗雪。亡官失爵，放歸勿齒者，量加收敘。

人之行業，或未必兼。構大厦者，方集於群材；建奇功者，不限於常檢。苟在適用，則無棄人。況黜免之人，沉鬱既久，朝過夕改，仁何遠哉！ 流移、降黜、亡官、失爵、配隸人等，有材能著聞者，特加録用，勿拘常例。

諸軍使、諸道赴奉天及進收京城將士等，或百戰摧敵，或萬里勤王，扞固全城，驅除大憝，濟危難者其節著，復社稷者其業崇。我圖爾功，特加彝典，錫名疇賦，永永無窮。宜並賜名『奉天定難功臣』。身有過犯，遞減罪三等，子孫有過犯，遞減罪二等。當户應有差科使役，一切蠲免。其功臣，已後雖衰老疾患，不任軍旅，當分糧賜，並宜全給。身死之後，十年内仍回給家口。其有食實封者，子孫相繼，代代無絶。其餘敘録及功賞條件，待收京日，並準去年十月十七日、十一月十四日敕處分。

諸道、諸軍將士等，久勤扞禦，累著功勳，方鎮克寧，惟爾之力。其應在行營者，並超三資與官，仍賜勳五轉；不離鎮者，依資與官，賜勳三轉。其累加勳爵，仍許回授周親。

内外文武官，三品已上，賜爵一級，四品已上，各加一階，仍並賜勳兩轉。

見危致命，先哲攸貴；掩骼薶胔，禮典所先。雖效用而或殊，在惻隱而何間！諸道將士，有死王事者，各委所在州縣給遞送歸本管，官爲葬祭；其有因戰陣殺戮，及擒獲伏辜，暴骨原野者，亦委所在逐近便收葬；應緣流貶及犯罪未葬者，並許其家各據本官品以禮收葬。

自頃軍旅所給，賦役繁興，吏因爲姦，人不堪命，咨嗟怨苦，道路無聊，汔可小康，與之休息。其墊陌及税間架、竹、木、茶、漆、榷鐵等諸色名目，悉宜停罷。京畿之内，屬此寇戎，攻劫焚燒，靡有寧室，王師仰給，人以重勞，特宜減放今年夏税之半。

朕以兇醜犯闕，遽用于征，爰度近郊，息駕兹邑，軍儲克辦，師旅攸寧，式當褒旌，以志吾過。其奉天宜升爲赤縣，百姓並給復五年。

尚德者教化之所先，求賢者邦家之大本，永言兹道，夢想勞懷。而澆薄之風，趨競不息；幽棲之士，寂寞無聞。蓋誠所未孚，故求之未至。天下有隱居行義，才德高遠，晦跡丘園，不求聞達者，委所在長吏，具姓名聞奏，當備禮邀致。諸色人中有賢良方正、能直言極諫，及博通墳典、達於教化，并洞識韜鈐、堪任將帥者，委常參官及所在長吏聞薦。天下孤老鰥寡惸獨不能自活者，並委州縣長吏量事優恤。其有年九十已上者，刺史、縣令就門存問。義夫、節婦、孝子、順孫，旌表門閭，終身勿事。

大兵之後，内外耗竭，貶食省用，宜自朕躬。當節乘輿之服御，絶宫室之華飾，率己師儉，爲天下先。諸道貢獻，自非供宗廟軍國之用，一切並停。應内外官有冗員，及百司有不急之費，委中書門下即商量條件，停減聞奏。

布澤行賞，仰惟舊章。今以餘孽未平，帑藏空竭，有乖慶賜，深愧於懷。赦書有所未該者，委所司類例條件聞奏。敢以赦前事相言告者，以其罪罪之。亡命山澤，挾藏軍器，百日不首，復罪如初。赦書日行五百里，布告遐邇，咸使聞知！

校勘記

〔一〕『厥初』，《舊唐書》、《資治通鑑》皆作『其義』。

平朱泚後車駕還京大赦制

門下：致理之體，先德後刑。禮義興行，故人知耻格；教令明當，則俗致和平。然後姦慝不萌，暴亂不作。古先哲后，莫不由斯。國家受命，百七十載，八聖儲慶，敷佑下人，邁種寬大之德，累蠲苛酷之令，蓋仁之所積者厚，故澤之所流者深。兹予小子，獲主重器，懵於理亂之本，溺於因習之安，授任不明，賞罰乖當。立法以齊衆，而犯命愈甚；興戎以除害，而長亂益繁。賊臣蓄姦，乘釁竊發，九廟乏祀，兆人靡依。猰狳肆其吞噬，豺狼穴於宫闕，歲未云半，載罹播遷。仰慚穹昊，俯愧臣庶，敢愛賁越，苟全眇躬，誠懼益縱寇讎，重辱宗社，忍恥誓志，庶補前羞。賴億兆宅心，不忘先德，諸帥戮力，恭行天罰。俾余寡昧，再膺多祜，總乾綱於既紊，復天柱於將傾。言旋鎬京，不改舊物，宗祧有序，朝享有期。責重慶多，深增感惕。嗚呼！君者所以撫人也，君苟失位，人將安仰？朕既不德，致寇興禍，使生靈無告，受制兇威。苟全性命，急何能擇？或虧廢名節，或貪冒貨利，陷於法網，事匪一端，究其所由，自我而致。不能撫人以道，乃欲繩之以刑，豈所謂恤人罪己之誠、含垢布和之義？滌清污俗，咸與更新，可大赦天下。自興元元年七月二十三日昧爽已前，大辟罪已下，已發覺、未發覺，已結正、未結正，見繫囚徒、常赦所不原者，咸赦除之。

今年五月二十八日已前，左降官即與量移，未復資者更與移近處；流人及犯配隸、藩鎮效力，並即放還。亡官失爵，放歸不齒者，量加收敘；未復資者，更與進改。其黜免人等，有素著行能，傍連譴累，特加録用，勿以爲負。

不有忠者，誰復社稷？不有勞者，誰從巡狩？連帥之重，所以殿邦禦侮也；二千石之任，所以分憂共理也。方鎮將校，勤奉戍役；中外寮吏，恪居官次。國有大慶，所宜同之。内外文武及致仕官，三品已上賜爵一級，四品已上加一階，仍並賜勳兩轉。

司徒兼中書令晟，英特傑立，光輔中興，再定皇都，一匡天下。推恩之典，貽慶無窮，宜與一子五品正員京官。侍中瑊，沉邃忠厚，服勞王家，保全危城，翦除大憝。嘉乃茂績，次於寵章，宜與一子六品正員京官。鎮國軍潼關節度使、檢校右僕射駱元光，京畿渭南商州節度使、檢校右僕射尚可孤，邠寧等州節度使、檢校右僕射韓遊瓌，奉天行營諸軍節度使、檢校右僕射戴休顔，咸秉大節，著于艱難，同勳叶忠，翼我興運，宜各與一子七品正員官。諸道節度使，及行在都知兵馬使，興元扈從左、右金吾大將軍，金吾六軍大將軍等，各與一子八品正員官。諸道團練、觀察、處置等使，各與一子九品正員官。

應諸軍赴上都收復將士等，俱以純誠，奮其勇節，連年帶甲，百戰摧鋒，有忘身以效命，有滅親以徇義，誓平國難，如復私讎。競揚貔虎之雄，克清梟獍之孽，策勳行賞，傳嗣榮親，播乃功名，與國終始。自去年冬已來，未經甄敘者，即與超八資改轉；已經甄敘者，更與超三資進改。三品已上，祖父母在先無官封者，量與致仕官及邑號；亡者並與追贈。四品已下，父母在先無官封者，亦授致仕官及邑號；亡者與追贈。其賞錢委所司即依元敕支給。應扈從將士，三品已上，賜爵兩級，四品已下，各加兩階，仍並賜勳；其祖父母官封追贈，並準收京城將士例處分。應扈從官，普恩之外，三品已上，賜爵兩級，四品已下，各加兩階，仍普賜勳三轉；其祖父母、父母封贈，並準收京城例處分。應扈從官，普恩之外，三品已上，更加爵一級，四品已下，更加一階。若常參官祖父母、父母在先無官封者，量授致仕官及邑號；亡者與追贈。諸州刺史，普恩外賜爵一級。諸道進奏陪位者，更加一階。其奉天定難及元從功臣，宜令本軍、本使，即定名聞奏，所司各準元敕優賞。其諸道軍鎮及行營將士，三品已上，賜爵一級，四品已上，加一階，仍準今年正月一日制，速與甄敘。

成德、淄青、魏博等節度，并諸軍應歸順將士等，各蘊誠義，積著功勞。由朕失於撫綏，頃歲暫懷疑阻，尋能勵節，不替舊勳，是資宴犒，俾洽王澤。宜委所司即約額支計，各賜錢物賞設，仍委本節度準前後敕，速條疏甄敘。

其朔方并諸軍應在河中管内，及同州將士等，自遠赴難，解其重圍，念兹功勞，並未酬報，雖遭脅制，情有可矜，應到行營，未經甄敘者，並準元敕超五資改轉。其賞錢比收京城將士例，各給一半，委本軍兵馬使條録名銜聞奏，所司支計給付。其食實封者，亦便配額，令其請受。

應天下諸道軍將士等，如有年老及疾患尫弱，不任軍旅，願歸鄉里者，並給終身優復，州縣切加安存，勿令侵擾。如無家可歸者，給田宅使得存濟。

見危致命，先典所尚，况忠衛社稷，殺身成功！朕於斯人，義有加等。贈太尉秀實，天授貞烈，沮兹姦邪，蒼黄之中，獨藴雄斷；將紓國難，詭收寇兵，兇謀既虧，吾事果濟；忠誠奮發，手擊渠魁，英風凛然，振邁千古。宜即差官致祭，并旌表門閭。府縣護其喪事，緣葬所要，一切官供。仍於墓所，官爲立碑，以揚徽烈。其所賜實封五百户，嫡子正員三品官，諸子授正員五品官，委中書門下，即準元敕處分。

應諸道諸軍將士，有身死王事者，委本道、本使具名銜聞奏，即與褒贈，仍以在身官爵，授其子孫。内外文武官及諸親、諸色人等，有横遭逆賊殺害者，各聽其家及親識人，於所司陳牒勘實聞奏，亦與追贈。如跡著忠烈，衆所明知，仍訪其子孫，量加優恤。

尚齒養老，王風之首，三代制理，未或遺年。朕將遵古典以興化，本人心而教孝，用優秩賜，式慰里閭。京兆府耆壽年八十已上，並與板授刺史，仍賜紫。八十已下，及諸州府耆壽年八十已上，並與板授本縣令，仍賜緋。天下侍老耆壽〔二〕，亦各與板授官。如年九十已上者，州縣長吏，歲時躬親省問。貧弱不能自存者，量賜粟帛。

頃屬多難，人流俗弊，加之以師旅，因之以饑饉，賦役繁起，農桑失時，哀哉癉人，汔可小息。然以國計猶歉，軍實靡充，未盡復除，良增愧悼！應天下建中四年年終已前，所有諸色逋欠，在百姓復内者，一切放免。百司及諸軍、諸使舉放利錢，今年六月已前，百姓欠負未納者，亦並停徵。京兆府百姓，普恩外給復一年。其供頓官吏，委京兆尹類例具名銜聞奏，量與優奬。

古者計户以署吏，因時而建職，既不乏事，亦無冗員。今田畝汙萊，版圖凋耗，齊人編户，託庇官曹。貪吏猾胥，誘爲囊橐，啓姦墮業，爲害尤深！應在京百司色役人及流外等，委御史大夫，即與諸司使長官審詳商議，據見所掌事之閑劇，定額聞奏。仍校名送中書門下，務從減省，副朕憂人。以後應須署置，並定名先奏，仍永爲常式。

今年正月一日赦書節目，有所未行者，所司並舉而行之。赦書或有不該，即比類條件聞奏。敢以赦前事相言告者，以其罪罪之。亡命山澤，挾藏軍器，百日不首，復罪如初。赦書日行五百里，布告遐邇，咸使聞知！

校勘記

〔一〕『侍』下，原有夾注云：『侍字疑。』案，侍老，唐典籍中多見，蓋謂孤老之人令官給侍者，不應有疑。影宋本無此三字，今據删。

陸贄集卷二

制誥赦宥中

貞元改元大赦制興元二年正月一日

門下：王者體元立極，欽若乎天地；纂業承統，嚴奉于祖宗。用能百神允諧，兆庶永賴。立國之本，斯其大經。朕燭理不明，違道招損，往遭多難，淪陷國都，天地宗祧，曠而莫主，則是『欽若』『嚴奉』之義缺矣，甚用懼焉！洎復京師，遽將告謝，有司以人力耗斁，禮物廢隳，日居月諸，歲聿云暮。卜其吉日，俯在上春，齊心永懷，坐以待曙。而百辟卿士，抗疏上言，咸謂人心未寧，不足以盡敬；寇孽猶在，不足以告功。迫於群情，俯抑誠願，郊廟孔邇，瞻言莫從，悼心慚顔，胡寧自處！重以和平未洽，災沴荐臻，去歲旱蝗，兩河爲甚，人流不息，師出靡居。加之以徵求，因之以荒饉，困窮殍餧，轉死丘墟。關輔之間，冬無積雪，土膏未發，宿麥不滋，詳思咎徵，有爲而致。兵戎之後，餘祲尚存，獄犴之中，深寃未釋。又河中、淮右，逆將阻兵，汙脅齊人，陷之死地，雖欲自雪，厥路無由，抱義銜寃，足傷和氣。此皆由朕爽德，播災于人，爲之父母，實用愧耻！

今玄陰已謝，春日載陽，勾萌畢伸，幽蟄咸震，思與海内，同心自新，發號更元，用符天意，宜改興元二年爲貞元元年。自正月一日昧爽已前，大辟罪已下，已發覺、未發覺，已結正、未結正，繫囚見徒，罪無輕重，咸赦除之。先準敕令量移收敘人，所司據節文速與處分。

應河中脅從將士，多是奉天赴難功臣，本居朔陲，夙尚忠節，豈以一夫詿誤，棄其累代勳庸！朕於此軍，尤所不忍，特宜洗滌，待以初誠。自非與官軍決戰死於鋒刃，其餘雖臨陣擒獲，亦從釋放。棄逆歸順者，在身先有官爵實封，一切如舊。仍準前後敕，所在便給賞錢，並與甄敘。如有因危效節，建立殊庸，量其事績，特加獎擢。李懷光若能翻然悔過，束身赴朝，念其嘗有大勳，必當終始全護，仍準前敕，授之官封。朕於功臣，庶亦無負。淮西將吏、百姓等，皆被劫制，久爲匪人，詢事原情，諒非獲已。今王師四合，計日誅夷，玉石俱焚，用增惻憫。宜令諸道進軍之日，唯存首惡一人〔二〕，其餘徒黨，悉從原宥。如有歸順及立功者，並準河中將士例褒獎。

夫爲國之要，在於審官，共理分憂，守宰彌切，闔境性命，繫乎其人。將使里閭無愁苦之聲，風俗興廉讓之教，得不慎柬髦彥，寄之化源？自今已後，諸州刺史有闕，中書門下於朝官中精擇有理人才術者授之。如刺史、縣令，在任頻年課績尤異者，擢授侍郎、給、舍、郎官、御史，中外迭處，用觀其能，賞罰必行，期於競勸。自頃選曹署吏，唯以書判求人，務騁浮華，莫稽實行。且能言者，不必適用，藴用者，或未能言。凡爲擇人，其在精覈，宜令清資。常參官每年於吏部選人中，各舉所知一人堪任縣令、録事、參軍者，所司依資敘注擬，便於甲曆之内，具標舉主名銜，仍牒報御史臺。如到任後，政尤異者，有贓犯事跡著明者，所司隸舉官姓名聞奏，以爲褒貶。其内外員及京城諸使名目，委御史審勘會，商量并、省、停、減，仍集百寮定議，務從簡約，息費便人。其京官職田，及息利官錢等，黠吏詆欺，移易疆畔，或貧人轉徙，捕繫親鄰，日月滋深，耗弊彌甚。亦令百寮議其折衷，擇善而行。

往以賦役殷繁，人不堪命，定爲兩税，事額易從。比屬軍興，或踰始制，法無所守，吏益爲姦。哀我勞人，汔可小息。自諸道、州、府，除兩税外，應有權宜科率、差使，一切悉停。京畿及近縣所欠百姓和糴價直，委度支即勘會支給。諸道非臨寇賊州縣，自冬已來，點召官健子弟，並宜放散，任營生業。應經陷賊州縣，百姓屋宇被焚毁，并貧病老弱，及遭傷損之類，所在量加優恤，使得安存。

天下名山大川，并自古聖帝明王、賢臣烈士祠廟墳墓〔二〕，各委當處長吏擇日致祭，必資精潔，以達志誠。

班制有差，所以序賢也；廪秩有等，所以明勸也。今或高卑失序，中外相踰，至於卿士之家，尚罹凍餒之患。忠信重禄，豈其然耶？內外官禄，及俸錢、手力、雜給等，委中書門下度支，即參詳定額聞奏。

應赴奉天及收城將士等，並功存社稷，節著艱危，中心藏之，豈忘酬報？頃緣府藏空竭，賞給未周，乃眷勳臣，實用增愧！應準元敕，合請賞錢人，委所司節減在官及百司費用，據所有財物，速與給付。

應在京城及諸道立功將士等，先有詔旨，並許甄升，所司勘會，淹歷時月，委中書門下即準元敕處分。

諸軍行營并河中、朝邑被脅從將士，家口在京及諸州、府者，宜令本道節度、觀察使，安存賑恤，各令優給。

應諸軍使立仗，見在城將士等，共賜七萬匹。

制書有未該備，所司速比類條件聞奏。敢以赦前事相言告者，以其罪罪之。亡命山澤，挾藏軍器，百日不首，復罪如初。赦書日行五百里，遐邇咸知！

校勘記

〔一〕『存』，《文苑英華》、《全唐文》並作『罪』。

〔二〕『墓』，原作『基』。案唐人諱基字，其訛誤可知。《册府元龜》、《文苑英華》作『墓』，是。今據改。

冬至大禮大赦制 貞元元年十一月

門下：君天下者，受命于天地，繼業于祖宗，致其誠心，惟敬與孝。違敬莫大乎廢祀，虧孝莫大乎黷神。朕以眇身，屬承大統，縱欲敗度，浸生厲階。兵連禍深，變起都邑，六師播蕩，九服震驚。郊廟園陵，陷於凶逆，神人乏主，將迨周星。列聖大業，幾墜于地，違虧敬孝，罪由朕躬。撫臨萬邦，甚用自愧，側身思咎，庶補將來。股肱元臣，比義叶德，爪牙衆士，戮力同心，誅大憝而都邑廓清，翦逋寇而關河底定。茲再與王公卿尹，洎億兆之人，備其盛容，脩其禮物，薦誠清廟，展敬圜丘，陳謝罪愆，告雪憤耻。感慕慚惕，若無所容，上帝顧懷，再新景命。豈伊匪德，獨荷鴻休？思與普天，誕膺多福。可大赦天下。自貞元元年十一月十一日昧爽已前，大辟已下，已發覺、未發覺，已結正、未結正，繫囚見徒，罪無輕重，常赦不原者，咸赦除之。

左降官量移近處，流人及藩鎮效力，並即放還。應有痕玷禁錮，前後恩赦節文未該及者，亦宜洗雪，勿以爲累。

李希烈僭逆不道，誠所難容，朕憫念蒼生，務息征討，頻有詔命，許其自新，若能歸降，依前敕待以不死。淮西管内將士、官吏、百姓等，一切原宥，與之如初。先有官封，亦皆復舊。如能特建功效者，當別抽擢。若家口親屬在諸道者，長吏綏撫，各使安存。其歸順百姓，仍委節度、觀察使、刺史給空閑地，任便安居，優復終身，務令全濟；待事平已後，聽歸本貫。

天下百姓去年十二月已前欠負官税、官租，及諸色人逋懸，一物已上，但不在官典復内者，一切免放。

内外文武官見任及致仕官，三品已上，賜爵三級；四品已下，加一階。天下諸使、諸將、軍士，三品已上，賜爵一級，四品已下，加一階。白身人賜勳三轉。

自頃兇渠倡亂，逆臣附姦，保據國都，憑陵甸服，朕出次郊邑，再遷巴梁，險阻艱難，靡不經歷。暴亂之後，仍彰烈士之功；憂危之中，方見直臣之節。録勳進善，其可弭忘！應奉天興元元年扈從立功，并收京城將士，食實封者，各隨文武，與一子官；餘並加兩階，仍賜勳三轉。其文武百官應扈從到興元府者，五品以上，賜爵一級；六品已下，加一階。合入三品、五品者，不拘考限聽敘。其五品已下，父母未經追贈者，與追贈。應平河中將士，即準元敕，速與甄奬。

自建中四年已來，有身死王事，義烈著明，未經褒贈者，本道即具名銜事跡聞奏。諸道有解退官健，州府長吏切務安存。仍量以空閑田地給付，免其差役，任自營生。

社稷之勳，以輔興王業；統帥之任，以總制戎麾。參衮職者其德崇，授旄節者其功大。方鎮乃國之垣翰，禁衛實予之爪牙。尹京實賴於肅清，主計尤資於辦集。所頒慶澤，宜越常倫。司徒兼中書令晟，宜與一子五品正員官，并四品階。諸道副元帥，與一子六品正員官。中書門下平章事、充節度使，各與一子七品正員官。節度使及神策兵馬使、六軍統軍、金吾六軍大將軍、判度支、侍郎，各與一子八品正員官。都團練、都防禦等使，京兆、河南尹，金吾六軍將軍，殿前射生兵馬使，各與一子九品正員官。

多難以來，三十餘載，克平禍亂，屬在戎臣。或節著艱危，或勳高戰伐，受任雖專於總帥，成功亦賴於群材。懋賞推恩，宜加裔嗣。諸道大將功業崇高者，各與一子官，本使即詳定録名聞奏。副元帥、都統、兼節度下，每道各二十人；都團練、都防禦使下，各十人。如大將子孫之中，有藝業優長，性行純確者，本使具狀聞薦，仍量事資給，令赴上都。朕當隨材授官，以充侍衛，庶使忠臣之後，與國無窮。故尚父子儀，先朝元勳，再復京邑；贈太尉秀實，以死爲國，節冠古今。宜令與子孫一人五品正員官。

自至德已後，節度使、大將，有忠烈績效著明，其後淪翳者，所司即條録聞奏，與子孫一人正員官。諸色人應在賊中潛奉神主，頃已甄賞，宜便賜優崇。三品已上，賜爵一級，四品已下加一階。

江淮轉運使、檢校左僕射、同中書門下平章事韓滉，勵精勤職，夙夜在公，漕輓資儲，千里相繼，事無愆素，人不告勞，拯于凶災，厥有成績，可進封晉國公。

關畿之内，連歲興戎，荐屬天災，稼穡不稔，穀糴翔貴，烝黎困窮，倉廩空虚，莫之賑贍。每一興念，憫然痛心！宜令度支取江西、湖南見運到襄州米十五萬石，設法般赴上都，以救百姓荒饉。如山路險阻，車乘難通，仍召貧人，令其般運，以米充脚價。務於全活流庸，庶事優饒，副朕勤恤。

立國之道，始於親親，所以厚骨肉之恩，明教化之本。況荐經艱故，宗族漂淪，敦睦之情，有加常典。大長公主、長公主、公主，各與一子七品官。嗣王、郡王、郡主、縣主，各與一子官出身。應陪位皇親五等已上，諸親三等已上者，三品已上賜爵一級，四品、五品加一階，六品已下及常選官、散官等，簡選日優與處分；未出身人量授文武散官。如宗子中有德行才能，宗正卿具名聞奏，當別奬任。

致理之本，在乎審官；審官之由，資乎選士；將務選士之道，必精養士之方。魏、晉已還，澆風未革，國庠鄉校，唯尚浮華，選部禮闈，不稽實行，學非爲己，官必徇人，法且非精，弊將安救？宜令百寮詳思所宜，各修議狀，中書門下參較得失，擇善而行。有虞建官，三載考績；在漢爲吏，或長子孫。蓋吏久於官，則人情不苟；官久於事，則理化有成。日者制度廢隳，考課乖舛，淹速靡準，升降無名，欲令庶寮，何以懲勸？自今以後，刺史、縣令未經三考，不得改移。其餘非在職績效殊尤，亦不得越次遷轉。刺史停替，須待魚書。内外五品已上，及常參官在任年考已深者，即量才效用與改，中外迭處，以觀其能。夫明目達聰，務廣聞見，或慮懷才抱器、輸忠納諫之倫，地處幽遐，無由自達，永言於此，夢想不忘。應諸色人有長策濟時，忠規匡主，任具陳所見，詣所居之州，委刺史略與討論，觀其旨趣。但有裨治道，不涉私情，便與附驛遞送，朕當親覽。

自立兩税，經今百年，或初定之時已有偏併，或户口減耗，舊額猶存，輕重不均，流亡轉甚。委度支即折衷條理，以卹困窮。

古者雖有水旱，人無菜色，皆由儲蓄不匱，勸導有方。前代所置義倉，國初亦循其制，備災救乏，甚便於人。即宜準貞觀故事，天下所墾見田，上自王公，下及百姓，每豐稔之歲，秋夏兩時，州縣長官以理勸課，據頃畝多少，隨所種粟豆稻麥，逐便貯納，以爲義倉。如年穀不登，即量取賑給。官司但爲其立法勸諭，不得收管，仍各委本道觀察使，逐便宜處置聞奏。

敦本厚生，必資播殖，當今所切，莫甚於斯。自今百姓有墾闢田疇加於常歲者，所加之地，不得輒徵租税。刺史令長考課，亦以本界墾田多少爲殿最。今年蝗旱損甚，州府開春之後，量給種子，使就農功。天下應荒閑田，有肥沃堪置屯田處，委當管節度使、觀察、都團練、都防禦等使、刺史，審細檢行，以諸色人及百姓情願者使管佃。如部署精當，收獲數多，本道刺史特加褒升，屯田等節度優賞。如是逃户田地，本主復業，即却給還。

輦轂之下，四方會同，供應既多，難爲準定，急賦繁役，人何以堪？宜令京兆尹與度支計會，長安、萬年兩縣，每季各先支貯，備錢五千貫文於縣庫收納，定清幹官專知。應緣卒須别索，及雜供擬并工匠等，縣令與專知官先對給價錢，季終之後，申度支勘會。所是和市和雇，並須先給價錢。兩税外，一物已上，不得科配百姓。御史臺朝廷紀綱，尚書省治化根本，百度得失，繫乎其人。自頃制敕頒行，所司多不遵守，王臣奉職，豈所宜然！委御史臺、左右丞切糾稽違，無壅朕命！

南郊太清宫太廟，應職掌行事官、郊廟攝將軍、中郎、郎將，及留守、副留守、内定行從官，三品已上，各賜爵一級，四品已下加一階，並賜勳兩轉。其諸色支供作官司直、長上，流外灼然要職掌者，並賜勳兩轉。行事室長、掌坐、齋郎、禮生、贊者，減二年勞；無勞可減者，簡選日優與處分。

崇賢館學生見在者，減帖、策各一道。國子監陪位學生，賜勳一轉。介公、酅公各與一子官；如無子孫，賜物一百匹。神策六軍、殿前左右射生，英武、威遠、皇城左右金吾街使將士，應緣大禮宿衛、御樓立仗，及守本庫本營者，共賜物若干端匹。

天災作沴，深儆予衷，跼蹐憂慚，罔知攸措。今穀價騰踊，人情震驚，鄉閭不居，骨肉相棄，流離殞斃，所不忍聞！公私之間，廪食俱闕，既無賑恤，又復徵求，財殫力竭，繼以鞭箠，弛征則軍糧乏贍，厚取則人何以堪？念兹困窮，痛切心骨，思所以濟，浩無津涯。補過實在於增修，救患莫如於息費。致咎之本，既由朕躬；謝譴之誠，宜自朕始。宜令尚食所進御膳，每日各減下一半。應宫人等，每月惟供給糧米一千五百碩。飛龍厩馬，從今已後至三十日已前，並減一半料。京兆府應差科百姓，及和市、和買等諸色目，事無大小，一切並停。公私債負，容待蠶麥熟後徵理。

陸贄集卷三

制誥赦宥下

貞元九年冬至大禮大赦制

門下：朕以寡德，屬當大統，皇天眷佑，俾主兆人，懼不克承，夙夜祗畏。緬懷前烈，致于昇平，予心浩然，罔知攸濟。小大之務，曷嘗不勤？芻蕘之言，亦莫不敬。慮每存於致理，志常在於恤人，中宵屢興，終食累歎。一事乖張，惄焉疚懷；一夫罹殃，惻若傷體。思與海内同臻大和，息其生業。降心從衆，實匪有辭；克己利人，誠無所悋。然以視聽有極，思慮難周，況乎長自深宫，安於近習，損益之理，寧免過差？幽遠之情，固多未達。由是兢兢砥礪，悔往修來，燭理所患於不明，推心庶幾於無負。日慎一日，于今十有五年矣！

上靈降監，多士叶誠，五稼屢豐，四鄙不擾，方鎮輯睦，干戈底寧，邊壘繕完，殊方款附。協天地會昌之運，實宗社無疆之休！慶既荷於元功，禮有昭於大報。矧惟霜露之感，永切孝思；禋燎之儀，每勤精意。將申誠敬，其在躬親，是與公卿大夫，虔奉犧牲圭璧，陳其文物，薦其馨香，類秩於泰壇，朝享於清廟。率職來助，萬邦攸同，備物致嚴，百禮具舉。誠慕獲展，神人允諧，明發永懷，慶感斯集。純嘏所錫，豈惟朕躬，思俾普天，均承惠澤。可大赦天下。貞元九年十一月十日昧爽已前，繫囚見徒，大辟已下，罪無輕重，咸赦除之。其見於官辯對者，亦並放免。官人犯入己贓，不可令其却上，已後勿以爲累。

左降官及流人，並量移近處。其官已經量移，未復資者，還其階爵。竄謫遐裔，冀速沾恩，比者準制量移，所司比例申牒，屢加盤覆，累涉歲年，既甚淹遲，且不均一，宜令吏部、刑部審勘檢本流貶及量移敕旨，比類元犯事狀輕重，兩月內與處分。

外文武見任及致仕家居，并諸軍、諸使將士等，三品已上，賜爵一級；四品已下，加一階。應百姓自置義倉，仍準貞元元年十一月十一日制處分。

立人之道，惟孝與忠。孝莫大於榮親，忠莫先於竭節。惟爾師長卿校，洎乎方岳列藩，保乂皇家，交修庶績。竭節之效，既昭乃誠；榮親之恩，宜洽國典。內外文武清望職事官，并節度、觀察、都防禦、都團練、經略等使，父在未有官，量授檢校五品官，母在未有邑號者，各封邑號。父母亡没者，量與追贈；已經追贈者，更與改贈。

佐運之臣，納忠之輔，功既存於社稷，慶宜及於子孫。故周錫田土，漢傳帶礪，疇其爵邑，與國終始，以明報德之恩，勸爲臣之節。其或年代未遠，利澤猶存，祠宇已變於荒墟，裔嗣不編於仕籍，思其人猶愛其樹，況奠享乏主，而不加省録者乎！興滅國，繼絶代，所以禮先賢也；

修宗廟，敬祀事，所以教追孝也。化俗歸厚，此其大端。應九廟配享功臣，及武德以來將相名節特高，有封爵廢絶，祠廟無主者，宜許子孫一人紹封，以時享祀。自今以後，應有家廟，子孫但傳襲封爵者，並許享祔于廟。其有毁賣私廟，及買之者，各以犯教義贓論。自古聖帝明王、忠臣烈士，各令所在長吏，以禮致祭。

《書》敘明目達聰，垂拱而理，《詩》稱『濟濟多士，文王以寧』。舍己從人，故能通天下之志；棄瑕録用，故能盡天下之才。昔在太宗，勤求理道，納諫如響，任賢勿疑，致俗於太平，垂範於永代。朕獲承鴻緒，追慕聖猷，書之座隅，常自儆勵。朝夕翹想，庶聞嘉謀；夢寐勞懷，思得賢士。凡厥在位，所宜共成。諸司官有陳便宜者，各盡所見，條疏封進。事有冤滯，政有闕遺，悉當極言，無或隱避。詔敕不便於時者，所司執奏以聞。天下有藴德懷才，隱居不仕，委所在觀察使表薦，當以禮邀致。諸色人中，賢良方正，能直言極諫；或博通墳典，達於教化；或詳練故事，長於著述；或精習律令，曉暢法理；或該明吏術，可委理人；或洞識韜略，堪任將帥者：委所在州府長吏，及臺省常參官詳録行能舉奏，並限來年七月内到京，朕當親試。

應緣大禮掌職行事仗内引駕、攝將軍、中郎、郎將、留守、副留守，并諸道表狀陪位法駕三引官等，三品已上，更賜爵一級，四品已下，加一階。其郊壇宫廟行事官，仍各賜勳兩轉。皇親諸親應陪位者，三品已上賜爵一級，四品、五品加一階，六品已下及常選官，至選日優與處分。白身人及諸色應陪位官等，各賜勳兩轉。親王、大長公主、郡主、縣主，賜物各有差。酅公、介公各賜物若干段。行事室長、掌坐、齋郎、禮生、贊者，各減一年勞；無勞可減者，至簡選日優與處分。崇賢館學生，減策一道。國子監學生、陪位者及應緣祇應諸司作官直長、長上、流外要職掌、内侍省白身、諸州行綱考典、兩京耆壽、諸色番役，當上在城并量留十月番人等，各賜勳一轉。鴻臚番客，共賜物若干。神策六軍、英武、威遠、皇城金吾街使，諸軍、諸使將士，應緣大禮宿衛，御樓立仗，及守本庫本營者，共賜物若干端匹。天下耆老百歲已上者，各賜錦帛五段、米五碩。八十已上，及鰥寡惸獨不能自存者，委刺史、縣令各加優恤。應緣大禮加階及賜勳爵等，申報敘奏期限，並準貞元六年十一月三日敕處分。餘依常式，所司不須更作條件。赦書日行五百里，布告遐邇，咸使聞知！

蝗蟲避正殿降免囚徒德音

夫人事失於下，則天變形於上，咎徵之作，必有由然。自去歲已來，災沴仍集，雨澤不降，延歷三時；蝗蟲既臻，彌亘千里。穀糴翔貴，稼穡卒痒，嗷嗷烝人，聚泣田畝。興言及此，實所痛傷！遍祈百神，曾不獲應。方悟禱祀殊救患之術，言詞非謝譴之誠，憂心如焚，深自刻責。得非刑法舛謬，忠良鬱堙，暴賦未蠲，勞師靡息？事或無益，而重爲煩費；任或非當，而横肆侵蟊？有一於兹，足傷和氣，本其所以，罪實在予。百姓何辜，重罹殍餒！所宜出次貶食，節用緩刑，側身增修，以謹天戒。朕避正殿不御，百寮奏事，並於延英處分。尚食進膳，宜更節減。百司不急之務，一切且除。諸軍將士外，自餘應食官糧人，及諸色用度等，並委本使長官商量，權行停減，以救荒饉。仍限十日内具元額及所釐革條件聞奏。待至豐稔，却令依舊。畿内百姓，委京兆尹切加慰撫，除正税、正役外，徵科差遣，並宜禁絶。非交相侵奪，尋常訴訟，不須追擾，務且息人。京畿内外及京兆府諸縣見禁囚徒，死罪降徒流以下，一切放免。畿内及河中、同州界，應有因戰陣殺戮，遺骸暴露者，各委所在長吏，隨事薶瘞。咨爾卿佐，實惟股肱，所當一其誠心，同恤災患，勉修厥職，副我憂勤！

誅李懷光後原宥河中將吏并招諭淮西詔

自昔哲王以道化下，不竭物以充欲，不勞人以樹威，億兆之心，如戴父母，兵革不試，四方來同。苟或昧於德綏，務以力勝，士旅疲耗，烝黎困窮，幸以成功，豈云有補？李懷光久從戎旅，頗著勤勞，拔於等倫，授以旄鉞。誓師河朔，奔難奉天，有夷兇嫉惡之誠，有弭患釋圍之績。俾介元帥，仍升上台，秉心匪彝，自底不類。怙衆貪亂，附姦脅君，朕用再遷，幾危宗廟。洎股肱宣力，賊泚就誅，率土之人，咸懷奮擊。朕獨排群議，未忍加兵，命復官封，志期全貸。而乃昏迷不返，悖慢逾彰，殘害使臣，侵敗畿甸。密邇京邑，人愁無聊，諭之不悛，乃用致討。上帝悔禍，元臣協謀，克集茂勳，以夷大難。渠魁授首，餘衆革心，制勝以謀，兵無血刃。雖事非獲已，義在救人，而本其所由，情深罪己。蓋以誠信未著，撫馭或乖，至使功臣陷於誅戮，謂之克敵，寧不愧心！然以懷光一家，法當殲戮，念其昔居將相，嘗寄腹心，罪雖掛於刑書，功已藏於王府。以干紀之跡，固合滅身；以赴難之勳，所宜有後。非常之澤，俾洽幽明；雖屈彝章，庶旌往效。大夫君子，無我有尤！宜以懷光一男爲嗣，賜莊宅各一所，聽住京城。仍還懷光首級及屍，任便收葬。其妻及諸子孫、在室女等，並遞送澧州，委李皋逐便安置，使得存立。其出嫁女及諸親戚，並宜釋放。

應先陷河中將士等，皆嬰迫脅，無路申明，多是朔方舊人，素藴忠義；并幽州、涇原將士，頃被朱泚脅從，收京之時，奔竄在彼，究其本末，情有足矜。況能協力同謀，舉城歸順，録其成效，咸與惟新。宜一切洗雪，勿爲瑕累。先有官爵實封者，並許仍舊。其中首謀效順，事績著明者，委副元帥條件聞奏，別加甄奬。河中及同州、絳州百姓，並經陷賊，又久屯軍，骨肉流離，生業廢棄，興言軫念，良用惻然！宜各給復一年。京兆府奉先、美原等縣，緣與同州接近，隨便供運，杼軸既繁，流亡頗衆。委京兆尹即量事優恤，條件聞奏。仍加招輯，使各安存。

河中保義軍保寧軍節度使并管内諸軍行營兵馬副元帥、河中保寧等軍節度、度支、營田、觀察、處置等使、銀青光禄大夫、檢校司徒、同中書門下平章事兼太原尹、北都留守、北平郡王燧，惟嶽降生，鬱爲時傑，奉上勵匪躬之節，訓師懷盡敵之謀。略地無遺，攻城必拔。發揚以威，强寇感激，而服叛徒，嘉謀屢聞，能事畢備。朔方河中同絳陝虢汴等州及管内諸軍副元帥、河中絳州節度觀察處置等使、開府儀同三司、行侍中兼河中尹、咸寧郡王瑊，鑑識精明，宇量弘博，秉義率衆，推誠待人，堅制不奪之心，亟陳必勝之略，輯睦士旅，安慰流庸，盛德克彰，崇功允集。惟乃二帥，一其誠心，奉行天誅，同奬王室，有崇讓之美，有禁暴之能。元惡既除，全城底定，是加寵命，以答崇勳。燧可兼侍中，仍與一子五品正員官并階，餘並如故。瑊可檢校司空，仍與一子五品正員官并階，餘並如故。

華州潼關鎮國軍節度使，開府儀同三司、檢校右僕射并華州刺史、上柱國、武康郡王駱元光，邠寧慶等州刺史、御史大夫、上柱國、許昌郡王韓遊瓌，鄜坊丹延等州節度觀察使、檢校兵部尚書、兼御史大夫、上柱國、東平郡王唐朝臣等，並節著艱危，功成討伐，鎮于衝要，隱若長城，取彼兇殘，進無堅陣，比義同德，廓清方隅。宜增食于真封，且延榮于蔭子。可各賜實封二百户，仍與一子六品正員官，并五品階，餘並如故。

應諸道、諸軍同討懷光將士等，一自征役，淹歷歲時，被服干戈，略無寧息，賴兹勤效，是有成功。宜並賜三十萬端匹，以充宴賞。仰度支即般次送赴，並各放歸本道。仍令所司敘録，即超資與改轉。其中大將及功效殊尤者，委所司速具名銜聞奏，先與處分。其先在河中將士，亦宜依例賜錢宴賞。如本是奉天定難功臣，準條合給賞者，度支即排比支付。

嗚呼！自國家多難，二紀于兹。朕嗣位七年，連兵五載，追惟往事，悔恨于懷。今二孽既誅，諸方甫定，哀彼淮右，獨爲匪人。其帥不襲，其衆何罪？朕晨夕惕慮，念之甚詳。罷征討則阻命止於數州，窮戰争則流禍及於天下，利病之勢，較然相懸。俾人罹殃，寧我忍耻！今勳賢列鎮，疆理有經，縱未偃戈，足以保境。況天地之大，無所不容，豈令是邦，猶隔朝化？因兹大慶，使洽鴻恩。諸道應與淮西接連，宜且各守封境，非被侵軼，不須進討。仍委所在長吏，明加招諭，宣布朕懷。李希烈若能歸降，待以不死；其餘將士、官吏、百姓等，一切並與洗滌，與之更新。先有官封，亦皆仍舊；如能去逆效順，因事建功，理當甄升，以示褒勸。其所以優賞科條，並準前敕處分。朕思與海内去危圖安，有過自新，雖大必宥，朗然明信，彰示兆人。期爾庶邦，自求多福，無有遐邇，咸使聞知！

誅李希烈後原淮西將士并授陳仙奇節度詔

反易天常，悖違人紀，衆之所棄，罔或逃誅。李希烈蔑義背恩，窮姦極暴，謂神器可以力取，謂生靈可以詐欺，志在兇殘，躬行僭竊，罪無與比，法實難容。以君德不修，致人於禍，究其端本，過實在予。不忍烝黎重相攻戰，屢施詔命，務欲懷柔。抑群帥奮發之誠，駐諸軍討逐之勢，不憚屈己，期於息人。希烈曾無悛心，益逞驕志，虐毒滋甚，吞噬無厭，惡貫既盈，自底夷滅。

開府儀同三司、御史中丞、臨漳郡王陳仙奇，忠勇有餘，沉毅能斷，擄闔境受污之憤，導三軍思順之心，唱義一呼，群情響附，廓清氛祲，殲戮渠魁。驛書上聞，函首入獻，方隅既乂，役戍其休。懸賞之科，是宜必信，其以仙奇爲檢校工部尚書、兼蔡州刺史、御史大夫、充淮西節度，仍賜實封五百户。

應淮西管内將士、官吏、百姓等，頃迫兇威，遂從脅制，既誅元惡，俱是平人，除李希烈一家，其餘並準前後赦敕原放，更無所問。其將士等，或本屬平盧，或久鎮淮右，素推忠義，累著勳庸，果能叶志同謀，輸誠奉順，以兹節效，良有可嘉。委仙奇即以諸色官錢，優與宴勞。其中首建謀議，同斬希烈人等，宜並條録聞奏，節次褒賞。比年以來，有潛圖效順，節義著明，計或未行，爲賊屠害者，亦當審加訪察，具事績以聞；如有子孫，仍並録名聞奏。百姓等久經淪陷，兼被傷夷，遐想凋殘，實足哀憫，除供當道軍用外，宜給復二年〔一〕。應被希烈差點兵馬及團練子弟，並即放散。其本額將士之中，有不樂在軍願歸農業者，委節度、刺史，量給逃死户田宅，並借貸種糧，優給復終身，使之存濟。

宜令尚書左丞鄭叔則充淮西宣慰使。嗚呼！往欽哉！自希烈叛命，于今五年，王澤不通，下情亦阻。所宜宣我信令，以釋危疑，敷我惠和，以慰疲瘵。滌清污俗，咸與惟新，底難一方，以稱朕意！

校勘記

〔一〕『復』，原闕，據《册府元龜》補。『給復』，謂免除賦税徭役。

重原宥淮西將士詔

乃者希烈亂常，阻兵竊號，污脅士衆，殘虐烝黎。朕志在好生，誠深罪己，爲人受耻，不忍加兵。惟兹一軍，代著忠節，果殲元惡，不替舊勳。詢於衆情，就拜戎帥，人亦勞止，期於小康。旋乖衈下之方，重致喪身之禍。由朕薄德，俾人不寧，撫臨萬邦，且愧且悼！猶賴將校士旅，秉其誠心，邦人不驚，軍部無撓。以兹節效，良有可嘉！所宜慰安，俾洽寬澤。應將士吏人承前所有諸過犯，罪無輕重，一切釋放，曠然昭洗，咸與惟新。其有先請受莊宅、財物者，各以見管爲主。將士衣賜節料，并家口糧賜等，一切並準舊例，以時給付，不得停減。先令優與賞設，亦準元敕處分，務令豐厚，以稱朕懷。仍加曉諭，各委知悉！

陸贄集卷四

制誥優恤、賜功臣名、改州府

賑恤諸道將吏百姓等詔

國之經制，儲蓄備災，雖遇凶年，人無菜色。時或弛征散利，務穡勸分，徒有以均無，因豐而補敗，救患之術，抑其次焉。自戎役繁興，兩河尤極，農桑日廢，井邑爲墟，丁壯服其干戈，疲羸委於溝壑，傷夷未復，荒饉荐臻。歷河朔而至于太原，自淮沂而被于洛汭，蟲螟爲害，雨澤愆時，稼穡卒痒，烝黎重困。然猶徵賦不息，征役未寧，凍餒流離，寄命無所。興言感悼，焚灼于懷！

朕聞刑罰失中，虐沴斯作。致咎之本，在予一人；萬姓何辜，遭罹其弊！兢兢惕畏，不敢遑安，庶蠲下土之災，用答上天之戒。其宣武等軍宋、亳、陳州等節度，淄、青等州節度，河陽、懷州節度，東都畿、汝等州節度，潞美軍澤、潞、磁、邢等州節度，保寧軍節度，成德軍恒、深、趙等州節度，易、定等州節度，每管各賜米五萬碩。所司即般運都於楚州分付，各委本道差官受領，賑給將士、百姓等，務令均洽，以惠困窮。

屬軍費方殷，國儲尚歉，今所賜賑給，其數非多，猶慮孤惸，或未周贍，穀價翔貴，何能自資？江、淮之間，連歲豐稔，迫於供賦，頗亦傷農。收其有餘，濟彼不足，允乎發斂之術，且叶變通之規。宜令度支於淮南、浙江東西等道量置場，加價和糴米三五十萬碩，差官般運於諸道，減價出糶，貴從權便，以利於人，無或勞煩，重予不德。

方岳守將，實朕股肱，卹患分憂，與朕同體。宜即遣使分道宣慰，勞勉將士，省問鄉閭。有可以救歲之凶災，除人之疾苦，各與本道節度使商議，具以聞奏，必精必詳，用稱朕意！

優恤畿内百姓并除十縣令詔

朕以薄德，託於人上，勵精思理，期致雍熙。鑑之不明，事或乖當，百度多闕，四方靡寧。傷夷未瘳，而征役荐起；流亡既甚，而賦斂彌繁。人怨聞上，天災降下，連歲蝗旱，蕩無農收。惟兹近郊，遭害尤甚，豈非昊穹作沴，深儆予衷！跼蹐憂慚，罔知攸措。今穀價騰踊，人情震驚，鄉閭不居，骨肉相棄，流離殞斃，所不忍聞！公私之間，廪食俱竭，既無賑恤，猶復徵求，財殫力疲，繼以鞭箠，弛征則軍莫之贍，厚斂則人何以堪？念兹困窮，痛切心骨，思所以濟，浩無津涯！

補過實在於增修，救患莫如於息費。致咎之本，既由朕躬；謝譴之誠，當自朕始。宜令尚食每日所進膳各減一半，宮人等每月惟供給糧米一千五百碩，其餘悉皆停省。年食支酒料，宜減五百碩。飛龍厩馬，從今已後，至四月三十日已前，並減半料。京兆府百姓，應差科徵配，及和市、和糴等諸色名目，事無大小，一切並停。公私債負，容待蠶麥熟後徵收。百司非至切之務，如追擾百姓及追勘徵收等色，府縣並不須承受。其尋常訴訟，非交相侵奪者，亦不得爲理。百姓及諸色人等，如能力行仁義，均減有無，賙貸貧人，全活數衆者，府司具事跡聞奏，朕當授以官秩，蠲其征徭。如縣令勸導有方，流庸克濟，至夏初已來，類例勘會，但户口無減，田疇不荒，亦以狀聞，量加優奬。百姓有迫於荒饉，全家逐食者，其田宅、家具、樹木、麥苗等，縣司並明立簿書印記，令所由及近鄰人同檢校，勿容輒有毁損，及典賣填納差科；本户却歸，使令復業。

夫致理之本，必在於親人；親人之任，莫切於令長。導王者之澤，以被於下；求庶人之瘼，以聞于朝。得失之間，所係甚大。且一夫不獲，辜實在予，況百里之安危，萬人之性命，付以長吏，豈容易哉！今甸内凋殘，亦已太甚，每一興想，衋然傷懷！非慈惠不能卹疲氓，非才術無以賑艱食。臺郎御史，選重當時，得不分朕之憂、救人之弊？昨者詳延群彦，親訪嘉猷，尚書司勳員外郎竇申等十人，咸以器能，理道精心，究烝黎之疾苦，知教化之宗源，輟於周行，往涖通邑。申可長安縣令。鄭珣瑜可檢校吏部員外郎，兼奉先縣令。韋武可檢校禮部員外郎，兼昭應縣令。賈全可咸陽縣令，兼監察御史。霍琮可華原縣令，兼監察御史。王倉可檢校禮部員外郎，兼昭應縣令。李曾可盩厔縣令，兼監察御史。荀曾可三原縣令，兼侍御史。李緄可富平縣令，兼殿中侍御史。其有散官封賜者，並如故。應畿内縣令俸料，宜準常參官例，均融加給。

涇陽縣令韋滌，潔己貞明，處事通敏，有禦災之術，有字物之方，人不流亡，事皆辦集。惟是一邑之内，獨無愁怨之聲，古之循良，何以過此！就加寵秩，允叶前規。可檢校工部員外郎兼本官，仍賜緋魚袋，并賜衣一襲、絹百匹、馬一匹。

嗚呼！積行在躬，雖微必著，咨乃庶尹，其惟欽哉！朕聞爲君者，必擇人而官；爲臣者，罔擇官而處。弛張繫於理，不繫於時；升降在乎人，不在乎位。朕方抑浮華以敦教，稽言行以進人。非次之恩，以待能者。彰善黜惡，期於必行。凡百君子，各宜自勉！

重優復興元府及洋鳳州百姓等詔

朕巡狩山南，自春涉夏，師旋殷會，日費既廣，州閭杼軸，歲計其空，東作妨時，西成罕望。雖黽勉從事，人不告勞，而憫悼積衷，予實知愧！昨者減其租税，優以復除，庶乎有瘳，汔用小息。洎駕言旋軫，躬履畏途，絶磵縈迴，危棧綿亘，時經霖雨，道阻且修。工徒造舟，縣人葺路，靡幼靡耋，莫獲寧居。而又齎負糗糧，供備頓舍，涉于千里，飫我六師。居人露處以罔依，宿麥過時而不穫，覩兹妨奪，彌增感傷！前所復除，未足酬卹，式敷惠澤，以紓大勞！其興元府除先優復外，宜更給復二年。鳳州全放今年税。其興元府鳳州界内知頓及修道路閣橋州縣官、將士等，並委嚴震類例功效，具名聞奏，量與甄奬。嗟乎！古先哲王，東征西怨，顧予不德，重以勞人。補費録勤，是有申命，長吏明加優諭，稱朕意焉！

議減鹽價詔

三代立制，山澤不禁，天地材利，與人共之。王道寖微，强霸争鶩，於是設祈望之守，興榷管之法，以佐兵賦，以寬地征。公私之間，猶謂兼澤，歷代遵用，遂爲典常。自頃寇難荐興，已三十載，服干櫓者，農耕盡廢；居里閭者，杼軸其空。革車方殷，軍食屢調，人多轉徙，田畝汙萊。乃專煮海之利，以爲贍國之術，度其所入，歲倍田租。近者軍費日增，榷價日重，至有以穀一斗，易鹽一升。本末相踰，科條益峻，念彼貧匱，何能自滋！五味失和，百疾生害，以兹夭𣏌，實爲痛傷！

嗚呼！朕丕承列聖之緒，遐覽前王之典，既不克静事以息用，又不獲弛禁以便人。征利滋深，疲甿致困〔一〕，予則不恤，其誰省憂？應江、淮并峽内榷鹽，宜令中書門下及度支，商議裁減估價，兼釐革利害，速具條件聞奏。削去苛刻，止塞姦訛，務於利人，必稱朕意。

校勘記

〔一〕『致』，影宋本作『至』。

賜京畿及同華等州百姓種子賑給貧人詔

春陽布和，萬物暢茂，實兆庶樂生之日，農夫致力之時。今兹吾人，則異於是，迫以荒饉，愁怨無憀。有離去井疆，業於庸保；有乞丐途路，困於死亡。鄉閭依然，煙火斷絶；種餉既乏，農耕不興。若東作愆時，西成何望？爲人父母，得不省憂？雖國計猶虚，公儲未贍，濟人之急，寧俟盈豐？罄其有無，庶拯艱厄。京兆府百姓並宜賜種子二萬碩，同、華州各賜三千碩，陝、虢兩州賜四千碩。委州長吏即於度支計會請受，差公清仁恤之吏與縣令，親至村閭，隨便給付，仍加勸課，勿失農時。

應諸倉所有遠年粟麥，宜令節度更分二萬碩，京兆尹即差官逐便般載，賑賜貧人，先盡鰥寡孤惸目下不濟者，務令均給，全活流庸。

嗚呼！朕德之不敷，誠之不感，上帝降割，丁寧厥躬。元元何辜，罹此災害！思欲拯救，未知其方。長人之官，寄任斯重，所宜極慮，與我同憂。勉敷惠和，以育疲瘵，佇聞良術，稱朕意焉！

賜將士名奉天定難功臣詔

國家受天明命，平一宇内，自武德迄于天寶，百四十載，海内無事，崇德廣化，澤浸生人。時洽和平，俗登富教。鰥寡孤獨，咸得其所；鳥獸魚鼈，亦罔不寧。凡今有生，實賴亭育。羯虜伺間，盜起幽、燕，率土之人，莫保性命。肅宗以神武戡大難，先朝以仁德紹興運，區域再造，億兆再康。室家離析而復安，子孫煦嫗而相長，勞來安集，垂三十年。則我列聖之於天下，惠澤深矣！朕以寡昧，祗膺寶曆，常恐不克負荷，罔敢怠荒。道有未明，事多乖謬，群情壅而不達，大信鬱而不彰。兩河之間，群盜連禍，朕務除大患，靡憚暫勞，是以興有征之師，問干紀之罪。昨以涇原士徒將赴汝郊，失於撫綏，致使潰叛。朱泚乘釁，因構異圖，肆其狼心，誘我蝥賊。謂君可叛，謂天可欺，縱恣凌悖，無所愧畏！

朕失守宮闕，出次郊畿，九廟震驚，萬姓奔駭。内省思咎，外顧懷慚，罪實在予，不敢自蔽！意者宗社降祐，大儆于朕躬，夙夜殷憂，庶乎有補！實賴股肱心膂，勵從戎之節；方岳將校，集勤王之師，赴難如歸，見危思奮，堅貞勵操，何日忘之！平巨猾者，必仗群雄；賞茂績者，不限彝典。保勳庸於帶礪，傳爵邑於子孫，崇功美名，與國終始。其諸軍使，應到奉天縣將士等，宜並賜名『奉天定難功臣』。食實封者，子孫相繼，代代無絶。身有過犯，遞減罪二等；子孫有過犯，遞減罪一等。當户應有差科徭役，一切蠲免。其功臣，已後雖衰老疾患，不任軍旅者，當分糧賜等，並與全給。身死之後，回給家口，十年勿絶。

如有能梟擒朱泚者，即以朱泚在身官爵授之，仍加實封二千户；朱泚所有田宅財物，悉並充賜。其梟擒賊大將已下，並節級特加優寵，仍各與實封。應梟擒人所有田宅財物，亦使賜之。其餘立功，應合授官給賞，並準今年七月敕處分。其今日已前，身死王事者，追贈官爵，亦稱『奉天定難功臣』。子孫爲功臣之家，應合襲封、減罪、蠲免差役等，一切同例。宣告中外，令知朕懷！建中四年十一月二十三日。

改梁州爲興元府升洋州爲望州詔

自昔多虞，順時而動。古公避狄，兆永祚於岐下；高帝徙蜀，建雄圖於漢中。王蹟所興，子孫是奉。覩遷居於遐阻，知致君之艱難。矧天下爲家，不常厥邑，王者所至，四方會同，崇號設都，於是乎在。朕遭罹寇難，播越梁岷，烝庶煩於供億，武徒勤於扞衛，凡百執事，各奉厥司，人皆競勸，物以豐給，嘉乃成績，予懷不忘。今大憝已除，京邑甫定，將旋法駕，展敬園陵，眷于是邦，復我興運，宜其崇大，以示將來。

古者天子省方，則問耆年、卹百姓，以頒慶賜，以茂勳勞，用弘布澤之恩，式慰來蘇之望。宜改梁州爲興元府，其署置官資望，一切與京兆、河南府同。南鄭縣升爲赤縣，諸縣並升爲畿縣。見在州縣官，各令終考秩，至考滿日放選，依本資處分。耆壽與板授五品官，仍並賜緋；先已賜緋，並賜紫。典正等各賜勳五轉。百姓除先減放税錢外，更給復一年。洋州宜升爲望州。見任州官，亦並令終考秩，并諸縣官等各減兩選；無選可減者，各加三階。應山南西道節度下將士，除扈從迎駕已經改官者，餘並即與甄敘。

嗚呼！古先哲王，東征西怨，顧予不德，重于勤人。撫心咎己，良增愧歎，宣示有衆，明知朕懷！

陸贄集卷五

制誥慰勞、招撫、處分事

奉天遣使宣慰諸道詔

古者天子巡狩之義，以考國典，以觀人風。在時多虞，或所不暇，乃命卿士，使于四方。問人疾苦，廉吏善惡，苟副所任，則如親臨。在理平之時，尚資勤恤；當喪亂之際，得無省憂？朕以不敏，肆于人上，撫馭失道，誠感未孚。寇盜繁興，阻兵拒命，哀哉臣庶，陷于匪人。顧兹田疇，鞠爲茂草，不念柔復，遽命徂征。徵發兵甲，萬里必至，暴露營壘，連年不息。冒于鋒刃，繼以死傷，煢嫠無依，父母廢食。存者積思家之怨，殁者倍異鄉之痛。又以軍費滋廣，公儲不充，厚取於人，罔率厥典。科條互設，誅斂無常，農工廢棄其生業，商賈咨嗟於道路。軍營日益，閭井日空，凋瘵日勞，徭役日甚。以財力之有限，供求取之無涯，暴吏肆威，鞭笞督責。嗷嗷黔首，控告何依？怨氣上騰，咎徵斯應。疫癘荐至，水旱相乘，罪非朕躬，誰任其責？朕自嗣位，迨今六年，連兵不解，已踰四稔。雖本非獲已，義在濟人，而事乃重勞，敢忘咎己？皆以朕之寡昧，居安忘危，致寇之由，實在於此。予則不德，人亦何辜？愧恨積中，痛心疾首。昨者改元施令，悔往布新，將反側獲安，則干戈日弭；賦役差減，則衆庶就康。還定流亡，與之休息，猶懼思慮未周于庶務，誠感未達于遐方。一理失中，一夫不獲，則何以謝天譴、致人和？俾代予言，其在良弼。宜令門下侍郎、同中書門下平章事蕭復，充山南東、西、鄂岳、荆南、江西、淮南、浙江東、西、嶺南、福建等道宣慰安撫。嗚呼！往率乃職，敬敷朕命，慰勉征戍，勞徠困窮。訪其所安，察其所弊，淹滯必達，冤濫必申。無憚幽遠而不被，無略細微而不恤，洎乎編甿比屋，咸若朕之躬親。股肱惟良，予則有賴。

其諸道將士，並準今年正月一日制，嚴備疆界，勿使侵擾。仍各令本使、本將速具名銜等聞奏，悉與甄敘。其殊功勁節，超越常倫，别條狀績，當特優獎。

百姓除每年兩税定額外，自餘徵率，一切並停，課勸農桑，各令安業。寇難既定，漸息干戈，朕當躬先簡約，庶務節省，兩税之内，亦更減除。其諸道事緣急切須處分者，即與所在節度、觀察使商議裁度，務合便宜。其餘利害，還日條奏，朕當詳省，以擇厥中。宣布遠邇，咸使聞知！

收復京師遣使宣慰將吏百姓詔

朕獲承先顧，付以大器，懼德不類，貽列聖羞，虔恭惕厲，罔敢暇逸。將欲立法齊一，致俗和平，小信未孚，衆心遂阻，事理乖當，百度失中，君臣之間，鬱堙不達。致寇雖深於罪己，興戎猶昧於省躬。期靖亂以濟人，反勞師而黷武。行者被殺傷之苦，居者重齎送之勞。四海騷然，靡有寧處；京輦之下，杼軸亦空；環列之中，遺戍殆盡。略内以勤遠，居安而忘危，賊臣誘姦，乘間竊發。豺狼穢于宫闕，士庶陷于塗炭，作威肆戮，仇視我人，萬姓嗷嗷，呼天罔告！有殞踣以抗節，有脅從以假命。且一夫不獲，辜實在予。朕君臨萬邦，作人父母，既不克覆育，又從而咎之，其心愧耻，一食三歎！退舍内訟，介于梁岷，庶乎有瘳，以答譴戒。

皇天悔禍，宗社降靈，腹心爪牙，奮謀宣力。元惡稔慝，脱身逃遁；餘黨歸誠，率衆款附。掃氛沴而辟閶闔，翦鯨鯢以清郊原。函夏載寧，室家相慶。非將士夾輔王室，非卿士交修予違，軍旅叶心，畢命盡敵，豈伊寡昧，克復興運？戡定大難，載感予懷。宜令吏部侍郎班宏充上都宣慰使，勞問將士，撫綏烝黎，招輯流亡，慰安反側。朕續整飭法駕，擇日還京，告謝于祖宗，請罪于天地，策勳行賞，大報忠烈，銘功永代，與國同休！明宣朕懷，咸使知悉。

平淮西後宴賞諸軍將士放歸本道詔

朕纂奉丕業，託于人上，仁不被物，義不勝姦，頌聲蔑聞，暴亂連起。叛臣希烈，竊據淮、沂，誠則彼夫無良，亦由朕之不德。撫御之道，失之於初，師旅一興，綿聯莫解。服勞者從役不暇，受污者無路自新。旱蝗相乘，穀糴翔貴，兵氓餒死，十室九空，通邑化爲丘墟，遺骸遍于原野。每念於此，傷心涕流！且自昔勞師，靡有不悔，以虞舜之聖，屈於苗人；漢武之强，弊於戎虜。矧乎德猶不逮，力或未全！我其永懷，求己自警。乃者下哀痛之詔，布寬大之恩，普天載新，殊死必宥。然尚勞師旅，作扞邊陲，有累歲棄離家室，有經時不解甲胄。忠雖爲國，咎實在予，君人若斯，寧不知愧！賴節將士旅，一其誠心，奮發武威，慎固疆宇，遠人思服，元惡就誅，烝黎方致於安寧，役戍永期於休息。懋官以旌善，錫宴以勞旋，賞不踰時，式遵彝典。都統、檢校司空、同中書門下平章事劉從一，宜與子孫一人五品正員官。鄭滑節度使、檢校尚書右僕射李澄，檢校兵部尚書曲環，檢校户部尚書李皋，兼御史大夫樊澤等，並與子孫一人七品正員官。都防禦使、工部尚書、御史大夫賈耽，都團練使、檢校左散騎常侍、兼御史大夫盧玄卿，兼御史大夫張建封等，並與子孫一人八品正員官。檢校司空、同中書門下平章事李抱真，檢校司空、同中書門下平章事李納，檢校尚書、右僕射、同中書門下平章事韓滉，檢校工部尚書、御史大夫田緒，咸遣士旅，遠赴行營，同討不庭，厥有成績。抱真、納、滉宜並與子孫一人七品正員官，緒與子孫一人八品正員官。

應與淮西接界州縣，本界鎮守及諸道赴行營將士等，宜共賜物三十萬端匹，以充賞設。度支即約據界首及行營軍額，分配定數，逐便支送。仍委本道都統、節度、防禦、都團練使，即條録功第名銜聞奏，並與甄敘。其行營將士仍各放歸本道。明加宣諭，令悉朕懷。

授王武俊李抱真官封并招諭朱滔詔

三公之職，論道經邦，序五行之和，任百事之理，歷代崇重，不常厥官。天祚皇家，茂生才傑，比義齊列，同寅協恭。以德允台階之望，以勳當井賦之賜，聿應並命，式副具瞻。開府儀同三司、檢校司空、同中書門下平章事、使持節恒州諸軍事、守恒州刺史、充成德軍恒冀深趙等州節度觀察處置等使、琅邪郡王王武俊，秉志沉密，臨事能斷，忠而致力，勇且有仁，奮發之初，渠魁即戮，危疑之際，大節首彰。開府儀同三司、檢校尚書、左僕射、同中書門下平章事、潞州大都督府長史、昭義軍澤潞磁邢等州節度觀察處置度支營田等使、上柱國、符陽郡王李抱真，質重氣和，内精外朗，智窮變化，守必以常，學本明誠，動有攸利，謀猷屢告，規益孔多。皆戮力盡瘁，志匡王室，陳師鞠旅，同討不庭。仗大義而萬衆叶心，體至公而千里同契；合軍於呼吸之際，决策於指揮之間。並轡載馳，執桴親鼓，兇徒殄殪，河右廓清。國家無北顧之虞，姦慝阻南侵之計，時乃同德，厥功茂焉！敷五教而阜人，均九土以居衆，俾爾更踐，備揚洪休，乃加真實，以貽後嗣。武俊可檢校司徒、同中書門下平章事，抱真可檢校司空、同中書門下平章事，賜實封五百户。

嗚呼！古人有言曰：『惟理亂在庶官。』矧惟輔臣，與國同體，明朕德命，爾其欽承！朕嗣位不明，輕費尚力，謂武可以靖暴慢，謂刑可以懲姦邪，德之不修，亂是用長。士馬疲耗，烝庶流離，罪非朕躬，誰任其咎？自去歲遭變，再經播遷，歷山川之險艱，知軍旅之勞苦，惟省前過，悔恨盈懷。追遠事而不及，庶後圖之可補。以九廟爲重，而不憚屈身；以百姓爲心，而不專私欲。苟可以保安社稷，休息甲兵，弘濟蒼生，蠲省徭賦，含垢忍耻，予無難焉！

朱滔受任薊門，累著誠績，委遇既重，封秩亦崇，臣節中虧，自貽伊阻。洎賊泚僭竊上京，兄弟之親，在法無赦。朕以罪不相及，情有可原，待以如初之誠，廣其自新之路。執迷不復，固敗是求，蹙喪而歸，既困方悟。累獻款疏，深陳懇誠，省之惻然，良用憫歎！雖將相嫉惡之志，固所難容；以君上懷柔之情，未忍拒絶。且善莫大於改過，德莫盛於好生。叛而伐之，服而舍之，銷難愛人，實惟朕志。宜委武俊、抱真開示大信，明加曉諭。若誠心益固，善蹟克彰，朕當掩釁録勳，與之昭雪。宣告衆庶，咸使聞知。

招諭淮西將吏詔

朕臨御已來，連兵不息，自經播越，方歷險艱，耳聞鼙鼓之聲，目視殺傷之苦，由是覺悟，悔於興師。既省己以知非，亦欲人之遷善，至乃歲有再赦，事有屢言，務於撫綏，不憚煩冗。冀朕之誠信日布，冀人之患難日除，每議用兵，惻然不忍。而賊臣希烈，煽惡滔天，虐用其人，仇視厥衆，狼心多忌，梟性無親，以芟伐立威，以猜刻爲志，朝爲昵比，夕爲仇讎，肆其芟夷，蔑若草芥。馮陵汝海，流血盈川；侵軼浚郊，積骸偏野。農耕廢業，井邑成墟。積彼妖氛，發爲災癘，蕭條千里，無復人煙。朕哀彼生靈，陷于塗炭，苟存拯物，不難屈身，故於首春，特布新令，赦其殊死，待以初誠。

使臣纔越於郊畿，巨猾已聞於僭竊，酷烈滋甚，吞噬無厭。將相大臣，咸懷憤激，繼陳章疏，固請除討。朕以所行天誅，本去人害，，兵戈既接，玉石難分。言念忠良，遭罹脅制，雖欲却陳臣節，厥路無由。受污終身，銜冤没代，淪胥以逞，誠足痛傷！宜令諸道節度使，每欲進軍，先加曉諭。今所致討，唯止元兇，其餘脅從，一切不問。如能去逆效順，因事建功，明設科條，以示褒勸。其以一州降者，便授刺史，封異姓王，賜實封五百户。以一萬人已上降者，授刺史，封國公，賜實封三百户。其餘各據功效，節級甄升，列爵建官，以俟能者。朗然明信，朕不食言，宣示遠人，各令知悉。

招諭河中詔

朔方諸軍，應在河中、絳州、朝邑將士等，並以義烈繼代，勳業冠時，艱虞已來，常濟國難。肅宗、代宗，再復京邑，皆是朔方將士之功。去歲朕在奉天，兇黨攻逼，解圍赴急，亦賴此軍。言念爪牙，情均骨肉，濟朕危厄，感之豈忘！頃以懷光背恩，自生猜阻，熒惑將士，污脅忠良，朕頻降詔書，再三曉諭，皆被懷光隱匿，兼亦志有加誣，朕之誠懷，竟未宣布，夙夜自愧，寢食不安。

時屬嚴凝，屢頒衣賜，豈以懷光一人拒命，遂令將士俱不沾恩！朕於功臣，義存終始。其朔方及諸軍，應在河中、絳州、朝邑將士等，今年春冬衣賜，並準二月二十一日敕，緣赴奉天解圍功臣等第給錢物。宜令所司並許計料别收貯，待道路通流，即當時支遣；其有歸順者，續給。其將士等，有先賜實封，一切準元勅，並州給牒，委馬燧、渾瑊逐分送付。其差人請受，仍明加宣諭招撫。務令忠義之士，各悉朕意！

安撫淮西歸順將士百姓敕

李希烈首亂淮濆，又侵滎、汴，兇威所及，罔不脅從。百姓既罹於網羅，將士兼質其家口。哀我衆庶，銜冤莫伸，雖欲歸降，何由自達？朕爲人父母，不克保安，遂使忠良，横遭脅污，興言憫悼，思惻深衷！

今王師四臨，所至尅捷，將士百姓，款附甚多，或棄其鄉園，或捐其家族，脱身效節，良有可嘉。特宜撫綏，以奬誠效。應淮西界内，及鄭、汴等州將士歸順者，委所在節度、防禦等使，便與收管，切加存恤，優給資糧，仍各具名銜聞奏，當與甄奬，并給遺衣賜。其百姓從賊界内歸順者，亦委所在觀察使、刺史，量以本道諸色錢物賑給，令得存濟。如情願便住者，即配與死户田宅，使營生業。若欲赴諸州縣者，隨其所之，當時給文牒發遣，不得止遏；所至之處，準前優賞。率土之内，莫非王臣，雖陷寇中，諒非獲已，但能效順，即是平人，務於招綏，副朕所恤。

甄獎陷賊守節官詔

沮勸二柄，國之大綱，獎善懲違，固不可廢。頃者賊臣構亂，京邑震騷，惟兹士人，奔竄無所。或從其誘脅，遂染污名；或守以純誠，竟全貞節。昨所司奏議，但舉刑章，坐累者各已條疏，守節者並已甄異，忠正而不報，豈朕意焉！應在京百司及京兆府長安、萬年兩縣，去年十月三日見在職事官，在城陷於賊中，潛藏不受逆命，并諸色前資官，被僞署官爵，頻遭迫脅，首末不出，事跡昭著，衆所明知者，並委御史臺訪察勘覈其事，勿容虛濫，仍限今月内具名銜事跡聞奏。五品已上及常參官已授替者，委中書門下與處分。六品已下，各減三選，不拘考例聽集。其未得資被替，非時放選，仍稍優與處分。如已喪亡者，並與追贈。使恩加存殁，以稱朕懷。

令百寮議大禮期日詔

朕自遷越，旋於京師，將欲請罪祖宗，告謝天地，所司擇日，行有期矣。議者多以大盜之後，人勞匪居，懼愆歲功，請俟農隙。若俯順群議，則私懷不安；將祗率典章，又疲甿重擾。夙夜憂惕，罔知所裁。宜令中書門下與常參官，即詳議折衷聞奏。

不許諸軍侵擾敕

李希烈阻兵淮右，虐害烝人，朕哀憫無辜，横遭脅制，若興師行伐，則玉石俱焚，所以頻下詔書，再三開諭，曾無悛革，但益憑陵。忠勇之徒，皆思奮激。朕悔於征伐，務在含容，以一夫無良，遂百姓罹禍，安人忍耻，初是素懷。今東作方興，麥秋在近，儻行侵抄，深害農功，一方之人，實足矜憫。應與淮西接界州縣，各委本道都統、節度、都防禦、團練等使，明申前敕，嚴設隄防，務使農人，遂其耕穫。賊若不先侵軼，但自保守封疆，勿令越境，暴犯田苗。及有侵掠，務宣朝化，以洽遠人。仍於所在界首明加招諭，咸令知悉！

放淮西生口歸本貫敕

遷徙家鄉，分離骨肉，有生之酷，莫甚於斯！朕撫育兆人，庶臻理道，懲過不可以不罰，原情不可以不矜，將推内恕之心，用廣自新之路。應從李希烈作亂以來，諸道所有擒獲淮西生口配隸嶺南、黔中等道，宜一切釋放歸本道。其投降人等，權於諸州縣安置者，亦任各從所適。

令諸道募靈武鎮守人詔

朕以寡德，君臨兆人，憂四鄙之不寧，懼一物之失所。降心以懷戎狄，期息征徭；極慮以綏烝黎，冀遂安輯。今諸夏岳牧，咸能撫封，九姓可汗，荐克敦好，寰瀛之內，其謂小康。愛人雖發於朕心，濟理實由於藩輔，豈惟菲薄，所致於兹！然獨吐蕃負恩，背盟棄約，尚勞師旅，備禦西陲。亦賴方岳同心，簡練傑俊，助其防鎮，遏彼奔衝。數年以來，邊境寧謐。乃眷靈武，實惟雄藩，扼束牧之咽喉，控北門之管鍵，軍懸寇邇，地遠勢孤，雖無交切之虞，須建久安之策。朕屬慮於此，殆今累年，晨思廢餐，暮想忘寐。征兵益戍，則憚其勞師；移人實邊，又念其離土。朕欲令萬姓各遂所安，抑而使人情有不忍，中懷結鬱，罔知所從。

古人有言：『主憂臣憤。』今朕憂矣，將相牧守，得不與我同其慮哉？此乃忠臣盡規之時，勇士建功之日，苟弘良算，必有其人。宜令諸道節度、觀察使，各與本管諸色人中，募能赴靈武鎮守者，取其情願，重設賞科。仍須精選驍雄，薄閑武藝，便以本道諸色錢物給付，仍優厚裝束，發赴上都。每道各據所管州縣多少，通計每州所募，多不得過五十人，少不減三十人。若欲將家口相隨，便給資糧同發遣。如有户貫在州者，蠲免本户差科。其官健到日，朕當超資與官，至鎮便替。朕之此意，非務廣兵，欲使四方驍雄，俱到塞上，壯邊城士旅之氣，杜戎醜窺伺之心。方岳信臣，所當相悉，勿令騷擾，副我憂人！

陸贄集卷六

制誥册命、祝册、祭文、策問、答表

册淑妃王氏爲皇后文

維貞元二年，歲次丙寅，十一月丁亥〔一〕，十一日丁酉，皇帝若曰：乾坤合德，聖人則之。惟帝承天，惟后配帝，嗣續百代，母臨萬邦。位定于中，而尊加于外；德修諸己，而化被於人。御於家邦，所繫斯在，三代崇替，靡不由之。予是以詢衆採賢，重難兹命。中壼虚位，於今歷年，陰儀或虧，宗事無主，缺於典禮，朕甚愧焉！稱是徽章，聿歸全德。

咨爾淑妃王氏，天與純粹，氣鍾元和，含章在中，發秀于外。卓爾風操，穆然容輝，周旋中規，進退有度。仁愛共儉，禀于生知；詩書禮樂，成自師氏。竭其孝敬，祗事先朝，承事無違，克諧尊旨。往居桂苑，淑問已彰，洎奉椒塗，謙光載路。言無伐善，志在匿瑕，柔嘉自持，喜愠莫見。六宫攸序，九族以親，嘗屬艱迍，累從行幸。思賢才以輔佐，知臣下之勤勞。庶績伊凝，頗資内助。永念頃筐之志，且懷求劍之情，崇位長秋，永懷盛典。矧惟元子，貞我萬邦，稽以舊章，是宜從貴。今遣攝太尉某官某，持節册命爾爲皇后。

嗚呼，敬哉！王教之端，始於内範。風美《關雎》之化，雅咏《思齊》之德。罔懈厥位，忝于前修，克念有終，庶無後悔。奉承休命，可不慎歟！

校勘記

〔一〕疑『亥』下缺『朔』字。

册嘉誠公主文

維貞元元年，歲次乙丑，六月甲子朔，十二日乙亥，皇帝若曰：王者以義睦宗親，以禮敦風俗。義之深，寔先於友愛；禮之重，莫大於婚姻。故《春秋》書築館之儀，《易》象著歸妹之吉。予是用祗考令典，率由舊章。咨爾嘉誠公主，孝友柔謙，外和内敏，公宫禀訓，四德備修。疏邑啓封，命爲公主，徽章所被，禮實宜之！今遣光禄大夫、檢校司徒、同平章事汧國公勉，持節册命，爾惟欽哉！下嫁諸侯，諒惟古制，肅雍之德，見美詩人。和可以克家，敬可以行己，奉若兹道，永孚于休。懋敦王風，勿墜先訓，光膺盛典，可不慎歟！

册蜀王妃文

維建中二年十一月某日，皇帝若曰：夫茂建親戚，以敦族固本；明慎選納，以厚別蕃嗣；

寔人倫之始、王教之端也。朕奉若謨訓，允求淑哲。賢必有象，鍾慶於令門；姻不失親，載光於戚里。故某官駙馬都尉田擇交第若干女，生禀柔惠，習知禮則，容德純備，孝睦洽聞，可以叶美好逑，輔成樂善。是用使某官某持節册命爲蜀王妃。嗚呼，敬之哉！備禮以崇其好合，起家而居其爵位，非義信不固，非温順不親。克恭匪懈，則罔攸悔。朕言必復，可不慎歟！

册杞王妃文

維建中二年十一月某日甲子，皇帝使某官持節册命某官竇銑第若干女爲杞王妃曰：於戲！《禮》以大婚崇繼嗣，本人倫之教；《詩》言淑女配君子，繫王化之綱。蓋率人成風，由内及外，得不采嘉耦以固盤石，刑閨門以御家邦！詳求惟難，歷選兹久，時乃之擇，得于舊姻，柔婉禀乎天和，禮樂成于家法。明章婦順，虔奉姆儀，克茂《鵲巢》之規，叶宣《麟趾》之美。其祗膺嘉禮，欽率内教，淑慎厥心，無替於後。嗚呼，可不慎歟！

告謝昊天上帝册文

維貞元元年，歲次乙丑，十一月癸巳朔，十一日癸卯，嗣天子臣某，敢昭告于昊天上帝：顧惟寡昧，不克明道，丕膺眷命，俾作神主。常恐獲戾上下，而播災於人，兢兢業業，夙夜祇畏。居位五祀，德馨蔑聞，皇靈不歆，是用大儆。殷憂播蕩，踰歷三時，誠懼烈祖之耿光，墜而不耀，側身思咎，庶補將來！上帝顧懷，誘衷悔禍，剿兇慝之凌暴，雪人神之憤耻，舊物不改，神心載新。兹乃九廟遺休，兆人介福，以臣之責，其何解焉！間屬寇虞，久稽告謝。今近郊甫定，長至在辰，謹以玉帛犧牲，粢盛庶品，冀憑禋燎，式薦至誠。太祖景皇帝配神作主，尚饗！

告謝玄宗廟文

維貞元元年，歲次乙丑，十一月癸巳朔，十一日癸卯，孝曾孫嗣皇帝臣某，敢昭告于皇曾祖考玄宗至道大聖大明孝皇帝、皇祖妣元獻皇后楊氏：臣猥承聖緒，獲主大器，懼德不嗣，靡所安寧。任重道悠，竟貽顛越，京闕生變，神人無依。臣懷永圖，不敢自棄，忍耻含憤，迨于載還。戴天履地，俯仰慚惕。幸賴烈祖遺澤，感深于人：人心攸歸，天意允若。肆予小子，憑宗廟之積慶，再復于鎬京。在臣愆尤，曷云有補？豈敢自蔽，以重於厥辜！頃以寇孽在郊，禮物未備，久稽告謝，伏積兢惶。今祗見閟宮，引慝請罪。謹以一元〔一〕、柔毛、剛鬣、明粢、薌合、薌萁、嘉蔬、醴齊，因時備物，虔奉嚴禋。尚饗！

校勘記

〔一〕《四部備要》本云：「『一元』下疑落『大武』二字。」

告謝肅宗廟文

維貞元元年，歲次乙丑，十一月癸巳朔，十一日癸卯，孝孫嗣皇帝臣某，敢昭告于皇祖考肅宗文明武德大聖大宣皇帝、皇祖妣章敬皇后吴氏：臣嗣服先業，不克負荷，人流於下，事失其中。姦魁乘釁，作亂京邑，播遷之咎，臣實自貽。震驚宗祧，曠時乏祀；外憂内愧，若墜深泉。勵己誓心，期刷大耻。實賴聖祖中興之業，全育兆人，澤深慶遠，流福裔嗣。故上天悔禍，群孽就誅，非臣寡昧，所能纘服。今祗率百辟，見于廟廷，謹以一元、大武、柔毛、剛鬣、明粢、薌萁、嘉薦、嘉蔬、醴齊，備物潔誠，聿申告謝。尚饗！

告謝代宗廟文

維貞元元年，歲次乙丑，十一月癸巳朔，十一日癸卯，孝子嗣皇帝臣，敢昭告于皇考代宗睿文孝皇帝。伏惟玄德廣運，重光盛業，武平多難，仁育群生，謂臣克堪，付以大寶。臣自底不類，再罹播遷，宗祧乏享，億兆靡依。下辜人心，上負先顧，敢愛隕越，苟全眇身？大懼社稷阽危，以增九廟之愧，由是忍耻誓志，庶補前羞。列聖在天，鑑臣精懇，敷錫丕祐，俾之纘承，兇渠殄夷，都邑如舊。兹臣獲執犧牲珪幣，載見於廟廷，感慕慚惶，若罔攸厝。謹以云云，陳誠待罪，式奉嚴禋。尚饗！

祭大禹廟文

維貞元元年某月某日，皇帝遣某官以牢醴之奠，敬祭于大禹之靈：惟王德配乾坤，智侔造化；拯萬類於昏墊，分九州於洪波；經啓之功，于今是賴；巍巍蕩蕩，無得而名。顧以眇身，辱承大寶，時則異于今古，道寧間于幽明！雖依聖垂休，諒非可繼；而勤人勵己，竊有所希。迨兹八年，理道猶昧；沴氣鬱結，降爲凶災。邦無宿儲，野有餓殍，上愧明哲，下慚生靈。夙夜憂惕，如蹈泉谷，所資漕運，用拯困窮。底柱之間，河流迅激，舟楫所歷，罕能獲全。爰命工徒，鑿山開道，避險從易，涉安代危。噭噭烝人，俟此求濟，仰祈幽贊，以集丕功。享于克誠，庶答精意！

策問賢良方正能直言極諫科

皇帝若曰：蓋聞上古至道之君，垂拱無爲，以臨海内，不理而人化，不勞而事成。星辰軌道，風雨時若，邈乎其不可繼，何施而臻此歟？三代以來，制作滋廣，異文質之變，明利害之鄉。威之以刑，道之以禮，敦其俗而彌薄，防其人而益婾。豈澆淳必繫于時耶？何聖賢間生而莫之振也？

朕祗膺累聖之業，猥居兆人之上，乾居克勵，如恐失墜，憂濟庶務，夕惕晨興。永惟前王之典謨，是憲是則，師大禹以崇儉，法高宗以求賢，興夏啓之征，作周文之罰。旌孝悌，舉直言，養高年，敦本業，平均徭税，黜陟幽明，勵精孜孜，勤亦至矣！然而浮靡不革，理化不行；暴亂不懲，姦犯不息。五教猶鬱，七臣未臻，鄉黨廢尚齒之儀，烝黎無安居之志。賦入日減，而私室愈貧；廉察日增，而吏道愈濫。意者朕不明歟？何古今之事同，而得失之效異也？思欲剗革前弊，創立新規，施之於事而易從，考之於文而有據。備陳本末，將舉而行，無或憚煩，略於條對。

自頃陰陽舛候，祲沴頻興，仍歲旱蝗，稼穡不稔。上天作孽，必有由然，屢推凶災，其咎安在？《傳》曰：『時之不乂，厥罰常暘。』又曰：『堯、湯水旱，數之常也。』二者乖反，其誰云從？今人靡蓋藏，國無廩積，朕屢延卿士，詢訪謀猷。至乃減冗食之徒，罷不急之務。既聞嘉話，亦已遵行。而停廢之餘，所費猶廣。俟轉糧於江徼，則遠不及期；將搜粟於關中，則撓而無獲。節軍食則功臣懷怨，省吏員則多士靡歸。中心浩然，罔知攸濟。子大夫藴畜才器，通明今古，副我虚求，森然就列。匡朕之寡昧，拯時之艱災，畢志直言，無有所隱。

策問博通墳典達於教化科

皇帝若曰：朕承祖宗之鴻烈，獲主神器，任大守重，懼不克堪。思與賢士大夫共康理道，虚襟以佇，側席以求，而群議紛然，所見異指。或牽古義而不變，或趨時會而不經，依違以來，七年于兹矣。國制多缺，朕甚悶焉！

今子大夫博習墳典，深明教化，褎然充舉，咸造于庭，其極思精心，以喻朕之未寤。仲尼敘《禮》、《樂》，删《詩》、《書》，修《春秋》，廣《易》道，六經之教，所尚各殊。豈學者修行，理當區別，將聖人立意，本異宗源？施之於時，孰爲先後？考之於道，何者淺深？差次等倫，指明其義。夫知本乃能通於變，學古所以行於今。今之教人，則異於是。工祝陳禮樂之器，而不知其情；生徒誦禮樂之文，而不試以事。欲人無惑，其可得耶？

將革前非，固有良術，堯、舜率天下以義，比屋可封；桀、紂率天下以暴，比屋可戮。然則上之化下，罔或不從，而『三仁』『四凶』，較然自異。『有教無類』，豈虛言哉！作樂移風，聞諸昔典。夫至雅必淡，至音希聲，文侯列國之賢君，猶曰『則惟恐寐』，矧彼流俗，其能化乎？將使天地同和，災沴不作，黎人丕變，姦慝不萌，何施何爲，以致於此？

王者制理，必因其時，故忠敬質文，更變迭救，三代之際，罔不由之。自秦剗古法，漢雜霸道，紛綸千祀，王教不興。國家接周、隋之餘，俗未淳一，處都邑者利巧而無耻，服田畝者朴野而近愚；尚文則彌長其澆風，復質又莫救其鄙俗。立教之本，將安所從？自昔哲王，惟以三正互用，後之術士，乃言五運相生。以漢應火行，則周爲木德，禮稱尚赤，義例頗乖，永言於兹，莫識厥理。九流得失之論，歷代興亡之由，王、鄭識理之異同，公、穀傳經之優劣，必精必究，用沃虛懷。

策問識洞韜略堪任將帥科

皇帝若曰：朕遐觀《典》、《謨》，詳求理道，三代之際，粲然可徵，未嘗不文武並興，農戰兼務，故能居則足食，動則足兵。兵足則威，食足則固；威則暴亂息，固則教化行。理國之本，實在於此。

秦、漢已降，王制不修，選士廢射御之儀，教人無蒐狩之禮；即戎者不知其稼穡，力本者罕習于干戈。於是異文武之人，分農戰之道，守則乏食，征則鮮兵，歷兹千年，竟莫能復。抑知者蓋寡，將行之惟艱歟？朕念之甚勤，思繼前躅，良以軍旅之士，役戍靡寧，勳庸既多，爵秩咸貴。俾服田畝，慮興怨咨，仰給縣官，不可勝計。由是版圖日減，阡陌歲荒，水旱小愆，廩餉咸竭。欲使軍人悦歸於耜耒，儒者兼達於韜鈐，田萊盡耕，攻取必勝，誘人孔易，其術安施？

王者之師，本於立德；兵家之法，方務出奇。德以信成，奇以詐勝，理有違反，將何適從？宋襄成列而敗軍，見嘉魯策，韓信決囊以摧敵，取貴漢朝。然則喪國亡身，豈霸王之道；冒危乘厄，非仁誼之心？所宜討論，以定褒貶。夫衆寡不敵，克必以謀。樂生下齊，孫子破楚，魏武之勝袁紹，宋高之滅姚泓，成敗之由，備陳本末。古人有言曰：『誅伐不可偃於天下。』又曰：『善爲國者不師。』二端異焉，其有深旨。子房序次兵法，任宏論撰軍書，指明異同，詳録名氏，想聞商略，擇善而行。

答宰臣請停大禮表

朕失德致寇，再經播越，郊廟乏主，禋祀曠時。感憤積中，憂愧形外，日月以冀，庶補前修。賴天地降休，祖宗儲慶，再新景命，祇復皇都。自秋涉冬，已還於律候；因心致享，未展於孝思。而公卿上言，邀予以備物；都鄙興誦，諷予以勞人。禮將俟於他年，卜不先於近日，永懷感慕，情實未安。雖則嘉話重違，其如至誠難抑！所宜參會群彦，更擇近期，無或因循，以增不德。

答百寮請停大禮表

朕再經播遷，久曠禋祀，不惟霜露之感，實貽墜失之憂。賴先澤在人，上帝臨我，克平大難，再復舊京。朕之失德，非曰能補，旋欲請罪宗廟，展敬郊丘，迫以群情，俟于獻歲。今滌牲撰吉，甫及近期，齋心永懷，明發不寐。忽覽來表，良深矍然！雖嘉備慮之誠，實乖昭事之意。朕志先定，期於必行，即斷來表也。

答百寮請停大禮第二表

國之大事，首在祀典，所宜嚴奉，以達至誠，況今之所懷，又異常日。不克嗣守，馴致寇戎，淪陷國都，震驚園寢，幸憑玄祐，再續鴻休。播越三時，久虧禋祀之禮；旋歸半歲，未申告謝之誠。感愧積中，若墜泉谷，坐而待曙，跂及上春。庶乎天地靈祇，以歆精意；胡乃股肱卿士，尚執疑謀！出既不及告辭，入又廢於朝獻，罔極之慕，何心自安？宜潔乃誠，以祇所奉，副予懇切，勿復頻煩！

答百寮請停大禮第三表

三省來表，深體乃誠，明孝敬之大端，陳安危之上計。祇率嘉話，夫豈不懷！永言思之，固亦難抑。進退慚惕，罔知所裁，中宵求衣，當饋忘食。且聿修祀事，所貴專精，苟未至誠，則如勿祭。今近期甫及，當齊潔敬之心；而輿誦紛然，猶執異同之論。禮既虧于嚴奉，事奚展於孝思！以義制心，勉依來請，重予不德，愧歎良深！

答百寮賀利州連理木表

珍木呈祥，允符靈貺，顧惟不德，何以當之？朕聞人事聿修，天休乃荅。今則兇渠尚在，戎役方殷，虐旱妨農，飛蝗害稼。諒咎徵之未弭，曷嘉瑞而復臻！所冀公卿大夫，交匡不逮，覩兹稱述，益用懷慚！

答宰臣請復御膳表

嘗覽《典》、《謨》，每嘉儉德，愛人惜費，是朕素懷。況大兵之餘，繼以荒饉，軍儲國計，資用皆空；凋户疲甿，膏澤已竭。致人於此，過實在予，内懷憂慚，躬自損貶。今兇渠殘滅，粟麥豐成，皆祖宗垂休，非寡薄所致。矧乎邦畿之内，餒殍尤多，役戍之徒，傷夷未復。孜孜訓戒，克己增修，猶懼辱守寶圖，罔答玄祐，豈宜暇逸，以厚厥躬！卿等誠在致君，將順其美，顧惟虚缺，非所宜然。

答百寮請復御膳表

頃者大旁不息，至化未孚，雨澤愆期，蟲蝗爲害。朕以銷災謝譴，莫大於修誠；節用愛人，必先於克己。顧慚愆咎，躬貶膳羞，下以均衆庶之憂，上以答昊穹之儆。至誠或感，嘉應遂臻。宿麥方成，元兇已殄，慶深德薄，惕厲彌加。忽覽表章，過爲稱述。雖將順其美，則曰乃誠；而戒慎不忘，諒惟朕志。未喻來請，深體此懷！

陸贄集卷七

制誥除授

李晟司徒兼中書令制

雲雷構屯，寓縣興難。非山岳降神，不生良弼；非股肱叶契，不集大勳。故高宗得傅説，中興殷邦；宣王任吉甫，重光周道。天寶之季，寇陷二京，時則先臣子儀，翼戴肅宗，戡定禍亂，再造區夏，于今賴之！

肆予小子，獲纘丕構，不克負荷，失守宗祧。天祚我唐，降生忠烈，有社稷之臣，曰開府儀同三司、檢校尚書左僕射、中書門下平章事、充神策軍節度、鄜坊等州管内觀察處置等使、京畿渭南渭北商華等州兵馬副元帥、上柱國、合川郡王李晟，沉肅有勇，堅明能斷。聞難感憤，誓軍徂征，誠激于衷，義形于色。自河之右，萬里濟師，殷然雷奔，大盜懾駭。屬皇家不造，戎師誘姦，重兹播遷，郊甸震蕩。而晟蓄鋭養士，深壘固軍，以謀吞元兇，以義糾群帥，躬擐甲胄，率先啓行。布忠信爲軍聲，持義烈爲戰器，廓清氛沴，寧復皇都。宗廟載安，宇宙斯泰，佐予興運，時乃茂功。

德厚者任崇，業盛者報重。升以元輔，建于上公。熙庶績而翼宣九歌，擾兆人而敬敷五教。用疇井賦，貽厥子孫，與國咸休，永播丕烈。可司徒兼中書令，仍賜實封一千户，餘並如故。俟還京後，所司擇日備禮册拜，宣示中外，以彰元勳！

蕭復劉從一姜公輔平章事制

宰輔之任，獻替爲務，内凝庶績，外撫四夷，調陰陽以成歲功，贊化育而熙帝載。若金用礪，其弼予違；如旱爲霖，允從人望。矧時屬多難，彌切任賢，朕未嘗不朝夕論思，夢寐懷想。道之所在，人遠乎哉？朝議大夫、守户部尚書、兼御史大夫、充荆襄江西等道都元帥統軍長史、豐縣開國公、賜紫金魚袋蕭復，性質端亮，理識精敏，約己弘物，體方用圓。爲邦必表其理能，及霤亟聞於鯁議，動可成範，立不易方。守尚書、吏部郎中、兼御史中丞、充荆襄江西等道都元帥判官、賜緋魚袋劉從一，貞白其行，温恭其文，居簡而適用必通，體和而臨事有立。持重能斷，端慤有恒，累更委任，多所弘益。守京兆府户曹參軍、翰林學士、賜緋魚袋姜公輔，志懷濟物，監必通理，主文而諫，忠靡退言。經始以謀，事皆前定，道無屈撓，智適變通。並可以參贊大猷，光膺僉屬。兵戎未靖，期爾經綸；都邑未康，期爾還定。予一人有過，爾是用匡；伊萬姓不寧，爾是用乂。欽哉！慎乃有位，罔鰥厥官。復可守吏部尚書、同中書門下平章事，散官賜封如故。從一可守尚書刑部侍郎、同中書門下平章事，賜紫金魚袋。公輔可守諫議大夫、同中書門下平章事，賜紫金魚袋。

張延賞中書侍郎平章事制

兩漢致理，由乎審官，多以牧宰高第，入居台輔。黃霸自潁川而次遷丞相，卓茂由密令而超拜三公。蓋以爲國本於親人，舉賢先於稱職，旌能勸善，風化大端。今革車荐興，賦煩人散，匡弼寡昧，屬于才臣。光禄大夫、檢校吏部尚書、兼成都尹、御史大夫、充劍南西川副大使、管内度支營田觀察處置等使、上柱國、魏國公張延賞，崇飭文行，勵精理道；踐歷中外，所至有聲；慮必周密，心無屈撓；簡廉以肅吏，慈惠以愛人；明以照姦，和以定衆；去若始至，久而見思；秉志不渝，課績常最。以爾循良之化，佐予綏兆人；以爾經綸之才，佐予熙庶績。仍資威重，兼領蕃維，式慰《甘棠》之思，且繼《緇衣》之美。懋昭邦典，勿替家聲。可中書侍郎、平章事，依前兼成都尹，餘如故。

渾瑊侍中制

論道經邦，興戎定亂，執是二柄，毗予一人。得諸全才，康濟大難，懋官胙土，備舉彝章。開府儀同三司、檢校尚書左僕射、同中書門下平章事、兼靈州大都督府長史、充靈鹽銀夏等節度管內觀察處置度支營田押蕃落等使〔一〕、仍充朔方邠寧振武等道奉天永平軍行營節度副元帥、柱國、樓煩郡王渾瑊，神降才傑，天資忠厚，叶于興運，爲國輔臣。往以盜起上京，駕言出狩，群兇怙亂，再犯郊畿，時乃奮揚武威，董制師律，深居籌畫，姦慝寢謀。當敵指揮，士旅增氣，危城克固，我伐用張。重以賊臣蔑恩，養寇資亂，再罹艱阻，播越巴梁。時乃并轡載馳，執羈從邁，有見危致命之節，有憂國滅私之誠，凛然貞規，介若金石。縱横有夷難之略，感激陳復國之謀，分總偏師，徑出重險。秉大節以誓群帥，布寬令以宥脅從。師次近郊，摧兇靡抗；軍臨近甸，下邑如歸。推成功以不居，期盡敵以自效，率其全衆，揚旆前追。雄威疾馳，元惡授首，柔德懷服，餘黨歸心。掃闢氛昏，安復園寢，懋乃嘉績，其維格天。范燮之讓能，耿弇之殄寇，總是二美，瑊其有焉！足以銘勳旂常，垂美竹帛。宜首台階之列，仍疇井邑之賦，祇膺時命，無替厥庸。可侍中，仍賜實封八百户，餘如故。

校勘記

〔一〕「蕃」下原有「部」字，據影宋本删。

盧翰劉從一門下中書侍郎平章事制

寅亮天工，弘宣理本，俾予從乂，時乃輔臣。扈蹕載驅，以勞定國，懋官遷列，式是彝章。

銀青光禄大夫、行尚書、兵部侍郎、同中書門下平章事、范陽縣開國公盧翰，嚴重不撓，貞方自持，養恬鎮俗，居簡濟衆，言思無隱，事必有恒。守刑部侍郎、同中書門下平章事、賜紫金魚袋劉從一，質厚氣深，識精體遠，冲用無竭，貞規不渝，從容以和，出納惟允。自鑾車載駕，薄狩于梁，執羈有從我之勤，及霤勵匪躬之節。交修不逮，庶績其凝，俾承命於掖垣，仍參掌於樞務。今百度伊始，六府載張，論駁是非，不可以不審；宣揚憲令，不可以不明。爾其欽承，無墜我休命！翰可門下侍郎、同中書門下平章事，散官勳封如故。從一可中書侍郎、同中書門下平章事，餘如故。

劉滋崔造齊映平章事制

朕嗣位君臨，精求理道，小大之務，靡不經心，日慎一日，于今八載。教化未洽，烝黎未康，因之以甲兵，繼之以災沴，斯固鑑有所不至，慮有所不周，予深浩然，若涉深水。思所以匡我致理，助我官人，宣其澤而四方以寧，執其要而百工式敘，允是大任，其惟輔臣。夢想勞懷，敷求俊乂，察言而觀行，因事以考能，周行之中，乃得良弼。權知吏部侍郎劉滋，操履貞清，介然自守，居能慎獨，動不違仁，析理究其精微，勵學探於奥旨。守給事中、賜緋魚袋崔造，性合道要，誠通化源；適時有成務之才，事上懷匪躬之節，蘊蓄器業，居爲名臣。中書舍人、賜紫金魚袋齊映，修己以立，自明而誠；體賢人可大之規，用君子時中之道；虚受能擇，清通不流。惟滋之直方，可以激風俗；惟造之體度，可以振條綱；惟映之精深，可以該物理。我有大典，爾其參之！懋昭厥猷，勿替休聞。滋可充散騎常侍、同平章事。造、映可各守本官，同平章事〔一〕，仍賜金魚袋。其有散官封賜，並如故。

校勘記

〔一〕『造』下『映可』等十字原闕，據《唐大詔令集》卷四五補。

李納檢校右僕射平章事制

忠所貴乎竭誠，善莫大於改過。況茂勳有舊，崇德日新。翼戴勵勤王之節，經綸申盡敵之略。敦獎之道，時惟國章。平盧淄青節度管内度支營田處置等使、開府儀同三司、檢校工部尚書、使持節鄆州諸軍事、兼鄆州刺史、隴西郡王李納，禀性端厚，執心寬簡；通變適用，和順積中；服勞王家，夙有成績；乘秋備塞，克著威聲；累歲專城，載揚理行。間者心懷險阻，誠義鬱堙，旋能歸款上聞，期於率德自效。忠節純固，久而益彰，爰整鋭師，式遏亂略。保障宋服，填壓浚郊，嶷如長城，作固東土。嘉乃率服之美，懋乃輸力之勤，擢升衮司，載董戎翰。玄成嗣台輔之業，亞夫繼社稷之勳，俾爾兼榮，無替厥服！檢校右僕射平章事，餘如故。

韓滉檢校左僕射平章事制

周、召由輔弼之臣，兼方伯之任，蓋以理化根本，在於親人。通兆庶之情，以佐天子，秉家邦之慶，以臨諸侯。故能中外允釐，上下無壅。今我有命，意其在兹。金紫光禄大夫、檢校尚書左僕射、兼潤州刺史、御史大夫、充鎮海軍浙江東西節度觀察處置等使、上柱國、南陽郡開國公韓滉，文行忠信，備修身之道；勤儉貞固，有成務之才。累更委遇，多處繁重；一心奉職，終始不渝。内告謀猷，以匡時化；外持憲法，以一人心。理尚廉平，事皆釐飭；姦盗衰息，禮義興行，惠兹一方，時乃之德。陳師旅以遏寇讎，納饋糧以修職貢；張我威武，實我資儲，令必應期，謀無愆素；濟于多難，時乃之功。宜其參務中樞，翼宣大化；仍兼漕運，兼領蕃維。樹南國之風猷，贍中都之廩實。予則有望，爾其懋哉！繼于前人，無替厥服，可檢校左僕射、同平章事、依前鎮海軍浙江東西節度觀察處置等使，兼充江淮轉運使，餘如故。

李勉太子太師制

立國之本，所繫於元良；弘教之方，必由於端士。非精識前典，德冠當時，恭敬温文，其將安倣？吾是以輟台階之老，選宗室之賢，輔翼春闈，是資教諭。檢校司徒、同平章事、充太清宫使、崇文館大學士、上柱國、汧國公李勉，忠信孝友，直方簡儉，達君臣父子之際，知禮樂教化之端。虛澹保和，貞明寡欲，求舊則德懋，叙親則屬尊。師範國儲，無易其選。可檢校司徒兼太子太師，散官封勳如故。

姜公輔左庶子制

君之任臣，有優賢賜告之義；臣之事君，有量力知止之道。故能進退以禮，終始可勝。此朕三事大夫，濟理圖全之意也。守諫議大夫、同平章事、賜紫金魚袋姜公輔，首舉高第，擢居諫曹，爰資美才，參掌密命。居易勵修身之操，見危著從我之勤。自處台司，累疏陳乞，忌滿思退，持盈守謙。留中久之，重難其請，式光撝抑，俾尹宮坊。可太子左庶子，勳賜如故。

崔造右庶子制〔一〕

宰相之職，允釐百工，時惟仰成，不可廢闕。中散大夫、行給事中、同平章事、上柱國、安平縣開國男、賜紫金魚袋崔造，頃居掖垣，參掌樞密，總領繁重，積勞疹深。亦既優賢，賜之長告。歲聿云暮，有加無瘳，披誠自陳，章疏三上，知止之道，守之甚堅。處以休閑，俾遂頤養。可太子右庶子，勳賜如故。

校勘記

〔一〕『制』，原闕，據底本目録補。下篇《盧翰太子賓客制》同。

盧翰太子賓客制

求賢審官，以康庶績；就閑優秩，以處舊臣。蓋欲敦終始之恩，全進退之禮。金紫光禄大夫、行門下平章事、范陽郡公盧翰，頃因多難，從我于征，以其年及老成，任推先進，方將求舊，擢處台衡。荏苒迄今，亟淹星歲，勤勞既久，衰疢有加。宜從職於春闈，用優賢于暮齒。可太子賓客，勳賜如故。

陸贄集卷八

制誥除授

賈耽東都留守制

河洛舊都，時巡久曠，命以居守，俾之保綏。間者淮甸不寧，汝墳屢警，增置軍府，作藩王畿。職任既分，威望非重，思有總制，一其典刑，爰資信臣，往乂東夏。銀青光禄大夫、守工部尚書、魏國公賈耽，豁達貞方，識通大體，明九域山川之要，究五方風俗之宜。恒因物情，以施教化，所莅之郡，靄其休聲。悦李廣之風，人皆自便；懷羊祜之德，敵不敢侵。自誠而明，在久彌著，分我憂寄，實惟其人。董制軍師，安集疲瘵，統禦都邑，提持紀綱，懋昭厥猷，無替朕命！可守本官兼御史大夫，充東都留守、東都畿汝州都防御、觀察等使，判東都尚書省事，散官勳封如故。

崔縱東都留守制

居守之重，固難其人，近歲以來，益又繁綜。領廉察之任，專禦備之權，地廣務殷，一皆咨稟，非利用罔以通濟，非純德不能保綏。周爰咨詢，公論有屬。銀青光禄大夫、行尚書、吏部侍郎、上柱國、安平縣公崔縱，素風自遠，代濟忠貞。慶之所鍾，繼有才哲，氣質淳茂，識度淹通。藴經遠之沈謀，宣適時之利用，寬而不弛，簡則能周。以兹公方，多歷要重，小大之務，必聞休聲。輟於周行，式是東夏，擢居春官之長，且兼副相之雄。懋昭厥庸，期復先構。可檢校禮部尚書兼御史大夫，充東都留守，判東都尚書省，充東都畿汝唐鄧等州都防禦、觀察、處置使，散官勳封如故。

普王荆襄江西道兵馬都元帥制

君人立極，所務於勝殘；秉律成師，寔先於謀帥。申明號令，總持紀綱，弘九合之功，决百勝之略，非慎柬不可以濟事，非僉屬不可以臨人。集大勳者必舉於宏綱，體至公者無避於内舉，爰擇蕃翰，俾掌元戎。開府儀同三司、舒王謨，性稟忠厚，訓知禮樂；居常樂善，動不違仁。察其内恕外温，必能安人和衆，體方識敏，諒可成功。庶乎知子之明，授以貞師之律。可揚州大都督，持節充荆襄、江西、沔鄂等道節度使，及諸軍行營兵馬都元帥，餘如故。仍賜名誼，改封普王。

嗚呼！小子誼，其敬聽朕命！我國家之有天下，百七十載于兹矣。祖宗垂化紹統，功德繼茂，威加殊俗，惠洽普天，海隅蒼生，代受亭育。躋之於福壽，煦之以仁和，源廣流長，慶深祚遠。曆數有嗣，纘于朕躬，兢兢業業，懼不負荷。虔恭寅畏，歲五周星，循列聖之耿光，稽上古之謨訓。一物失所，是用疚心；萬方有罪，每懷咎己。懸法皆考於天則，舉事必酌於人謀，期合大中，罔循私欲。而涉道猶淺，燭理未明；文闕於化成，武乏於定亂；刑賞失中，授任乖方；厚澤未均，大信未著。致使兇慝熾禍，干紀亂常，悖違君親，蔑棄天地，盜據我都邑，痛毒我士庶。驅脅丁壯，暴骸於原野；攘奪羸老，轉死於溝壑。忠良隕命，義烈銜冤。迫以兇殘，莫由自奮，憤深骨髓，怨結蒼旻。朕所以中宵屢興，終食三歎，哀蒼生之無告，閔赤子之非辜。爲人父母，寧忘愧悼！賴三事大夫，竭誠於内，群帥爪牙，宣力於外，交修不逮，日冀康寧。

江、漢上游，建瓴制寇，亘千里之地，連十萬之師，保大定功，宜有統壹，允副兹選，往哉汝諧！無以貴驕人，無以善自伐，無縱己之欲，無咈衆之謨。從諫如流，改過勿吝，卑躬降志，以奉賓傅。絶甘分少，以撫軍師，布誠信以歸人心，明賞罰以盡士力。詰姦誅暴，懋昭乃勳，敬事恤人，無替朕命！膺兹重任，可不勉歟！建中四年九月二十六日。

馬燧渾瑊副元帥招討河中制

天地殊位，君臣異制，苟不率道，兹謂亂常。退而增修，於是有舞干之義；諭以遷善，於是有文告之辭。若猶不悛，乃用致討。興戎動衆，豈得已哉？李懷光擢自軍候，委之節制，亟有勤績，累加寵榮，總衆駿奔，自遠赴難，解圍逐寇，朕甚德之。位極上台，寄崇總帥，親之若同體，信之無間言，朕於斯人，亦已厚矣。而器小任重，固貽顛覆，有功自棄，無罪自疑，崇信讒邪，脅逐將帥，養寇資亂，蓄姦幸災。朕素所推誠，猶謂非實，優容任遇，坦然如初。凶跡既盈，醜蹤彌露，謀危社稷，通結渠魁。公相往來，無復忌畏，窮極兇悖，所不忍言！朕播遷巴梁，違遠陵寢，大懼失墜，爲列聖羞。賴先澤在人，兆庶知感，朔方將士，忠節不渝。懷光既沮姦謀，詭稱效順，累陳款疏，請詣闕庭。朕深惟舊勳，務欲全貸，授以師保之任，疇其井賦之食，璽書勞問，誓以終始。懷光遂殺辱使臣，完聚守保，將以悖慢之罪，加於忠義之軍。因兹脅從，冀與同惡，謂衆可罔，謂天可欺，覆載所不容，人臣所共棄。討除大憝，招輯非辜，爰咨輔臣，以董戎寄。

銀青光禄大夫、檢校司空、同中書門下平章事、兼太原尹、北都留守、充河東保寧軍節度使、北平郡王馬燧，操業端亮，器宇宏達，秉難奪之節，負不羈之才。常持至公，深識大體，感激而三軍有勇，彌綸而庶績允諧。威聲所臨，郡邑皆復，殿于北土，隱若長城。奉天定難功臣、開府儀同三司、行侍中、兼靈州大都督、靈鹽豐夏等州節度使、管内度支營田觀察處置押蕃落等使、充朔方邠寧振武等道奉天永平等軍行營節度、兵馬副元帥、上柱國、樓煩郡王渾瑊，淳粹積中，仁厚成性，布寬大以容衆，著誠信以撫人。事必沉詳，臨危益辦；節惟貞固，在險逾彰。弘濟艱難，懋昭勳閥，出納朕命，光膺具瞻。並文武全材，安危注意，副我憂屬，時惟二臣，比德協謀，往清多難。燧可兼充奉誠軍及晉隰磁等州節度、管内諸軍行營兵馬副元帥，餘並如故。瑊可兼河中尹，充河中絳州觀察、處置等節度使，仍充河中、絳州、同、陝、虢等管内諸軍行營兵馬副元帥。功臣散官，勳封如故。

嗚呼！朕不敏不明，失於君道，連禍未息，勞師靡居，中心自咎，鬱若焚灼。又以朔土之衆，代著忠勞，横遭污脅，深所憫惜。爾其敬敷朕命，明諭朕懷，務於招綏，非黷威武。惟輸誠歸順，罔有不赦，惟執逆拒命，罰止元兇。寧失不經，無濫無罪，列爵懸賞，用俟勳賢。布告遐邇，咸令知悉！

李晟鳳翔隴西節度兼涇原副元帥制

周之元老，以分陝爲重；漢之丞相，以憂邊見稱。故方岳克寧，疆埸不聳，安人保大，致理之端。今所以重煩上台，作鎮西土。奉天定難功臣、司徒兼中書令、充神策軍節度、鄜坊丹延等州觀察處置等使、仍充京畿渭北鄜州華州兵馬副元帥、上柱國、合川郡王李晟，勵精剛之操，體博大之德。適時通變，而大節不奪；虚受廣納，而獨斷自明。奉法以身，推功以下。衆無犯命，人用樂從，懷德畏威，令行禁止。誓群帥於危疑之際，駐孤軍於版蕩之中，氣凌風雲，誠動天地，一鼓而兇徒懾北，再駕而都邑廓清。師皆如歸，人不知戰，再安社稷，功格皇天。而明識秉彝，清風激俗，雅尚恬曠，撝謙有光。朕以汧、隴近郊，扶風右地，川阜連亘，抵於回中，限界諸夷，蕃屏王室，所屬誠重，付之元臣。兼二將之甲兵，崇十連之元帥，宣威耀武，罷警息兵，俾予仰成，時乃丕烈。可兼鳳翔尹，充鳳翔隴右節度、營田、觀察、處置等使，仍充鳳翔隴右涇原節度管内諸軍及四鎮北庭行營兵馬副元帥，改封西平郡王，功臣、本官兼官如故。

劉洽檢校司空充諸道兵馬都統制

論道經邦，允歸碩望；建牙統衆，必借雄才。中外具瞻，安危注意，今以二柄，付之元臣。開府儀同三司、檢校尚書左僕射、同中書門下平章事、持節宋州諸軍事、兼宋州刺史、充宣武軍節度營田、宋亳潁等州觀察處置等使、仍權知汴滑宋亳等州都統兵馬事、懷德郡王劉洽，秉志端亮，飭躬簡儉，博厚足以容衆，和易足以長人。純孝榮親，盡忠事國，分我閫寄，殿于大藩。扼制淮夷，保障楚甸，戎捷繼至，軍聲再揚。殪群兇於宛丘，驅大憝於梁野，控引漕輓，委輸京師。予嘉乃勳，懋乃貞節，用錫丕命，俾揚洪休。燮贊三台，紀綱群帥，式是大任，爾惟欽哉！可檢校司空、同中書門下平章事、依前宣武軍節度使、度支、營田、宋亳等州觀察處置等使、仍充宋亳潁等州管内諸軍兵馬都統，散官勳封如故。

陸贄集卷九

制誥除授

渾瑊京畿金商節度使制

王者之制，安不忘危，弘其道則文武齊致，教其人則農戰兼務。故雖縣内，不可去兵，况密邇寇虞，干紀稔慝，都邑郊甸，騷然靡寧！聿求信臣，特建戎號，濟人夷難，允屬勳賢。京畿渭北節度使、兵部尚書、行在左都虞候渾瑊，忠貞博厚，温恭簡肅，持重不撓，好謀而成。居業克敦其詩書，受賜每陳於廊廡，能推誠而撫下，不伐己以拒人。委任中外，咸著聲績，夷險一貫，隱然殿邦。朕越在郊坰，逼於兇醜，授之師律，式是戎昭，侍衛增嚴，斥候無爽。檢身齊衆，同士伍之勞苦；敦陣整旅，壯行列之威容。静以伐謀，動而制勝，臨危勵節，予有賴焉！王圻之内，沃壤千里，綿亘商嶺，屏於南門，觀風靖人，詰禁誅暴，俾爾兼領，用孚于休！可京畿渭北渭南金商節度、觀察、處置等使，餘並如故。

杜亞淮南節度使制

淮海奧區，一方都會，兼水陸漕輓之利，有澤漁山伐之饒。俗具五方，地綿千里，聿求良牧，豈易其才？今又革車方興，軍賦屢調，體於寬大則事缺，務於辦集則人殘。自非剛柔適中，文武兼備，其何以副我憂屬，惠綏南方！正議大夫、行尚書、刑部侍郎、上柱國、扶風縣開國男杜亞，識精體要，學究宗源，妙於用而有常，通其變而能久。爲理敦教化之本，立言參禮法之中，道無淄磷，行有枝葉。回翔省闥，表彌綸獻納之勤；踐歷方州，著清凈循良之稱。其嚴重可以鎮俗，有才術可以匡時，休有令問，輝映朝列。朕以東南思乂，注意求賢，爰輟名臣，俾寧藩服。往率厥職，時惟欽哉！可揚州大都督府長史兼御史大夫，充淮南節度、觀察、處置等使。

虔王申光隨蔡等州節度使制

自昔哲王疆理天下，必選其明德，樹之宗親，參制藩維，夾輔王室，賢戚並建，時惟休哉！長淮之西，厥壤千里，人靡寧息，于茲有年。朕其永懷，慘若焚灼，思得良帥，代予安人。釋其危疑，彰我信惠。以親而授，其在于茲。開府儀同三司虔王諒，性本温恭，生知忠孝，祇服訓導，躬行不渝。言皆副誠，事必求當，端慎可以鎮俗，寬厚可以長人。底綏一方，庶允憂屬。可申光隨蔡等州節度副大使、管内觀察處置等使，餘如故。

唐朝臣振武節度使論惟明鄜坊觀察使制〔一〕

分命使臣，統臨方岳，弛張之道，蓋亦從宜。近甸無虞，則但廉風俗；邊陲式遏，則兼假旌旄。名制雖殊，委任俱重。膺是選命，莫非勳賢。開府儀同三司、檢校兵部尚書、兼鄜州刺史、鄜坊丹延等州節度觀察處置等使、平樂郡王唐朝臣，嘗總偏師，遘于多難，仗義率衆，臨危不迴。保全關衢，抗絶兇逆，守而能固，出則有功。每急病而攘夷，嘗以寡而敵衆，竟殲大憝，克集茂勳，炳然貞心，堅若金石。洎師旋歸，按俗頒條，軍旅慰安，流庸悦附。奉天定難功臣、開府儀同三司、檢校工部尚書、兼左金吾衛大將軍、充右街使、上柱國、建康郡王論惟明，釋位勤王，有赴難之節；扞城禦寇，有持危之功。奉主忘身，棄家從國，越自郊甸，再踰巴梁。險阻艱難，靡不陪扈，忠義所在，生死以之。久司禁戎，益茂勳績，器質敦實，識度寬敏。通明吏職，練達武經，本之以純良，輔之以才術。俾居藩翰，僉謂汝諧。朕以北控單于，國之巨鎮，彼方戎帥，沉痼是嬰，卧護邊軍，已淹寒暑，憫其盡瘁，難以重煩，爰咨信臣，更踐厥職。朝臣可依前檢校兵部尚書、兼單于大都護、御史大夫，充振武綏銀鄜勝等州節度、營田、處置、押兵蕃落等使〔二〕；惟明可依前檢校工部尚書、兼鄜州刺史、御史大夫，充鄜坊丹延等都防禦、觀察、處置等使，餘並如故。

校勘記

〔一〕上『使』字，原闕，據底本目録補。

〔二〕『押兵蕃落』，疑當作『押蕃落』。案，『押蕃落使』，即『押蕃使』，唐官名，掌安撫邊地少數民族。

韓滉加檢校右僕射制

周制以輔翼之臣出作方伯，漢官以牧守之最擢拜公卿，其在匡時，中外同體。朕以大勞未乂，勤卹於黎元；多難荐興，注意於藩岳。就加命服，式寵能賢，則增秩進律，亦古之道也。金紫光禄大夫、檢校吏部尚書、使持節潤州諸軍事、兼潤州刺史、御史大夫、充鎮江軍浙江東西節度、觀察等使韓滉，忠肅剛直，清公簡儉。持至公以檢下，强禦必繩；秉大節以事君，險艱無易。惠能恤衆，明足照姦。歲發勤王之師，日增贍國之賦，軍無撓敗，俗以阜康。殿于大邦，理平訟息，朝有勸典，昭升乃庸。胙土以報勳，懋官以旌德，底乂江甸，永孚于休。可檢校尚書右僕射，進封昌黎縣開國公，餘如故。

嘉王横海軍節度使制

度土分疆，設官涖事，因時設制，期在理安，必順物宜，且從人欲。版圖既溢，則疏邑以制州；統攝或乖，則分部而建長。沿革之道，亦何常哉！滄海之隅，地饒俗阜，隱然北土，實曰雄藩，鎮撫之宜，是資懿戚。開府儀同三司嘉王運，氣本元淳，重承先訓，忠肅孝友，寬仁惠和。勤於服儒，樂在爲善，施於事任，必有可觀。舉不失親，至公斯在，欽率厥職，永孚于休！可横海軍節度使、滄景等州觀察處置等使，勳封如故。

馬燧李臯實封制

列爵以旌德，胙土以報功，國有彝章，是用褒勸。朕以不德，間逢多虞，蒲坂有叛亂之臣，淮、沂有僭逆之帥，萬姓罹害，四方靡寧。奉誠軍節度、兵馬元帥、檢校司徒兼侍中馬燧，聞難之初，忠誠奮發，躬帥士旅，討茲不庭。略地如歸，攻城必克，晋、絳、磁、隰，靡然向風。元兇勢窮，竟就梟戮，清我甸服，時惟茂勳。荆南節度觀察處置等使、檢校户部尚書、嗣曹王臯，親率全軍，抗於强虜，晝夜不息，迨於三年。謀成必臧，師出皆捷，復蘄黄之地，拔安陸之城，隱其威名，保乂江漢。並著節于國，存功于人，跡效炳然，僉議攸屬。雖懋官已序，而食賦未加，疇庸之科，無乃有闕？宜其寵錫，以答殊休！燧可賜實封五百户，通前七百户。臯可賜實封三百户。

韓滉度支鹽鐵轉運使制

食貨所資，邦家大本，總領之重，必推元臣。故周以冢宰制國用，漢以丞相調軍食，官給人足，謂之善經。今户口凋傷，財産衰耗，邊疆未静，役費尚多，思欲均厚薄之征，權重輕之制，國無匱乏，人不怨咨，運籌佐時，其在良輔。金紫光禄大夫、檢校尚書左僕射、同中書門下平章事、充鎮海軍浙江東西節度兼江淮轉運等使、晋國公韓滉，昔事先朝，常掌邦賦，貞心獨立，一志在公，吏無姦欺，財以饒羡。自臨江甸，事舉風行，職貢有加，轉餉相繼，成功允集，艱食用康。介于方隅，未極材術，宜其弘濟，式副具瞻。可充度支及諸道鹽鐵轉運等使，餘如故。

李叔明右僕射制

行止兩全，必惟明哲，致其用以匡國，敦乎道以保身，周旋令名，始終不替，斯賢者之極致，而行之實難。金紫光禄大夫、守太子少傅、檢校尚書右僕射、持節梓州諸軍事、兼梓州刺史、御史大夫、充劍南東川節度副大使、知節度事、管内度支觀察處置等使、蘇國公李叔明，稟粹挺生，鬱爲邦傑；虚懷朗暢，達識周通。早以器能，累更任遇；中外所踐，必聞休聲。嘗尹京師，姦豪屏息；洎臨方岳，風俗澄清。吏服嚴明，人懷德惠，憂公奉職，勵節存誠。服勞王家，行及三紀，以兹盡粹，沉恙所嬰。扶疾趨朝，披誠告老，固陳衰瘵，深戒滿盈。情皆發衷，語且形泣，視其激切，良所軫懷！敦勸既頻，辭乞彌固，繼獻章疏，期於必從。省之憮然，用增感歎！雖惜其舊德，往莅遐藩；而憫以高年，難違懇志。猶資碩望，俾長庶寮。罷方鎮之煩，總中臺之重，式彰尚德，且示優賢。可依前守太子少傅，兼尚書右僕射。

李澄贈司空制

既明且哲，以保其身，求之昔賢，鮮克全備。良以謀始匪易，慎終尤難。其有志奉公家，力輔王室，見危而立節，將没而陳誠，操尚堅明，謀猷深遠，憂國無忘於顛沛，周身不離於令名，有臣如斯，可以旌勸。故義成軍節度、滑鄭等州觀察處置等使、開府儀同三司、檢校尚書右僕射、兼滑州刺史、御史大夫、上柱國、武威郡王李澄，天授將材，勇而多智，臨危不懼，見義必爲。崎嶇險艱，勳節兼著，勤於廣業，曾未遑安。帶甲臨戎，連年野處，積勞成瘁，霜露所侵。痟疾攻中，癰疽發外，迨兹病亟，不替忠誠。憂國疚懷，戀闕流涕，懼軍戎之乏帥，念方鎮以爲虞，上表披陳，懇求代免，辭情激切，備慮精深。視之感傷，當宁興歎！雖史魚之陳尸納諫，吴漢之在疚獻謀，比方於此，不足多尚。天胡不容，奪我良帥！惻然嗟悼，用切深衷。始終存義，澄實有之，褒美飾終，是宜加等。可贈司空，賜物五百段，米粟三百石，以左散騎常侍歸崇敬充使弔祭，所緣喪葬，並準式官供，仍以澄讓表宣付史館，以彰忠節。

除鄧州歸順官制

迫以兇威，陷于寇境，義不受污，忠能奮誠，履重險而不回，處疾風而逾勁，忘軀徇義，獻款投誠，足以勵彼勤王，激其污俗。去逆效順，固先典之攸嘉；懋賞勸功，驗彝章而不昧。咸從序用，俾服官常。可依前件云云。

李納檢校司空制

鄭武公父子繼爲周司徒，内居股肱，外作藩翰，《詩》美『緇衣』之德，《傳》稱『夾輔』之勳，我懷斯人，今得良弼。開府儀同三司、檢校尚書右僕射、同中書門下平章事、充平盧淄青節度、管内度支營田觀察處置陸運海運押新羅渤海兩蕃等使、隴西郡王李納，宇量宏博，質性沉毅，體仁能斷，見善必遷。藴非常之才，守以純一；秉難奪之節，著于艱危。昭升令問，茂建勳績。屬淮夷構亂，東夏震騷，奮旅徂征，坐籌制勝。解商丘之難，攘彼兇殘；釋陳城之危，俘厥渠帥。德功克懋，官賞宜崇；庸建上台，宜賜真食。惟乃先服，勤勞王家，以殿邦之勳，參論道之職，俾爾嗣績，光于前人。荷國之寵章，承家之丕構，敬慎厥德，永孚于休！可檢校司空、同中書門下平章事，仍賜實封五百户，餘並如故。

陸贄集卷十

制誥鐵券、慰問、敕書

賜李納王武俊等鐵券文

維興元元年，歲次甲子，正月癸酉朔，二日甲戌，皇帝咨爾某官某：嗚呼！王者所以撫人，失於所撫則叛；下者所以奉上，失於所奉則刑。各當其理，德用不擾；各違其分，亂於是生。朕德薄化淺，昧於君道，罔知省己，姑務責人，是以徵師徂征，連歲靡息。惟爾以誠志之不達，反仄于厥衷，阻衆興戎，結黨拒命，豈非上失於所撫，而下失於所奉與？《書》曰：『萬方有罪，罪在朕躬。』我實不德，兆人何咎？俾廢其生業，離於室家，陷于困窮，死于戰陣，老疾廢養，孤惸靡依，怨結蒼生，感傷和氣，朕爲人父母，得不愧于心哉？晨興以思，夕惕以悼！

自嗣位迄今六載，天將悔禍，朕方覺悟，爾亦知衆心之厭亂，思所以保安，叶於朕懷，若應符契。非天地合德，人神合謀，將茂育群生，則何以臻此？朕是用上順天意，俯從人心，滌爾疵瑕，復爾爵位，坦然靡阻，君臣如初。功載鼎彝，名藏王府，子孫代代，爲國勳臣，河山帶礪，傳祚無絶。朕方布大信，承天子人，若食其言，何以享國？嗚呼！其祇若命，用保無疆之休！

賜安西管内黄姓纛官鐵券文

維貞元二年，歲次丙寅，八月丁巳朔，三日己未，皇帝若曰：咨爾四鎮節度管内黄姓纛官、驃騎大將軍、行左金吾衛大將軍員外置同正員、兼試太常卿頓啜護波支，惟爾乃祖乃父，代服聲教，勤勞王家，勳書于鼎彝，族列于藩籍。爾克紹先祖之烈，而重之以忠貞，嗣守職官，祇若朝化，率其種落，保我邊陲，丹誠向化，萬里如近。是用稽諸令典，錫以券書。若金之堅，永代無變，子孫繼襲，作我藩臣。爾其欽承，勿替休命！

慰問四鎮北庭將吏敕書

四鎮北庭將士、官吏、僧道、耆壽、百姓：自禄山首亂，中夏不安，蕃戎乘釁，侵敗封略，道路梗絶，往來不通，哀我士庶，忽如異域，控告無所，歸還莫從。朕未嘗一夕忘懷，而事勢不及相卹，興言軫念，忽以涕流！卿等咸蘊忠誠，誓死不屈，或早從征鎮，白首軍中；或生在戎行，長身塞外。克奉正朔，堅保封疆，援絶勢孤，以寡敵衆。晝夜勞苦，不得休息，歲時捍禦，不解甲冑。勳高百戰，義叶一心，介然孤城，獨守臣節。日來月往，三十餘年，奉國之誠，久而彌勵。

求諸今古，忠烈莫儔，義激人倫，名光史册。蠢動知感，况於朕懷？

朕嗣守洪業，君臨宇内，思安兆庶，以絶戰争，遂與贊普，約定好和。集蕃、漢士庶，告天地神祇，設壇會盟，永息邊患，疆埸罷警，于今六年。近以賊臣朱泚背恩，驚犯宫闕，贊普又遣師旅，助討姦兇，兩國交歡，事同一體。北庭去此遥遠，信使難通，於西蕃既非便宜，在國家又絶來往，永念士庶，隔在殊方，歸路無因，親戚永訣，爲人父母，實所感傷！已共西蕃定議，兼立誓約，應在彼將士、官吏、僧道、耆壽、百姓等，並放歸漢界。仍累路置頓，供擬發遣。待卿等進發，然後以土地隸屬西蕃。今故遣太常少卿兼御史大夫沈房，及中使韓朝彩等，往彼宣諭，仍便與西蕃交割。卿等宜遞相慰勉，叶力同心，互相提攜，速圖進路，復歸鄉井，重見宗親。生人之情，莫重於此。一勞永逸，固不合辭。

卿等誠節昭宣，勳閥茂著，到此之後，當特甄升。仍給田園，以贍生業；必令優厚，用答忠勞。如有資産已成，不願歸此，亦任便住，各遂所安。宜勉良圖，副我勤想。夏熱，卿等各平安好，遣書指不多及。

與回紇可汗書

皇帝敬問可汗弟：兩國和好，積有歲年，申之以昏姻，約之以兄弟，誠信至重，情義至深。頃因賊臣背恩，構成嫌釁，天不長惡，尋已誅夷，使我兄弟，恩好如舊。周皓及踏本啜、黑達干等至，得弟來書，省覽久之，良以爲慰！

弟天資雄傑，智識通明，親仁善鄰，敦信明義。罷戰争之患，弘禮讓之風，保合大和，用寧區宇。惟兹盛美，何以加焉！朕之素懷，與弟叶契。爲君之道，本務愛人，同日月之照臨，體天地之覆育。其於廣被，彼此何殊！況累代以來，繼敦姻戚，與弟俱承先業，所宜遵奉令圖。自兹以還，情契彌固，垂之百代，永遠無窮。緬想至誠，當同此意。

所附踏本啜奏，請降公主，姻不失舊，頗叶通規。待弟表到，即依所請，宣示百寮，擇日發遣。緣諸軍兵馬收京破賊，頻立功勳，賞給數多，府藏虚竭，其馬價物，且付十二萬匹，至來年三月，更發遣一般，餘並續續支付，弟宜悉也。安西、北庭使人入奏，並却歸本道，至彼宜差人送過，令其速達。弟所寄馬並到，深愧厚意！

賜吐蕃將書

敕尚覽鑠：論莫陵悉繼等至，省所陳奏，朕具悉之。國家與大蕃，親則舅甥，義則鄰援，息人繼好，固是常規。朕嗣位君臨，思安兆庶，常以信讓爲事，不以争競爲心。區域雖殊，覆育寧别？贊普天資仁德，好生惡殺，與朕同心，重修舊好。會蕃、漢將相，告天地神祇，約誓之言，至嚴至重。大信一立，義無改移。所請奉天盟書，勒於清水碑石，審詳事理，頗甚乖違。

往歲賊臣稱兵，竊據城闕，尚結贊志惟嫉惡，義在救災，頻獻表章，請收京邑。朕以宗廟社稷悉在上都，但平寇戎，豈惜酬賞，遂許四鎮之地，以答收京之功。旋屬炎蒸，又多疾疫，大蕃兵馬，便自抽歸，既未至京，有乖始望，奉天盟約，豈合更論？朕欲苟徇彼情，便令鐫刻，則是非務實，信不由衷，欺天罔神，莫大於此。

凡曰通好，貴於推誠。將垂百代之名，豈顧一時之利？但以事之去就，須定是非，若不辨明，便成姑息，親鄰之義，豈所宜然？故遣使臣與卿詳議。卿是大蕃輔佐，必當智識通明，事理昭然，不足疑惑。儻有他見，宜具奏聞，審細研窮，須歸至當。所論先許每年與贊普綵絹一萬匹段者，本來立約，亦爲收京。然於舅甥之情，此乃甚爲小事，二國和好，即同一家。此有所須，彼當不恡；彼有所要，此固合供。以有均無，蓋是常理。贊普若須繒帛，朕即隨要支分，多少之間，豈拘定限？假使踰於萬匹，亦當稱彼所求。朕之所重者信誠，所輕者財利，思與率土，同臻大和，想卿深體至公，務存大義，安大保境，垂美無窮，勉思令圖，以副朕意！

今遣倉部郎中兼侍御史趙聿，與來使同往，書中意有不盡，並令趙聿口宣。尚結贊、論莽羅等，嘗總師徒，遠來赴難，功雖未就，義則可嘉。其所領將士等，朕先許與賜物一萬匹段，並已排比，許卿所商量指定，此使却回，即發遣往。今各賜卿少物，至宜領之。

賜吐蕃宰相尚結贊書

敕尚結贊：卿天資材術，作輔大蕃，識通古今，志奉忠信，義聲著積，遠近流傳。比聞入典樞衡，近知還總戎務，二國所定和好，首末是卿商量，得卿却來，深以爲慰！　昨者邊軍狀奏，彼國兵馬踰越封疆。　朕以畫界立盟，先有定分，贊普素敦仁義，卿又特禀純誠，背約侵漁，必無此理。　但敕邊城自備，不令輒動干戈，若使效尤，恐成交惡。　初疑界首遊弈，少有乖宜，不謂大發師徒，漸加侵軼。　興兵動衆，必合有名，蕃軍此行，未測其故！

朕自嗣膺寶位，即與贊普通和，敦以舅甥，結爲鄰援，懲戰爭之弊，知禮讓之風，彼此大同，務安衆庶。　乃於境上，建立壇場，契約至明，誓詞至重，告于皇天后土、諸佛百神，有渝此盟，殃及其國。　朕敬奉誠約，分毫不移，信使交歡，歲時無絶，碑文具在，可以明徵，豈有一事不行，一言不守？　頃令趙聿專往，近方從彼却回，兼聞彼蕃使同來，至今獨在道路。　卿所論奏，朕並未知，待詳事由，乃可商議。　既稱和好，理絶相疑，未合輕舉甲兵，便踰境界。　盟誓之語，忽焉如遺，天地神明，豈其可罔？　卿智識明達，朕所深知，頃年猶舉義師，救此災患，今豈不存大信，遂棄令名！　故專遣使見卿，欲得審知來意，竚聞還奏，以副所懷！

趙聿及蕃使合到，待覽表中意旨，續即商量報卿。　卿涉遠而來，當甚勞頓，今賜卿某物，至宜領之！　秋冷，卿比平安好，將士並存問之。

賜尚結贊第二書

趙聿及論拱熱等至，得卿表奏，具見懇誠。　省覽言辭，即稱和好，及覩事跡，唯務侵凌，矛楯若斯，將何取信？審察書中之意，蓋求四鎮、北庭，如此事宜，足得商議。既言通好，理絶相疑，未合輕舉甲兵，便踰境界。盟誓之語，忽焉如遺，天地神祇，豈其可罔？又聞放縱兵馬，蹂踐禾苗，邊境之人，大遭驅掠，在此未爲深損，於彼殊非遠謀，卿之用心，何乃至是？國家利害，計須久長，和好之道既虧，仁義之風何在？卿智識明悟，朕所深知，頃年猶發義師，救此災患，今豈不存大信，遂棄令名？故遣使見卿，欲得審知來意。

必若守其盟誓，務在同和，即收斂兵車，速歸本界，所掠百姓，一切放回，然後可表卿直心，信卿來奏，續即遣使與論拱熱同往，諸事並有商量，交歡必令得所。或密懷他意，將欲別謀，彼雖未説實情，此亦略爲準擬。但緣誓約本重，朕意不欲先違，以此勤勤，合有相問，佇聞來奏，以副朕懷！

賜尚結贊第三書

敕尚結贊：蕃使論拱熱等，與趙聿同到，卿所陳奏，朕具悉之。誠意勤勤，志敦和好，上以成舅甥之義，次以結鄰援之歡，外以彰禮讓之風，内以息戰争之患，兼此數事，昔賢所難。非卿材越等倫，識通今古，豈能匡輔大國，弘宣遠圖，施美利於當時，傳盛名於不朽！眷懷明略，歎尚良多！

然以贊普來書，務於叶睦，卿之所奏，亦貴通和，初覽其言，實嘉德義，及觀其事，頗訝乖違。以卿賢明，朕所信重，棄義踰約，計必不然，未測事由，因何至此？頃年所定和好，言約頗謂分明，至如四鎮、北庭，元不割與蕃國。及朱泚悖逆，作亂上都，卿仗義興師，請收京邑，遂許四鎮、北庭之地，將以報答成功。旋屬炎蒸，蕃軍便退，奉天之約，豈可更論？事甚分明，固無疑惑。凡言結好，所貴和同，通體商量，有何不可？大蕃必若要四鎮、北庭之地，即合直以情言，彼但露其誠心，此亦自有分義，豈假曲徵前事，廣起異端，仍發師徒，務張威勢！蕃使猶未至此，蕃軍早已越疆，或稱欲自赴朝，或云更定言誓，既虧盟約，且失禮儀，言與事乖，將何取信？

夫人君立國，必不徒然，惟漢與蕃，各受天命，勝負固有定分，强弱寧由力争？卿欲以衆相侵，以威相脅，謂天地可罔，謂盟誓可渝，即當肆意所爲，不必更論和好。儻欲守其前約，敦以親鄰，去就之間，固宜有禮，遣使來往，足得商量，張皇師徒，是何道理？和好者，禮義之事；甲兵者，争奪之由。二端懸殊，理不並用。今欲以用兵之勢定和好之辭，事必不成，縱成何益？

卿識見通敏，器宇沉詳，如此事宜，不言可悉，未知來意，竟擬如何？且首末論和，是卿商議，清水會盟之日，卿又親發誓辭，將期去殺好生，修文偃武，永安兆庶，垂法子孫。天下稱嗟，以爲盛美。未經數歲，遽有變移，非獨見誚於四方，亦將取笑于千古。以此思度，甚欲通和。彼雖小以侵陵，朕亦未即交惡，故遣某官與卿更審籌量。卿若必務同和，更無他意，即宜便歸本界，遣使具述本情，所須四鎮、北庭，朕當自有推議。如或託稱繼好，志在別圖，依前縱兵，不即歸國，惟利是視，亦識彼懷。和與不和，於兹決定。書中事有不盡，並令某官某口宣，宜令速回，竚望來奏。

所獻方物，深表遠誠。今賜卿某物，至可領也。秋冷，比平安好！

陸贄集卷十一

奏草一

論兩河及淮西利害狀

内侍朱冀寧奉宣聖旨：緣兩河寇賊未平殄，又淮西兇黨攻逼襄城，卿識古知今，合有良策，宜具陳利害封進者。

臣質性凡鈍，聞見陋狹，幸因乏使，簪組昇朝。荐承過恩，文學入侍，每自奮勵，思酬獎遇，感激所至，亦能忘身。但以越職干議，典制所禁，未信而言，聖人不尚，是以循循默默，尸居榮近，日日以愧，自春徂秋。心雖懷憂，言不敢發，此臣之罪也，亦臣之分也。陛下天縱聖德，神授英謀，明照八表，思周萬務，猶慮闕漏，下詢芻蕘，此堯、舜捨己從人，好問而好察邇言之意也。

臣每讀前史，見開説納忠之士，乃有泣血碎首，牽裾斷鞅者，皆以進議見拒，懇誠激忠，遂至發憤踰禮而不能自止故也。況今勢有危迫，事有機宜，當聖主開懷訪納之時，無昔人逆鱗顛沛之患，儻又上探微旨，慮匪悦聞，傍懼貴臣，將爲沮議，首尾憂畏，前後顧瞻，是乃偷合苟容之徒，非有扶危救亂之意，此愚臣之所痛心切齒於既往，是以不忍復躬行於當世也。心藴忠憤，固願披陳；職居禁闈，當備顧問。承問而對，臣之職也；寫誠無隱，臣之忠也。謹具件如後，惟明主循省而備慮之！豈直微臣獨荷容納之恩，實億兆之幸，社稷之福也！

臣本書生，不習戎事。竊惟霍去病，漢將之良者也，每言行軍用師之道，『顧方略何如耳，不在學古兵法』。是知兵法者無他，見其情而通其變，則得失可辯，成敗可知。古人所以坐籌樽俎之間，制勝千里之外者，得此道也。臣才不逮古人，而頗窺其意，是敢承詔不默，輒陳狂愚。伏以尅敵之要，在乎將得其人；馭將之方，在乎操得其柄。將非其人者，兵雖衆不足恃；操失其柄者，將雖材不爲用。兵不足恃，與無兵同；將不爲用，與無將同。將不能使兵，國不能馭將，非止費財翫寇之弊，亦有不戢自焚之災。自昔禍亂之興，何嘗不由於此！

今兩河、淮西爲叛亂之帥者，獨四五凶人而已。尚恐其中或有傍遭詿誤，内蓄危疑，蒼黄失圖，勢不得止，亦未必皆是處心積慮，果爲姦逆，以僭帝稱王者也。况其餘衆，蓋並脅從，苟知全生，豈願爲惡！若招攜以法，悔禍以誠，使來者必安，安者必久，斯道積著，人誰不懷？縱有野心難馴，臣知其從化者，必過半矣。舞干苗格，豈獨虚言？假使四五兇渠，俱禀梟鴟之性，其下同惡，復有十百相從，是皆卒伍庸流，闒茸下品。其志好不過聲色財貨之樂，其材用不過蹴踘距踴之能，其約從締交，則迭相侮詐以爲智謀，其御衆使人，則例質妻孥以爲術數。斯乃盗竊偷安之伍，非有姦雄特異之資。以陛下英神，志期平壹，君臣之勢不類，逆順之理不侔，形勢之大小不倫，師徒之衆寡不敵，然尚曠歲持久，師老費財，加算不止於舟車，徵卒殆窮於閩濮，笞肉搥骨，呻吟里閭，送父別夫，號呼道路，杼軸已空，興發已殫，而將帥者尚曰財不足、兵不多，此微臣所以千慮百思，而不悟其理也。未審陛下嘗徵其説、察其由乎？股肱之臣，日月獻納，復爲陛下察其事乎？臣愚無知，實所深惑，遂乃過爲臆度，輒肆討論。以爲尅敵之要，在乎將得其人；馭將之方，在乎操得其柄。將非其人者，兵雖衆不足恃；操失其柄者，將雖材不爲用。今以陛下效其明聖，群帥畏威，雖萬無此虞，然亦不可不試省察也。

陛下若謂臣此説蓋虚體耳，不足徵焉，臣請復爲陛下效其明徵，以實前説。田悦唱亂之始，氣盛力全，恒、趙、青、齊，迭爲脣齒。陛下特詔馬燧，委之專征，抱真、李芃，聲勢相援。于時士吏畏法，將帥感恩，俱蘊勝殘盡敵之誠，未有争功邀利之釁，故能累摧堅陣，深抵窮巢，元惡幸脱於俘囚，兇徒幾盡於鋒刃。臣故曰：克敵之要，在乎將得其人；馭將之方，在乎操得其柄。此其明效也。

田悦既敗，力屈勢窮，且皆離心，莫有固志，乘我師勝捷之氣，躡亡虜傷夷之餘，比於前功，難易百倍。既而大軍遂駐，遺孽復安，其後饋運日增，師徒日益，于兹再稔，竟不交鋒。量兵力，則前者寡而今者多；議軍資，則前者薄而今者厚；論氣勢，則前者新集而今者乘勝；度攻具，則前者草創而今者繕完；計兇黨，則前者盛而今者殘；揣敵情，則前者鋭而今者挫。然而勢因時變，事與理乖，當易而反難，當進而中止，本末殊趣，前後易方，順理之常，必不如此。臣故曰：將非其人者，兵雖衆不足恃；操失其柄者，將雖材不爲用。此自昔必然之效，但未審今兹事實，得無近於此乎？在陛下熟察而亟救之耳！固不在益兵以生事，加賦以殄人，無紓目前之虞，或興意外之患。人者，邦之本也；財者，人之心也；兵者，財之蠹也。其心傷則其本傷，其本傷則枝幹顛瘁而根柢蹶拔矣。惟陛下重慎之，愍惜之。

今師興三年，可謂久矣；税及百物，可謂繁矣；陛下爲之宵衣旰食，可謂憂勤矣；海内爲之行齎居送，可謂勞弊矣。而寇亂有益，翦滅無期，人摇不寧，事變難測，是以兵貴拙速，不尚巧遲。速則乘機，遲則生變。此兵法深切之誡，往事明著之驗也。

夫投膠以變濁，不如澄其源而濁變之愈也；揚湯以止沸，不如絶其薪而沸止之速也。是以勞心於服遠者，莫若修近而其遠自來，多方以救失者，莫若改行而其失自去。若不靖於本，而務救於末，則救之所爲，乃禍之所起也。修近之道，改行之方，易於舉毛，但在陛下然之與否耳。儻或重難易制，姑務持危，則當校禍患之重輕，辯攻守之緩急。臣謂幽、燕、恒、魏之寇，勢緩而禍輕；汝、洛、滎、汴之虞，勢急而禍重。緩者宜圖之以計，今失於屯戍太多；急者宜備之以嚴，今失於守禦不足。

何以言其然也？自胡羯稱亂，首起薊門，中興已來，未暇芟蕩，因其降將，即而撫之，朝廷置河朔於度外，殆三十年，非一朝一夕之所急也。田悦累經覆敗，氣沮勢羸，偷全餘生，無復遠略；武俊蓄種，有勇無謀；朱滔卒材，多疑少决。皆受田悦誘陷，遂爲猖狂出師。事起無名，衆情不附，進退遑惑，内外防虞，所以纔至魏郊，遽又退歸巢穴，意在自保，勢無他圖。加以洪河、太行禦其衝，并、汾、洛、潞壓其腹，雖欲放肆，亦何能爲？又此郡兇徒，互相劫制，急則合力，退則背憎，是皆苟且之徒，必無越軼之患，此臣所謂幽、燕、恒、魏之寇，勢緩而禍輕。希烈忍於傷殘，果於吞噬，據蔡、許富全之地，益鄧、襄鹵獲之資，意殊無厭，兵且未衄，東寇則轉輸將阻，北窺則都城或驚。此臣所謂汝、洛、滎、汴之虞，勢急而禍重。

代、朔、邠、靈之騎士，自昔之精騎也；上黨、盟津之步卒，當今之練卒也。悉此彊勁，委之山東，勢分於將多，財屈於兵廣，以攻則曠歲不進，以守則數倍有餘，各懷顧瞻，遞欲推倚。此臣所謂緩者宜圖之以計，今失於屯戍太多。

李勉以文吏之材，當浚郊奔突之會；哥舒曜以烏合之衆，扞襄野豺狼之群。陛下雖連發禁軍，以爲繼援，累敕諸鎮，務使協同，睿旨殷憂，人思自效，但恐本非素習，令不適從，奔鯨觸羅，倉卒難制；首鼠應敵，因循莫前。此臣所謂急者宜備之以嚴，今失於守禦不足。

陛下若察其緩急，審其重輕，使懷光帥師救襄城之圍，李芃還鎮爲東都之援，汝、洛既固，梁、宋亦安。是乃取有餘救不足，罷關右賦車籍馬之擾，减山東飛芻輓粟之勞。無擾則禍亂不生，息勞則物力可濟，非止排難於變切，亦將防患於未然。徵發既停，守備且固。足得徐觀事勢，更選良圖。此於紓亂解紛，抑亦計之次也。

議者若曰：『河朔群盜尚未殲夷，儻又減兵，必更生患。』此蓋好異不思之説耳。臣請有以詰之。前歲伐叛之初，唯馬燧、抱真、李芃三師而已。以攻必克，以戰必彊，是則力非不足明矣！洎遲留不進，乃請益師，於是選神策鋭卒以繼之，而李晟往矣。猶曰未足，復請益師，於是徵朔方全軍以赴之，而懷光往矣。幾遣加半之戍，竟無分寸之功，是則師不在衆又明矣。然而可託以爲解者必曰：『王師雖益，賊黨亦增，曩獨田悦、寶臣，今兼朱滔、武俊。』臣請再詰以塞其辭。曩之田悦、寶臣，皆蓄鋭養謀，劇賊之方彊者也。尋而田悦喪敗，寶臣殲夷，雖復朱滔、武俊加於前，亦有孝忠、日知乘其後，是則賊勢不滋於曩日，王師有溢於昔時又明矣。曩以太原、澤潞、河陽三將之衆，當田悦、朱滔、武俊三寇之兵，今朱滔遁歸，武俊退縮，唯此田悦假息危城。設使我師悉歸，彼亦纔能自守，況留抱真、馬燧，足得觀釁討除，是則減兵東征，勢必無患又明矣。留之則彼爲冗食，徙之則此得長城，化危爲安，息費從省，舉一而兼數利，惟陛下圖之。謹奏。

論關中事宜狀

右。臣頃覽載籍，每至理亂廢興之際，必反覆參考，究其端由。與理同道罔不興，與亂同趣罔不廢，此理之常也。其或措置不異，安危則殊，此時之變也。至於君人有大柄，立國有大權，得之必彊，失之必弱，是則歷代不易，百王所同。夫君人之柄，在明其德威；立國之權，在審其輕重。德與威不可偏廢也，輕與重不可倒持也。蓄威以昭德，偏廢則危；居重以馭輕，倒持則悖。恃威則德喪於身，取敗之道也；失重則輕移諸己，啓禍之門也。陛下天賜勇智，志期削平，忿兹昏迷，整旅奮伐，海内震疊，莫敢寧居，此誠英主撥亂拯物，不得已而用之。然威武四加，非謂蓄矣。所可兢兢保惜，慎守而不失者，唯居重馭輕之權耳。陛下又果於成務，急於應機，竭國以奉軍，傾中以資外，倒持之勢，今又似焉。臣是以疚心如狂，不覺妄發，輒踰顧問之旨，深測憂危之端。此臣之愚於自量，而忠於事主之分也。古人所謂『愚夫言之，而明主擇之』，惟陛下幸留聽焉。

臣聞國家之立也，本大而末小，是以能固。又聞理天下者，若身之使臂，臂之使指，則大小適稱而不悖焉。身所以能使臂者，身大於臂故也；臂所以能使指者，臂大於指故也。王畿者，四方之本也；京邑者，又王畿之本也。其勢當令京邑如身，王畿如臂，四方如指，故用即不悖，處則不危。斯乃居重馭輕，天子之大權也。非獨爲御諸夏而已，抑又有鎮撫戎狄之術焉。是以前代之制，轉天下租稅，委之京師；徙郡縣豪傑，處之陵邑；選四方壯勇，實之邊城。其賦役，則輕近而重遠也；其惠化，則悦近以來遠也。太宗文皇帝既定大業，萬方底乂，猶務戎備，不忘慮危，列置府兵，分隸禁衛，大凡諸府八百餘所，而在關中者殆五百焉。舉天下不敵關中，則居重馭輕之意明矣。

承平漸久，武備浸微，雖府衛俱存，而卒乘罕習。故禄山竊倒持之柄，乘外重之資，一舉滔天，兩京不守。尚賴經制，頗存典刑，彊本之意則忘，緣邊之備猶在，加以諸牧有馬，每州有糧，故肅宗得以爲資，中復興運。乾元之後，大憝初夷，繼有外虞，悉師東討，邊備既弛，禁戎亦空。吐蕃乘虛，深入爲寇，故先皇帝莫與爲禦，避之東遊。是皆失居重馭輕之權，忘深根固柢之慮。內寇則崤、函失險，外侵則汧、渭爲戎。於斯之時，朝市離析，事變可慮，須臾萬端，雖有四方之師，寧救一朝之患？陛下追想及此，豈不爲之寒心哉！尚賴宗社威靈，先皇仁聖，攘却醜類，再安宸居，城邑具全，宮廟無賣。此又非常之幸，振古所未聞焉。足以見天意之於皇家，保祐深矣，故示大儆，將弘永圖。陛下誠宜上副玄心，下察時變，遠考前代成敗，近鑑國朝盛衰，垂無疆之休，建不拔之業。

今則勢可危慮，又甚於前。伏惟聖謀，已有成算，愚臣未達，敢獻所憂。先皇帝還自陝郛，懲艾往事，稍益禁衛，漸修邊防。是時關中有朔方、涇原、隴右三帥，以扞西戎；河東有太原全軍，以控北虜。此四軍者，皆聲勢雄盛，士馬精彊。又徵諸道戍兵，每歲乘秋備塞，尚不能保固封守，遏其奔衝，京師戒嚴，比比而有。陛下嗣膺寶位，威懾殊鄰，蠢兹昆夷，猶肆毒蠚，舉國來寇，志吞岷梁。貪冒既深，覆亡幾盡，遂求通好，少息交侵。蓋緣馬喪兵疲，務以計謀相緩，固非畏威懷德，必欲守信結和，所以歷年優柔，竟未堅定要約。息兵稍久，育馬漸蕃，必假小事忿爭，因復大肆侵掠。張光晟又於振武誘殺群胡，自爾已來，絶無虜使，其爲嫌怨，足可明徵。借如吐蕃實和，回紇無憾，戎狄貪詐，乃其常情，苟有便利可窺，豈肯端然自守！今朔方、太原之衆遠在山東，神策六軍之兵繼出關外，儻有賊臣啖寇，黠虜窺邊，伺隙乘虚，微犯亭障，此愚臣所竊爲憂者也，未審陛下其何以禦之。

側聞伐叛之初，議者多易其事，僉謂有征無戰，役不逾時，計兵未甚多，度費未甚廣，於事爲無擾，於人爲不勞。曾不料兵連禍拏，變故難測，日引月長，漸乖始圖。故前志以兵爲凶器，戰爲危事，至戒至慎，不敢輕用之者，蓋爲此也。當勝而反敗，當安而倒危，變亡而爲存，化小而成大，在覆掌之間耳，何可不畏而重之乎？近事甚明，足以爲鑑。往歲爲天下所患，咸謂除之則可致昇平者，李正己、李寳臣、梁崇義、田悦是也；往歲爲國家所信，咸謂任之則可除禍亂者，朱滔、李希烈是也。既而正己死，李納繼之；寳臣死，惟岳繼之；崇義卒，希烈叛；惟岳戮，朱滔攜。然則往歲之所患者，四去其三矣，而患竟不衰；往歲之所信者，今則自叛矣，而又難保。是知立國之安危在勢，任事之濟否在人。勢苟安，則異類同心也；勢苟危，則舟中敵國也。陛下豈可不追鑑往事，惟新令圖，循偏廢之柄以靖人，復倒持之權以固國？而乃孜孜汲汲，極思勞神，徇無已之求，望難必之效，其於爲人除害之意，則已至矣；其爲宗社自重之計，恐未至焉！

自頃將帥徂征，久未盡敵，苟以藉口，則請濟師。陛下乃爲之輟邊軍，缺環衛，虚内厩之馬，竭武庫之兵，占將家之子以益師，賦私養之畜以增騎。猶且未戰，則曰乏財。陛下又爲之算室廬，貸商賈，傾司府之幣，設請榷之科。關輔之間，徵發已甚；宫苑之内，備衛不全。萬一將帥之中，又如朱滔、希烈，或負固邊壘，誘致豺狼；或竊發郊畿，驚犯城闕。此亦愚臣所竊爲憂者也，未審陛下復何以備之？

以陛下聖德君臨，率土欣戴，非常之慮，豈所宜言。然居安備危，哲王是務；以言爲諱，中主不行。若備之已嚴，則言亦何害？儻忽而未備，又安可勿言？臣是以罄陳狂愚，無所諱避，罔敢以中主不行之事，有虞於聖朝也。惟陛下熟察之，過防之。

且今之關中，即古者邦畿千里之地也，王業根本，於是在焉。秦嘗用之以傾諸侯，漢嘗因之以定四海。蓋由憑山河之形勝，宅田里之上腴，弱則内保一方，當天下之半，可以養力俟時也；彊則外制東夏，據域中之大，可以蓄威昭德也。豪勇之在關中者，與籍於營衛不殊；車乘之在關中者，與列於廐牧不殊；財用之在關中者，與貯於帑藏不殊；有急而須，一朝可聚。今執事者，先拔其本，棄重取輕，所謂倒持太阿，授人以柄。議制置，則彊幹弱枝之術反；語綏懷，則悦近來遠之道乖。求諸通方，無適而可。顧臣庸儒，竊爲陛下惜之！

往者不可追，來者猶可補。臣不勝懇懇憂國之至，輒敢效其狂鄙，以備採擇之一端。陛下儻俯照微誠，過聽愚計，使李芃援東洛，懷光救襄城，希烈兇徒，勢必退衄。則所遣神策六軍士馬，及點召節將子弟東行應援者，悉可追還。河北既有馬燧、抱真，固亦無借李晟，亦令旋旆，完復禁軍。明敕涇、隴、邠、寧，但令嚴備封守，仍云更不徵發，使知各保安居。又降德音，勞徠畿甸，具言京輦之下，百役殷繁，且又萬方會同，諸道朝奏，衈勤懷遠，理合優容。其京城及畿縣所税閒架、榷酒、抽貫、貸商、點召等，諸如此類，一切停罷。則冀已輸者弭怨，見處者獲寧，人心不摇，邦本自固，禍亂無從而作，朝廷由是益尊。然後可以度時宜，施教令，弛張自我，何有不從？端本整棼，無易於此。謹奏。

陸贄集卷十二

奏草二

論敘遷幸之由狀

臣前日蒙恩召見，陛下敘説涇原叛卒驚犯宫闕，及初行幸之事，因自尅責，辭旨過深。臣奏云：『陛下引咎在躬，誠堯、舜至德之意，臣竊有所見，以爲致今日之患者，群臣之罪也。』陛下又曰：『卿以君臣之禮，不忍歸過於朕，故有此言。然自古國家興衰，皆有天命，今遇此厄運，雖則是朕失德，亦應事不由人。』未及對詔之間，陛下遂言及宗祧，涕泗交集。主憂臣憤，人理之常，情激於衷，不覺嗚咽。旋屬遊瓌請對，臣言未獲畢辭。今輒上煩，以盡愚懇。

臣所謂致今日之患，是群臣之罪者，非敢徒飾浮説，苟寬聖懷，事皆有由，言庶可復。自胡羯稱亂，遺患未除，朝廷因循，久務容養，事多僭越，禮闕會朝。陛下神武統天，將壹區宇，乃命將帥，四征不庭。兇渠稽誅，逆將繼亂，兵連禍結，行及三年。徵師四方，無遠不暨，父子訣别，夫妻分離，一人征行，十室資奉，居者有餽送之苦，行者有鋒刃之憂，去留騷然，而閭里不寧矣！聚兵日衆，供費日多，常賦不充，乃令促限；促限纔畢，復命加徵；加徵既殫，又使別配；別配不足，於是榷算之科設、率貸之法興。禁防滋章，條目纖碎，吏不堪命，人無聊生，農桑廢於徵呼，膏血竭於笞捶，市井愁苦，室家怨咨，兆庶嗷然，而郡邑不寧矣！邊陲之戍，用保封疆；禁衛之師，以備巡警。二者或闕，則生戎心，國之大防，莫重於此。陛下急於靖難，累遣東征，邊備空虚，親軍寡弱，尋又搜閲私牧以取馬，簿責將家以出兵。凡有私牧者，例元勳貴戚之門；所謂將家者，皆統帥岳牧之後。是乃嘗蒙親委，或著忠勞，復除征徭，固有常典，今忽奪其畜牧，事其子孫，有乞假以給資裝，有破産以營卒乘，道路悽惻，部曲感傷，貴位崇勳，孰不解體？加以聚斂之法，轂下尤嚴。邸第侯王，咸輸屋税；裨販夫婦，畢算緡錢。貴而不見優，近而不見異，其爲憤慼，又甚諸方。誅求轉繁，庶類恐懼，興發無已，群情動摇，朝野囂然，而京邑關畿不寧矣。

陛下又以百度弛廢，志期肅清，持義以掩恩，任法以成理，神斷失於太速，睿察傷於太精。斷速則寡恕於人，而疑似之間不容辯也；察精則多猜於物，而臆度之際未必然也。寡恕則重臣懼禍，反側之釁易生；多猜則群下防嫌，苟且之風漸扇。是以叛亂繼起，怨讟並興，非常之虞，億兆同慮。惟陛下穆然凝邃，獨不得聞，至使兇卒鼓行，白晝犯闕。重門無結草之禦，環衛無誰何之人，自古禍變之興，未有若斯之易，豈不以乘我間隙，因人攜離哉！陛下有股肱之臣，有耳目之任，有諫諍之列，有備衛之司，見危不能竭其誠，臨難不能效其死，所謂致今日之患，是群臣之罪者，豈徒言歟？

聖旨又以家國興衰，皆有天命，今遇此厄運，應不由人者。臣志性介劣，學識庸淺，凡是占算秘術，都不涉其源流，至於興衰大端，則嘗聞諸典籍。《書》曰：『天視自我人視[一]，天聽自我人聽。』又曰：『德惟一，動罔不吉；德二三，動罔不凶。惟吉凶不僭在人，惟天降災祥在德。』又曰：『天難忱，命靡常；常厥德，保厥位；厥德靡常，九有以亡。』此則天所視聽，皆因於人，天降災祥，皆考其德，非於人事之外，別有天命也。故祖伊責紂之辭曰：『我生不有命在天。』武王數紂之罪曰：『吾有命，罔懲其侮。』此又捨人事而推天命，必不可之理也。《易》曰：『自天祐之，吉无不利。』仲尼以爲：『祐者，助也。天之所助者，順也；人之所助者，信也。履信思乎順，又以尚賢，是以自天祐之，吉无不利。』又曰：『危者，安其位者也；亡者，保其存者也；亂者，有其理者也[二]。故君子安而不忘危，存而不忘亡，治而不忘亂，是以身安而國家可保。』又曰：『視履考祥。』又曰：『吉凶者，得失之象也。』夫《易》之爲書，窮變知化，其於性命，可謂研精。及乎論天人祐助之由，辯安危理亂之故，必本於履行得失，而吉凶之報象焉。此乃天命由人，其義明矣。《春秋傳》曰：『禍福無門，唯人所召。』又曰：『人受天地之中以生，所謂命也。是以有動作威儀禮義之則以定命，能者養之以福，不能者敗以取禍。』《禮記》引《詩》而釋之曰：『《大雅》云：「殷之未喪師，克配上帝，儀監于殷，駿命不易。」言得衆則得國，失衆則失國也。』又引《書》而釋之曰：『《康誥》云：「惟命不于常。」言善則得之，不善則失之。』此則聖哲之意，六經會通，皆爲禍福由人，不言盛衰有命。蓋人事著於下，而天命降於上。是以事有得失，而命有吉凶，天人之間，影響相準。《詩》、《書》已後，史傳相承，理亂廢興，大略可記。人事理而天命降亂者，未之有也；人事亂而天命降康者，亦未之有也。

六經之教既如彼，歷代明驗又如此，尚恐其中有可疑者，臣請復以近事證之。自頃征討頗頻，刑網稍密，物力竭耗，人心驚疑，如居風濤，洶洶靡定。上自朝列，下達烝黎，日夕族黨聚謀，咸憂必有變故。旋屬涇原叛卒，果如衆庶所虞。京師之人，動逾億計，固非悉知算術，皆曉占書，則明致寇之由，未必盡關天命。伏惟陛下鑑既往之深失，建將來之令圖，拯宗社阽危，刷億兆憤耻，在於審察時變，博詢人謀，王化聿修，天祐自至。恐不宜推引厄運，謂爲當然，撓追咎之誠，沮惟新之望。

臣聞理或生亂，亂或資理，有以無難而失守，有因多難而興邦。理或生亂者，恃理而不修也；亂或資理者，遭亂而能懼也。無難失守者，忽萬機之重而忘憂畏也；多難興邦者，涉庶事之艱而知敕慎也。今生亂失守之事，則既往不可復追矣，其資理興邦之業，在陛下勉勵而謹修之〔三〕。當至危至難之機，得其道則興，失其道則廢，其間不容復有所悔也。惟陛下勤思焉，熟計焉，捨己以從衆焉，違欲以遵道焉，遠憸佞而親忠直焉，推至誠而去逆詐焉，杜讒沮之路，廣諫諍之門焉，掃求利之法，務息人之術焉，尋片善片能，以盡群材焉，忘小瑕小怨，俾無棄物焉。斯道甚易知，甚易行，不勞神，不苦力，但在約之於心耳。又陛下天資睿哲，有必致之具，安得捨而不爲哉？斯道夕誓之於心，則可以感神明，動天地；朝施之於事，則可以服庶類，懷萬方。何憂乎亂人，何畏乎厄運，何患乎天下不寧？昔太王以避狄而興，周文以百里而王，是乃因危難而恢盛業，由僻小而闡丕圖。况陛下禀英姿，承寶曆，四海之利權由己，列聖之德澤在人，苟能增修，蔑有不濟。至如東北群孽荏苒逋誅，涇原亂兵倉卒犯禁，蓋上元保祐陛下，恐陛下神武果斷，有輕天下之心，使知艱難，將永福祚耳。伏願悔前禍，以答天戒；新聖化，以承天休。勿謂時鍾厄運而自疑，勿謂事不由人而自解。勤勵不息，足致昇平，豈止蕩滌祅氛，旋復宫闕而已！愚臣不勝區區憂國奉君之至，誠有所切，辭不覺煩。伏惟陛下不以人廢言，不以言廢直，千慮一得，或有取焉！謹奏。

校勘記

〔一〕『人』，《書》原作『民』，此係唐人避太宗（世民）諱改。下同，不復出校。

〔二〕『理』，《易·繫辭》作『治』，此係唐人避高宗（李治）諱改。下同，不復出校。

〔三〕『勉』，原作『尅』，據影宋本改。

奉天論奏當今所切務狀

隱朝昨日奉宣聖旨，逆賊雖退，猶未收城，令臣審思當今所務，何者最切，具條録奏來者。

伏以初經大變，海内震驚，無論順逆賢愚，必皆企竦觀聽。陛下一言失，則四方解體，一事當，則萬姓屬心：動關安危，不可不慎。臣謂當今急務，在於審察群情。若群情之所甚欲者，陛下先行之；群情之所甚惡者，陛下先去之。欲惡與天下同，而天下不歸者，自古及今，未之有也。夫理亂之本，繫於人心，况乎當變故動揺之時，在危疑向背之際，人之所歸則植，人之所去則傾，陛下安可不審察群情，同其欲惡，使億兆歸趣以靖邦家乎？此誠當今之所急也。

然尚恐爲之不易者，蓋以朝廷播越，王命未行，施之空言，人或不信。何以言其然？今天下之所欲者，在息兵，在安業；天下之所惡者，在斂重，在法苛。陛下欲息兵，則寇孽猶存，兵固不可息矣；欲安業，則征徭未罷，業固未可安矣；欲薄斂，則郡縣懼乏軍用，令必不從矣；欲去苛，則行在素嚴威嚴，言且無驗矣。此皆勢有所未制，意有所未從，雖施於德音，足慰來蘇之望，而稽諸事實，未符悔禍之誠。且動人以言者，其感不深；動人以行者，其應必速。蓋以言因事而易發，行違欲而難成。易發故有所未孚，難成故無思不服。今陛下將欲平禍亂，拯阽危，恤烝黎，安反側，既未有息人之實，又乏於施惠之資，唯當違欲以行己所難，布誠以除人所病，乃可以彰追咎之意，副惟新之言。若猶不然，未見其可。

頃者竊聞輿議，頗究群情。四方則患於中外意乖，百辟又患於君臣道隔，郡國之志不達於朝廷，朝廷之誠不升於軒陛，上澤闕於下布，下情壅於上聞，實事不必知，知事不必實。上下否隔於其際，真僞雜糅於其間，聚怨囂囂，騰謗藉藉，欲無疑阻，其可得乎？物論則然，人心可見。蓋謂含弘聽納，是聖主之所難；鬱抑猜嫌，是衆情之所病。伏惟陛下神無滯用，鑑必窮微，愈其病而易其難，如淬鋒潰疣，决防注水耳。可以崇德美，可以濟艱難，陛下何慮不行，而直爲此懍懍也！

臣謂宜因文武群官入參之日，陛下特加延接，親與叙言，備詢禍亂之由，明示咎悔之意，各使極言得失，仍令一一面陳。軍務之際，到即引對，不拘時限，用表憂勤。周公勤握髪吐餐而天下歸心，則此義也。又當假之優禮，悦以温顔。言切而理愜者，必賞導以盡其情；識寡而辭拙者，亦容恕以嘉其意；有諫諍無隱者，願陛下叶成湯改過之美，褒其直而勿吝其非；有謀猷可用者，願陛下體大禹拜言之誠，奬其能而亟行其策。至於匹夫片善，採録不遺，庶士傳言，聽納無倦。是乃總天下之智以助聰明，順天下之心以施教令。則君臣同志，何有不從！遠邇歸心，孰與爲亂！化疑梗爲訢合，易怨謗爲謳歌，浹辰之間，可使丕變。陛下儻行之不厭，用之得中，從義如轉圜，進善如不及，推廣此道，足致和平，其於昭德塞違，恐不止當今所急也。慮有愚而近道，事有要而似迂，冀垂睿思，反覆詳覽，必或無足觀採，捨棄非遥。謹奏。

奉天論前所答奏未施行狀

臣某言：賊泚逋誅，尚穴宫禁。陛下思念宗廟，痛傷黎元，仁孝交感，至於憤激，猥以急務下詢微臣。臣雖鄙懦，尊慕仁義，荷陛下知己之遇，感陛下思理之誠，愚衷所懷，承問輒發。不以淺深自揆，不以喜怒上虞，誠缺於周防承順之規，是亦忠於陛下一至之分也。

前奉詔問，尋具上陳，請延群臣，稍與親接，廣咨訪之路，開諫諍之門，通壅鬱之情，弘採拔之道。自獻答奏，迨兹彌旬，不聞施行，不賜酬詰，未審宸旨以爲何如？昧於忖量，但務竭盡，恐由辭理蹇拙，不能暢達事情，僂僂血誠，敢願披瀝，頻煩黷冒，豈不慚惶！蓋犬馬感恩思效之心，睠睠而不能自止者也。

臣聞立國之本，在乎得衆。得衆之要，在乎見情。故仲尼以謂人情者，聖王之田，言理道所由生也。是則時之否泰，事之損益，萬化所繫，必因人情。情有通塞，故否泰生；情有薄厚，故損益生。通天下之情者，莫智於聖人，盡聖人之心者，莫深於《易》象。其別卦也，乾下坤上則曰泰，坤下乾上則曰否；其取象也，損上益下則曰益，損下益上則爲損。乾爲天，爲君；坤爲地，爲臣。天在下而地處上，於位乖矣，而反謂之泰者，上下交故也；君在上而臣處下，於義順矣，而反謂之否者，上下不交故也。氣不交則庶物不育，情不交則萬邦不和。天氣下降，地氣上騰，然後歲功成；君澤下流，臣誠上達，然後理道立。損益之義，亦猶是焉。上約己而裕於人，人必悦而奉上矣，豈不謂之益乎？上蔑人而肆諸己，人必怨而叛上矣，豈不謂之損乎？然則上下交而泰，不交而否，自損者人益，自益者人損，情之得失，豈容易哉！故喻君爲舟，喻人爲水。水能載舟，亦能覆舟。舟即君道，水即人情。舟順水之道乃浮，違則没；君得人之情乃固，失則危。是以古先聖王之居人上也，必以其心從天下之心，而不敢以天下之人從其欲。

乃至『兢兢業業，一日二日萬幾』。夫幾者，事之微也，以聖人之德，天子之尊，且猶慎事之微，乃至一日萬慮，豈不以居上接下，懼失其情歟！《書》曰：『人心惟危，道心惟微。』微則萬幾之慮，不得不精也；危則覆舟之戒，不得不畏也。

夫揆物以意，宣意以言。言或是非，莫若考於有跡；跡或成敗，莫若驗於已行。自昔王業盛衰，君道得失，史册盡在，粲然可徵。與衆同欲靡不興，違衆自用靡不廢，從善納諫靡不固，遠賢耻過靡不危。故《詩》、《書》稱堯德，則曰：『稽于衆，捨己從人。』數舜之功，則曰：『明四目，達四聰。』言務同欲也。序禹之所由興，則曰『益贊于禹』，『禹拜昌言』。述湯之所以王，則曰：『用人惟己，改過不吝。』言能納諫也。歌文王作周，則曰：『濟濟多士，文王以寧。』美武王尅殷，則曰：『亂臣十人，同心同德。』言皆從善也。堯、舜、禹、湯、文、武，此六君者，天下之盛王也，莫不從諫以輔德，詢衆以成功。是則德益盛者慮益微，功愈高者意愈下。及代之衰也，則道亦反焉。故《書》曰：『紂有億兆夷人，離心離德。』言違衆也。《詩》曰：『汝炰烋于中國，斂怨以爲德。不明爾德，時無背無側；爾德不明，以無陪無卿。』又曰：『雖無老成人，尚有典刑。曾是莫聽，大命以傾。』言遠賢也。《書》曰：『謂人莫己若者亡。』《詩》曰：『惟彼不慎，自獨俾臧。自有肺腸，俾民卒狂〔一〕。』言自用也。前史數桀、紂之惡曰：『强足以拒諫，辯足以飾非。』言耻過也。考得失於已行之迹，鑑盛衰於已驗之符，孰失道而不衰，孰得理而不盛？報應以類，影響不差，胡可不則而象之、敬而畏之乎？粤自秦、漢，暨于周、隋，其間將歷千祀，代興者非一姓，繼覆者非一君，雖所遇殊時，所爲異迹，然失衆必敗，得衆必成，與堯、舜、禹、湯同務者必興，與桀、紂、幽、厲同趣者必覆，全失衆則全敗，全得衆則全成，多同於善則功多，甚同於惡則禍甚。善惡從類，端如貫珠，成敗象行，明若觀火，此歷代之元龜也。

尚恐議者曰『時異事異』，臣請復爲陛下粗舉近效之尤章章者以辯焉。太宗文皇帝以天縱之才，有神器之重，武定禍亂，文致太平，威行如雷霆，明照侔日月，英略施於百務〔二〕，聖功被於九歌，固非庶品之所度量，常情之所鑽仰。然猶兢兢畏慎，懼失人心，每戒臣下獻規，恒以危亡爲慮。夙興聽理，日旰忘勞，公卿迭趨，庭奏庶務，評議得失，與衆共之，下無滯情，上無私斷。退朝之暇，宴接侍臣，諮訪謀猷，詢求過闕，或論往古成敗，或問人間事情。每言及暗主亂朝，則省懼自戒；言及賢君理代，則企竦思齊。言及稼穡艱難，則上下相匡，務遵勤儉；言及閭閻疾苦，則君臣同慮，議息征徭。懋德懲違，觸類滋長。尚恐過言謬舉，既往難追，每召宰相平章，必遣諫官俱入，小有頗失，隨即箴規。得一善，必遽命甄昇；聽一諫，必明加褒賜。故得時無闕事，人樂輸誠。又引文學之流，更直宿於內署，或講求典禮，或諷誦詩書，每至夜分，情忘厭倦。夫以太宗之德美，貞觀之理安，且猶務得人心，其勤若此，是則人心之於理道，可一日而不接乎？

高宗始年，亦親聽納，故當時翕然歸美，以爲有貞觀之風。兼賴遺澤在人，先範垂裕，幸無改作，俗以阜康，數十年間，天下無事。承平之業滋久，倦勤之意頗彰，燕居益深，接下彌簡，前哲之耿光浸遠，中宫之威柄潛移。卒有嗣聖臨朝，天授革命。豈不以經邦之道，闕疇咨於大猷，宴安之懷，溺偏信於近狎！馴致禍變，幾將傾邦。雖亂匪自他，然其失一也！弊俗一靡，餘風遂流，訖神龍、景雲之間，皆嬖倖亂朝，聰明不達。

玄宗躬定大難，手振宏綱，開懷納忠，克己從諫，尊用舊老，採拔群才。大臣不敢壅下情，私昵不敢干公議，朝清道泰，垂三十年。謂化已行，謂安可保，耳目之娛漸廣，憂勤之志稍衰，侈心一萌，邪道並進。貪權竊柄者則曰：德如堯舜矣，焉用勞神？承意趣媚者則曰：時已太平矣，胡不爲樂？有深謀遠慮者，謂之迂誕驚衆；有讜言切諫者，謂之誹謗邀名。至尊收視於穆清，上宰養威於廊廟；議曹以頌美爲奉職，法吏以識旨爲當官；司府以厚斂爲公忠，權門以多賂爲問望，外寵持竊國之勢，内寵擅迴天之謡。禍機熾然，焰焰滋甚，舉天下如居積薪之上，人人懼焚，而朝廷相蒙，曾莫之省，日務遊宴，方謂有無疆之休。大盜一興，至今爲梗，豈不以忽於戒備，逸於居安，憚忠鯁之怫心，甘諛詐之從欲，漸漬不聞其失，以至於大失者乎！

肅宗懲致寇之由，藴撥亂之略，虚受廣納，同符乎太宗，招延詢謀，輟食廢寢。洞啓誠腑，推心與人；豁披胸襟，忘己應物。故得來蘇之望允塞，配天之業勃興。

先皇帝繼守恭勤，而益之以和惠。惠則有感，和則有親。雖時繼艱屯，而衆不離析。理尚寛大，務因循而重作爲。然於紫宸聽朝，常限三人奏事，亦宣諭德令，課責侍臣，或賞其盡規，或讓以容默。性本仁恕，事多含弘，諫雖未從，且不深忤，情苟有阻，終獲上通。故君臣相安，而人亦小息。

陛下英姿逸辯，邁絶人倫，武略雄圖，牢籠物表。憤習俗以妨理，任削平而在躬，以明威照臨，以嚴法制斷，流弊日久，浚恒太深。遠者驚疑而阻命，逃死之亂作；近者畏懾而偷容，避罪之態生。君臣意乖，上下情隔，君務致理，而下防誅夷；臣將納忠，又上慮欺誕。故睿誠不布於群物，物情不達於睿聰。臣於往年，曾任御史，獲奉朝謁，僅欲半年。陛下嚴邃高居，未嘗降旨臨問；群臣跼蹐趨退，亦不列事奏陳。軒墀之間，且未相諭，宇宙之廣，何由自通？雖復例對使臣，别延宰輔，既殊師錫，且異公言。未行者則戒以樞密勿論，已行者又謂之遂事不諫，漸生拘礙，動涉猜嫌。由是人各隱情，以言爲諱。至於變亂將起，億兆同憂，獨陛下恬然不知，方謂太平可致。陛下以今日之所覩，驗往時之所聞，孰真孰虚，何得何失，則事之通塞，備詳之矣，人之情僞，盡知之矣。

列聖升降之效，歷歷如彼；當今理亂之由，昭昭如此。未有不興於得衆，殆於失人；裕於僉諧，蔽於偏信；濟美因乎納諫，虧德由乎自賢；善始本乎憂勤，失全萌乎安泰。今陛下將欲悔禍徼福，去危從安，若不循太宗創業之規，襲肅宗中興之理，鑑天寶致亂之所以，懲今者遷幸之所由，則何以孚聖懷、彰令問，新遠邇之聽、歸反側之心乎？

前承德音，訪及庸鄙，敢緣私議，輒以獻聞。自爾已來，反覆千慮，愚智有分，信非可移。至今拳拳，猶滯所見，不勝愚誠懇款，謹復布露以聞。臣某惶怖死罪！謹言。

校勘記

〔一〕「卒」，原作「則」，據影宋本改。

〔二〕「百務」，影宋本作「百勝」。

陸贄集卷十三

奏草三

奉天請數對群臣兼許令論事狀

朝隱奉宣聖旨：『頻覽卿表狀，勸朕數對群臣，兼許令論事，辭理懇切，深表盡忠。朕本心甚好推誠，亦能納諫。但緣上封事及奏對者，少有忠良，多是論人長短，或探朕意旨。朕雖不受讒譖，出外即謾生是非，以爲威福。朕往日將謂君臣一體，都不隄防，緣推誠信不疑，多被姦人賣弄。今所致患害，朕思亦無他故，却是失在推誠。又諫官論事，少能慎密，例自矜衒，歸過於朕，以自取名。朕從即位以來，見奏對論事者甚多，大抵皆是雷同道聽塗説，試加質問，即便辭窮。若有奇才異能，在朕豈惜拔擢？朕見從前已來，事祇如此，所以近來不多取次對人，亦不是倦於接納。卿宜深悉此意者。』

聖德廣大，如天包容，俯矜狂愚，仍賜獎諭，嘉臣以懇切，目臣以盡忠，雖甚庸駑，實懷感勵！夫知無不言之謂盡，事君以義之謂忠，臣之夙心，久以自誓，以此爲奉上之道，以此爲報主之資。幸逢休明，獲展誠願，既免罪戾，又蒙褒稱，庶奉周旋，不敢失墜。儻陛下廣推此道，施及萬方，咸獎直以矜愚，各録長而捨短，人之欲善，誰不如臣？自然聖德益彰，群心盡達。愚衷懇懇，實在於斯！睿眷特深，縷宣密旨，備該物理，曲盡人情，其於慮遠防微，固非常識所逮。然臣竊謂天子之道，與天同方。天不以地有惡木，而廢發生；天子不以時有小人，而廢聽納。帝王之盛，莫盛於堯，雖四凶在朝，而僉議靡輟。故曰『惟天爲大，惟堯則之』。是知人有邪直賢愚，在處之各得其所而已，必不可以忠良者少，而闕於詢謀獻納之道也。昔人有因噎而廢食者，又有懼溺而自沉者，其爲矯枉防患之慮，豈不過哉！願陛下取鑑於兹，勿以小虞而妨大道也。

臣聞人之所助在乎信，信之所立由乎誠。守誠於中，然後俾衆無惑；存信於己，可以教人不欺。唯信與誠，有補無失。一不誠，則心莫之保；一不信，則言莫之行。故聖人重焉，以爲食可去而信不可失也。又曰：『誠者物之終始，不誠無物。』物者，事也。言不誠則無復有事矣。匹夫不誠，無復有事，况王者賴人之誠以自固，而可不誠於人乎？陛下所謂失於誠信以致患害者，臣竊以斯言爲過矣！孔子曰：『可與言而不與之言，失人；不可與言而與之言，失言。智者不失人，亦不失言。』由此論之，陛下可審其所言，而不可不慎；信其所與，而不可不誠。海禽至微，猶識情僞，含靈之類，固必難誣。前志所謂衆庶者至愚而神，蓋以蚩蚩之徒，或昏或鄙，此其似於愚也，然而上之得失靡不辨，上之好惡靡不知，上之所祕靡不傳，上之所爲靡不效，此其類於神也。故馭之以智，則人詐；示之以疑，則人偷；接不以禮，則徇義之意輕；撫不以恩，則效忠之情薄。上行之，則下從之；上施之，則下報之。若響應聲，若影從表。表枉則影曲，聲淫則響邪。懷鄙詐而求顏色之不形，顏色形而求觀者之不辯，觀者辯而求衆庶之不惑，衆庶惑而求叛亂之不生，自古及今，未之得也。故『唯天下至誠，爲能盡其性；能盡其性，則能盡人之性』。若不盡於己，而望盡於人，衆必紿而不從矣；不誠於前，而曰誠於後，衆必疑而不信矣。今方岳有不誠於國者，陛下則興師以伐之；臣庶有虧信於上者，陛下則出令以誅之。有司順命誅伐而不敢縱捨者，蓋以陛下之所有，責彼之所無故也。向若陛下不誠於物，不信於人，人將有辭，何以致討？是知誠信之道，不可斯須去身，願陛下慎守而行之有加，恐非所以爲悔者也。

臣聞《春秋傳》曰：『人誰無過？過而能改，善莫大焉。』《易》曰：『日新之謂盛德。』《禮記》曰：『德日新，日日新，又日新。』《商書》仲虺述成湯之德曰：『用人惟己，改過不吝。』《周詩》吉甫美宣王之功曰：『衮職有闕，惟仲山甫補之。』夫《禮》、《易》、《春秋》，百代不刊之典也，皆不以無過爲美，而謂大善盛德，在於改過日新。成湯，聖君也，仲虺，聖輔也，以聖輔而贊揚聖君，不稱其無過，而稱其改過；周宣，中興之賢主也，吉甫，文武之賢臣也，以賢臣而歌誦賢主，不美其無闕，而美其補闕。是則聖賢之意，較然著明，唯以改過爲能，不以無過爲貴。蓋爲人之行己，必有過差，上智下愚，俱所不免。智者改過而遷善，愚者耻過而遂非，遷善則其德日新，是爲君子；遂非則其惡彌積，斯謂小人。故聞義能徙者，常情之所難；從諫勿咈者，聖人之所尚。至於贊揚君德，歌述主功，或以改過不吝爲言，或以有闕能補爲美。中古已降，淳風浸微，臣既尚諛，君亦自聖。掩盛德而行小道，於是有入則造膝、出則詭辭之態興矣。姦由此滋，善由此沮，帝王之意由此惑，譖臣之罪由此生〔二〕。媚道一行，爲害斯甚。

太宗文皇帝挺秀千古，清明在躬，再恢聖謨，一變流弊，以虚受爲理本，以直言爲國華。有面折廷争者，必爲霽雷霆之威，而明言奬納；有上封獻議者，必爲黜心意之欲，而手敕褒揚。故得有過必知，知而必改。存致雍熙之化，没齊堯、舜之名。向若太宗徇中主之常情，滯習俗之凡見，聞過則羞己之短，納諫又畏人之知，雖有求理之心，必無濟代之效，雖有悔過之意，必無從諫之名。此則聽納之實不殊，隱見之情小異，其於損益之際，已有若此相懸，又況不及中才，師心自用，肆于人上，以遂非拒諫，孰有不危者乎！

且以太宗有經緯天地之文，有底定禍亂之武，有躬行仁義之德，有致理太平之功，其爲休烈耿光，可謂盛極矣！然而人到于今稱咏以爲道冠前古、澤被無窮者，則從諫改過爲其首焉。是知諫而能從，過而能改，帝王之美，莫大於斯！陛下所謂『諫官論事，少能慎密，例自矜衒，歸過於朕』者，臣以爲不密自矜，信非忠厚，其於聖德，固亦無虧。陛下若納諫不違，則傳之適足增美；陛下若違諫不納，又安能禁之勿傳？伏願以貞觀故事爲楷模，使太宗風烈重光於聖代，恐不可謂此爲歸過，而阻絶直言之路也。

臣聞虞舜察邇言，故能成聖化；晉文聽輿誦，故能恢霸功。《大雅》有『詢于芻蕘』之言，《洪範》有『謀及庶人』之義。是則聖賢爲理，務詢衆心，不敢忽細微，不敢侮鰥寡。侈言無驗不必用，質言當理不必違，遜于志者不必然，逆于心者不必否，異于人者不必是，同于衆者不必非，辭拙而效速者不必愚，言甘而利重者不必智。是皆考之以實，慮之以終，其用無他，唯善所在，則可以盡天下之理，見天下之心。夫人之常情，罕能無惑，大抵蔽於所信，阻於所疑，忽於所輕，溺於所欲。信既偏，則聽言而不考其實，由是有過當之言；疑既甚，則雖實而不聽其言，於是有失實之聽；輕其人，則遺其可重之事；欲其事，則存其可棄之人。斯並苟縱私懷，不稽皇極，于以虧天下之理，于以失天下之心。故常情之所輕，乃聖人之所重。圖遠者先驗於近，務大者必慎於微，將在博採而審用其中，固不在慕高而好異也。

陛下所謂『比見奏對論事，皆是雷同道聽塗説』者，臣竊以衆多之議，足見人情，必有可行，亦有可畏，恐不宜一概輕侮而莫之省納也。

陛下又謂『試加質問，即便辭窮』者，臣竊以陛下雖窮其辭，而未盡其理，能服其口，而未服其心。何以知其然？臣每讀史書，見亂多理少，因懷感歎，嘗試思之！竊謂爲下者莫不願忠，爲上者莫不求理，然而下每苦上之不理，上每苦下之不忠。若是者何？兩情不通故也。下之情莫不願達於上，上之情莫不求知於下。然而下恒苦上之難達，上恒苦下之難知。若是者何？九弊不去故也。所謂九弊者，上有其六而下有其三。好勝人，耻聞過，騁辯給，眩聰明，厲威嚴，恣彊愎：此六者，君上之弊也。諂諛，顧望，畏愞：此三者，臣下之弊也。上好勝，心甘於佞辭；上恥過，必忌於直諫。如是則下之諂諛者順旨，而忠實之語不聞矣。上騁辯，必勦説而折人以言；上眩明，必臆度而虞人以詐。如是則下之顧望者自便，而切磨之辭不盡矣。上厲威，必不能降情以接物；上恣愎，必不能引咎以受規。如是則下畏愞者避辜，而情理之説不中矣。

夫以區域之廣大，生靈之衆多，宮闕之重深，高卑之限隔，自黎獻而上，獲覩至尊之光景者，踰億兆而無一焉。就獲覩之中，得接言議者，又千萬不一；幸而得接者，猶有九弊居其間，則上下之情所通鮮矣。上情不通於下，則人惑；下情不通於上，則君疑。疑則不納其誠，惑則不從其令。誠而不見納，則應之以悖；令而不見從，則加之以刑。下悖上刑，不敗何待？是使亂多理少，從古以然。考其初心，不必淫暴，亦在乎兩情相阻，馴致其失，以至于艱難者焉。

昔龍逢誅而夏亡，比干剖而殷滅，宮奇去而虞敗，屈原放而楚衰。臣謂夏、殷、虞、楚之君，若知四子之盡忠，必不勦棄；若知四子之可用，必不拒違。所以至於忍害而捨絶者，蓋謂其言不足行，心不足保故也。四子既去，四君亦危。然則言之固難，聽亦不易。趙武吶吶，而爲晋賢臣；絳侯木訥，而爲漢元輔。公孫弘上書論事，帝使難弘以十策，弘不得其一，及爲宰相，卒有能名。周昌進諫其君，病吃不能對詔，乃曰：『臣口雖不能言，心知其不可。』然則口給者，事或非信；辭屈者，理或未窮。人之難知，堯、舜所病，胡可以一酬一詰，而謂盡其能哉？以此察天下之情，固多失實；以此輕天下之士，必有遺才。臣是以竊慮陛下雖窮其辭，而未窮其理；能服其口，而未服其心。良有以也。

古之王者，明四目，達四聰，蓋欲幽抑之必通，且求聞己之過也。垂旒於前，黈纊於側，蓋惡視聽之太察，唯恐彰人之非也。降及末代，則反於斯。聰明不務通物情，視聽祇以伺罪釁，與衆違欲，與道乖方，於是相尚以言，相示以智，相冒以詐，而君臣之義薄矣！以陛下性含仁聖，意務雍熙，而使至道未孚，臣竊爲陛下懷愧於前哲也。古人所以有耻君不如堯、舜者，故亦以是爲心乎？

夫欲理天下而不務於得人心，則天下固不可理矣。務得人心而不勤於接下，則人心固不可得矣。務勤接下而不辨君子小人，則下固不可接矣。務辨君子小人，而惡其言過，悦其順己，則君子小人固不可辨矣。趣和求媚，人之甚利存焉；犯顔取怨，人之甚害存焉。居上者易其害，而以美利利之，猶懼忠告之不覈，況有疏隔而勿接，又有猜忌而加損者乎？天生烝人，合以爲國，人之有口，不能無言，人之有心，不能無欲。言不宣於上，則怨讟於下；欲不歸於善，則凑集於邪。聖人知衆之不可以力制也，故植謗木，陳諫鼓，列争臣之位，置采詩之官，以宣其言；尊禮義，安誠信，厚賢能之賞，廣功利之途，以歸其欲。使上不至於亢，下不至於窮，則人心安得而離，亂兆何從而起？古之無爲而理者，其率用此歟！苟有理之之意而不知其方，苟知其方而心守不壹，則得失相半，天下之理亂未可知也。其又違道以師心，棄人而任己，謂欲可逞，謂衆可誣，謂專斷無傷，謂詢謀無益，謂諛説爲忠順，謂獻替爲妄愚，謂進善爲比周，謂嫉惡爲嫌忌，謂多疑爲御下之術，謂深察爲照物之明，理道全乖，國家之顛危可立待也。

理亂之戒，前哲備言之矣；安危之效，歷代嘗試之矣。舊典盡在，殷鑑足徵，其於措置施爲，在陛下明識所擇耳。伏願廣接下之道，開奬善之門，弘納諫之懷，勵推誠之美。其接下也，待之以禮，煦之以和；虚心以盡其言，端意以詳其理；不禦人以給，不自眩以明；不以先覺爲能，不以臆度爲智；不形好惡以招諂，不大聲色以示威。如權衡之懸，不作其輕重，故輕重自辨，無從而詐也；如水鏡之設，無意於妍蚩，而妍蚩自彰，莫得而怨也。有犯顔讜直者，奬而親之；有利口讒佞者，疏而斥之。自然物無壅情，言不苟進，君子之道浸長，小人之態日消，何憂乎少忠良？何有乎作威福？何患乎妄説是非？如此，則接下之要備矣。其奬善也，求之若不及，用之懼不周，如梓人之任材，曲直當分；如滄海之歸水，洪涓必容。能小事則處之以小官，立大勞則報之以大利，不忌怨，不避親，不抉瑕，不求備，不以人廢舉，不以己格人，聞其才必試以事，能其事乃進以班，自然無不用之才，亦無不實之舉。如此，則奬善之道得矣。其納諫也，以補過爲心，以求過爲急，以能改其過爲善，以得聞其過爲明。故諫者多，表我之能好；諫者直，示我之能賢；諫者之狂誣，明我之能恕；諫者之漏泄，彰我之能從。有一于斯，皆爲盛德。是則人君之與諫者，交相益之道也。諫者有爵賞之利，君亦有理安之利；諫者得獻替之名，君亦得採納之名。然猶諫者有失中，而君無不美。唯恐讜言之不切，天下之不聞，如此，則納諫之德光矣。其推誠也，在彰信，在任人。彰信不務於盡言，所貴乎出言則可復；任人不可以無擇，所貴乎已擇則不疑。言而必誠，然後可以求人之聽命；任而勿貳，然後可以責人之成功。誠信一虧，則百事無不紕繆；疑貳一起，則群下莫不憂虞。是故言或乖宜，可引過以改其言，而不可苟也；任或乖當，可求賢以代其任，而不可疑也。如此，則推誠之義乎矣。

微臣所以屢屢塵黷，而不能自抑者，蓋以陛下有拯亂之志，而多難未平；有務理之誠，而庶績未乂；有堯、舜聰明之德，而未光宅於天下；有覆載含弘之量，而未翕受於衆情。故臣每中夜靜思，無不竊歎而深惜也。向若陛下有其位而無必行之志，有其志而無可致之資，則臣固已從俗浮沉，何苦而汲汲如是！惟陛下詳省所闕，亟行所宜，歸天下之心，濟中興之業，此臣之願也，億兆之福也，宗社無疆之休也！謹奏。

校勘記

〔一〕『譖』，道光本、影宋本作『諫』。

奉天論尊號加字狀

右。冀寧奉宣聖旨：『往年百官請上尊號，曰「聖神文武皇帝」。今緣經此寇難，諸事並宜改變，衆議欲得於朕舊號之中，更加一兩字。卿宜商量事體穩便得否者。』

伏以睿德神功，參天配地，巍巍蕩蕩，無得而名。臣子之心，務崇美號，雖或增累盈百，猶恐稱述未周。陛下既越常情，俯稽至理，愚衷未諭，安敢不言？竊以尊號之興，本非古制，行於安泰之日，已累謙沖；襲乎喪亂之時，尤傷事體。今者鑾輿播越，未復宮闈；宗祏震驚，尚愆禋祀；中區多梗，大憝猶存。此乃人情向背之秋，天意去就之際。陛下誠宜深自懲勵，以收攬群心；痛自貶損，以答謝靈譴。豈可近從末議，重益美名！既虧追咎之誠，必累中興之業，以臣庸蔽，未見其宜。乞更詳思，不爲兇孽所幸，此臣之至願也。謹奏。

重論尊號狀

右。冀寧奉宣聖旨：『卿所商量加尊號事，雖則理體甚切，然時運必須小有改變，亦不可執滯不信。卿宜爲朕更審思量，應亦無妨者。』

臣聞德合天者謂之皇，德合地者謂之帝，德合人者謂之王。父天母地，以養人理物，各得其宜者，謂之天子。是皆至尊之殊號，極美之大名，雖欲變更，無踰於此。故伏羲、神農、黄帝、堯、舜，自生人已來，君德之最神聖者，天下尊之美之，亦已至矣！而其指以爲號者，或曰皇，或曰帝，唯目一字，且猶不兼。禹、湯繼興，莫匪大聖，尚自菲薄，降號爲王。嬴秦德衰於殷、周，而名竊於羲、皞，兼皇與帝，始總稱之。流及後代，昏僻之君，乃有聖劉、天元之號。是知人主輕重，不在名稱。崇其號，無補於徽猷；損其名，不傷於德美。然而損之有謙光稽古之善，崇之獲矜能納諂之譏，得失不侔，居然可辨。況今時遭屯否，事屬艱難，尤宜懼思，以自貶抑。必也俯稽術數，須有變更，與其增美稱而失人心，不若黜舊號以祗天戒。天時人事，理必相扶，人既好謙，天亦助順。陛下誠能斷自宸鑑，涣發德音，引咎降名，深自尅責，惟謙與順，一舉而二美從之。外可以收物情，内可以應玄運，上可以高德於敻古，下可以垂法於無窮。興廢典，矯舊失，至明也；損虚飾，收美利，大智也。前聖之所以永保鴻名，常爲稱首者，達於兹義而已矣，陛下何悋而不革，反欲加冗號，以受實患哉？玄元《道德經》曰：『王侯自謂孤、寡、不穀，以賤爲本也。』周襄王遭亂，出居于鄭，告于諸侯曰：『不穀不德，鄙在鄭地。』《春秋》禮之，以其能降名也。漢光武詔令上書者不得言聖，史册稱之，以其能損己也。臣顧以賤微，獲承訪議，伊尹耻其君不如堯、舜，臣亦耻之。是以誠發於中，不復防慮忌諱，赦其愚而鑑其理，惟明主行焉。謹奏。

奉天論赦書事條狀

右。隱朝奉宣聖旨，並以中書所撰赦文示臣，令臣審看可否。如有須改張處，及事宜不盡，條録奏來者。

臣謹如詔旨，詳省再三，猶懼所見不周，兼與諸學士等參考得失。僉以爲綱條粗舉，文理亦通，事多循常，辭不失舊，用於平昔，頗亦可行，施之當今，則恐未稱。何則？履非常之危者，不可以常道安；解非常之紛者，不可以常語諭。自陛下嗣承大寶，志壹中區，窮用甲兵，竭取財賦，甿庶未達於暫勞之旨，而怨咨已深；昊穹不假以悔禍之期，而患難繼起。復以刑讁太峻，禁防傷嚴，上下不親，情志多壅，乃至變生都輦，盜據宮闈，九廟鞠陷於匪人，六師出次於郊邑，奔逼憂厄，言之痛心，自古禍亂所鍾，罕有若此之暴。今重圍雖解，逋寇尚存，裂土假王者四兇，滔天僭帝者二豎；又有顧瞻懷貳，叛援黨姦，其流實繁，不可悉數。皇輿未復，國柄未歸，勞者未獲休，功者未及賞，困窮者未暇恤，滯抑者未克伸，將欲紓多難而收群心，唯在赦令誠言而已。安危所屬，其可忽諸？動人以言，所感已淺；言又不切，人誰肯懷？昔成湯遇災而禱于桑野，躬自髡剔，以爲犧牲。古人所謂割髮宜及膚，翦爪宜侵體，良以誠不至者物不感，損不極者益不臻。今茲德音，亦類於是。悔過之意，不得不深，引咎之辭，不得不盡，招延不可以不廣，潤澤不可以不弘，宣暢鬱堙，不可不洞開襟抱，洗刷疵垢，不可不蕩去瘢痕。使天下聞之，廓然一變，若披重昏而覩朗曜，人人得其所欲，則何有不從者乎？應須改革事條，謹具別狀同進，除此之外，尚有所虞。

竊以知過非難，改過爲難；言善非難，行善爲難。假使赦文至精，止於知過言善，猶願聖慮更思所難。《易》曰：『聖人感人心而天下和平。』夫感者，誠發於心而形於事，人或未諭而宣之以言，言必顧心，心必副事，三者符合，不相越踰，本於至誠，乃可求感。事或未致，則如勿言，一虧其誠，終莫之信。伏惟陛下先斷厥志，乃施於辭，度其可行而宣之，其不可者措之，無苟於言，以重其悔。言克誠而人心必感，人心既感，而天下必平，事何可不詳，言何可不務？罄輸愚懇，伏聽聖裁。謹奏。

陸贄集卷十四

奏草四

奉天論擬與翰林學士改轉狀

右。冀寧奉宣敕旨：『卿及諸學士名銜，宜並抄録進來。』冀寧又向臣説云：『聖意以臣等自到奉天，書詔填委，欲與改轉，以獎勤勞者。』

承命竦悳，顧慚非宜，進退徬徨，不知所措。臣謬以儒學選居翰林，雖職異訏謀，而恩參近侍。當陛下用兵之會，乏決勝之籌；從陛下避狄之遊，靡出奇之計。見危闕授命之節，知難無伏死之爭。事君大猷，臣則皆曠，屑屑供職，曾何足云？夫君之有臣，以濟理也；理不失道，亂何由生？亂之浸興，由理乖也；君之及難，實臣罪也。是以主憂則臣辱，主辱則臣死。今陛下躬罹逼脅，露處郊畿，園廟震驚，斯謂辱矣！寇讎密邇，亦云憂矣！臣竊謂凡今在位，任重者其罪大，職近者其責深。臣之職司，頗亦爲近，是宜當責，安可增榮？

又聞初到奉天，已頒詔命，應是扈從將吏，一例並加兩階。今若翰林之中，獨蒙改轉，乃是行賞不類，命官以私。録微勞則臣等遷位過優，勸來者則從官加階太薄。先後失次，輕重不倫，凡百具寮，誰不解體？夫行罰先貴近而後卑遠，則令不犯；行賞先卑遠而後貴近，則功不遺。至如徇主忘家，固是臣子常分，追陪輦蹕，曷足甄稱？陛下必以朝官之中，有來有否，事須旌別，以儆不從，則望先録大勞，次徧群品，然後以例均被，臣亦何敢獨辭？殊渥曲臨，實傷大體。不任覥懼之至，謹奉狀以聞。謹奏。

奉天請罷瓊林大盈二庫狀

右。臣聞作法於凉，其弊猶貪；作法於貪，弊將安救？示人以義，其患猶私；示人以私，患必難弭。故聖人之立教也，賤貨而尊讓，遠利而尚廉。天子不問有無，諸侯不言多少，百乘之室，不畜聚斂之臣。夫豈皆能忘其欲賄之心哉？誠懼賄之生人心而開禍端，傷風教而亂邦家耳。是以務鳩斂而厚其帑櫝之積者，匹夫之富也；務散發而收其兆庶之心者，天子之富也。天子所作，與天同方：生之長之，而不恃其爲；成之收之，而不私其有。付物以道，混然忘情，取之不爲貪，散之不爲費，以言乎體則博大，以言乎術則精微。亦何必撓廢公方，崇聚私貨，降至尊而代有司之守，辱萬乘以效匹夫之藏？虧法失人，誘姦聚怨，以斯制事，豈不過哉！

今之瓊林、大盈，自古悉無其制，傳諸耆舊之説，皆云創自開元。貴臣貪權，飾巧求媚，乃言『郡邑貢賦所用，盍各區分？稅賦當委之有司，以給經用；貢獻宜歸乎天子，以奉私求』。

玄宗悦之，新是二庫。蕩心侈欲，萌柢於兹。迨乎失邦，終以餌寇。《記》曰：『貨悖而入，必悖而出。』豈非其明效歟！

陛下嗣位之初，務遵理道，敦行約儉，斥遠貪饕，雖内庫舊藏，未歸太府，而諸方曲獻，不入禁闈，清風肅然，海内丕變。議者咸謂漢文却馬、晉武焚裘之事，復見於當今。近以寇逆亂常，鑾輿外幸，既屬憂危之運，宜增儆勵之誠。臣昨奉使軍營，出由行殿[一]，忽覩右廊之下，牓列二庫之名，懼然若驚，不識所以。何則？天衢尚梗，師旅方殷，瘡痛呻吟之聲噢咻未息，忠勤戰守之效賞賚未行，而諸道貢珍遽私别庫，萬目所視，孰能忍懷？竊揣軍情，或生觖望。試詢候館之吏，兼採道路之言，果如所虞，積憾已甚。或忿形謗讟，或醜肆謳謡，頗含思亂之情，亦有悔忠之意。是知甿俗昏鄙，識昧高卑，不可以尊極臨，而可以誠義感。

頃者六師初降，百物無儲；外扞兇徒，内防危堞，晝夜不息，迨將五旬；凍餒交侵，死傷相枕，畢命同力，竟夷大艱。良以陛下不厚其身，不私其欲，絶甘以同卒伍，輟食以啗功勞。無猛制而人不攜，懷所感也；無厚賞而人不怨，悉所無也。今者攻圍已解，衣食已豐，而謡讟方興，軍情稍阻。豈不以勇夫恒性，嗜貨矜功，其患難既與之同憂，而好樂不與之同利，苟異恬默，能無怨咨？此理之常，固不足怪。《記》曰：『財散則民聚，財聚則民散。』豈非其殷鑑歟！衆怒難任，蓄怨終泄，其患豈徒人散而已，亦將慮有構姦鼓亂，干紀而强取者焉。

夫國家作事，以公共爲心者，人必樂而從之；以私奉爲心者，人必咈而叛之。故燕昭築金臺，天下稱其賢；殷紂作玉杯，百代傳其惡：蓋爲人與爲己殊也。周文之囿百里，時患其尚小；齊宣之囿四十里，時病其太大：蓋同利與專利異也。爲人上者，當辨察兹理，洒濯其心，奉三無私，以壹有衆。人或不率，於是用刑。然則宣其利而禁其私，天子所恃以理天下之具也。捨此不務，而壅利行私，欲人無貪，不可得已。今兹二庫，珍幣所歸，不領度支，是行私也；不給經費，非宣利也，物情離怨，不亦宜乎？

智者因危而建安，明者矯失而成德。以陛下天姿英聖，儻加之見善必遷，是將化蓄怨爲銜恩，反過差爲至當，促殄遺孽，永垂鴻名，易如轉規，指顧可致。然事有未可知者，但在陛下行與否耳。能則安，否則危；能則成德，否則失道：此乃必定之理也，願陛下慎之惜之！

陛下誠能近想重圍之殷憂，追戒平居之專欲，器用取給，不在過豐，衣食所安，必以分下，凡在二庫貨賄，盡令出賜有功，坦然布懷，與衆同欲；是後納貢，必歸有司，每獲珍華，先給軍賞，瓌異纖麗，一無上供，推赤心於其腹中，降殊恩於其望外，將卒慕陛下必信之賞，人思建功；兆庶悦陛下改過之誠，孰不歸德！如此，則亂必靖，賊必平，徐駕六龍，旋復都邑，興行墜典，整緝棼綱，乘輿有舊儀，郡國有恒賦，天子之貴，豈當憂貧？是乃散其小儲，而成其大儲也；損其小寶，而固其大寶也。舉一事而衆美具，行之又何疑焉？恡少失多，廉賈不處；溺近迷遠，中人所非。况乎大聖應機，固當不俟終日。不勝管窺願效之至，謹陳冒以聞。謹奏。

校勘記

〔一〕『由』，底本作『遊』，據影宋本改。

奉天論解蕭復狀

右。冀寧奉宣聖旨：『緣國家賦稅，多出江淮。既未收復京城，恐遠路傳説過甚，所以欲得遣一大臣，往彼宣慰，以安遠近之情。初欲簡擇此使，並先共宰相商量。皆云蕭復久任江外刺史，諳彼事宜；又就宰相之中，名望最重，令其往彼宣慰，人必望風悦服。其時蕭復亦自見此，商議更無異同。朕猶不能自斷，遂喚諸朝士般次對見，一一親向説宣慰之意，問其穩便已否，皆云至要，並無異辭。朕所以更不疑惑，已與擇得發日。及其臨行，從一等却論奏欲得且留蕭復。又頻有朝官上封事，亦與從一等意同。朕忽見此翻覆非常，悵恨數日，思量不測其故。意者必是蕭復計會〔二〕，遣其論奏。蕭復又有何事，苦欲得住？其意深不可會。卿比來諳此人性行否？兼與朕子細思料，若不肯去，其意何在者？』

蕭復往年曾任常州刺史，臣其時寄住常州，首尾二年，閲其理行。及到京邑，多與往來，歲月滋深，情意相得。復之志性，臣則備諳。本是貴門，又聯戚屬，痛自修勵，慕爲清貞，矯枉太深，時或過當。論經義則以守死善道、執心不回爲本；議人物則以魏元忠、宋璟爲師，己之所行，皆欲盡善。故涉好名之累，亦無應變之才，用雖不周，行則可保。至如二三爽德，翻覆挾姦，復之爲人，必不至是。安有親承計議，退自變渝，私誘官僚，曲令干説？是同兒戲，非近人情。雖甚狂愚，猶應不敢，若稍恭慎，固當不爲。况乃見稱名流，獲踐清貫，備股肱之任，承渥澤之私，何心何顔，忍至於此！假令蕭復之意或欲逗留，在於從一之徒，寧肯附會！

臣緣自到行在，常居禁中，向外事情，視聽都絶，忽承顧問，莫測端由。陛下必欲窮研斯理，不爲難察。初舉蕭復充使，本是從一等商量；後請蕭復不行，又是從一等論奏。一矛一楯，理必有歸；或遣或留，意將安在？但垂睿詰，孰敢面謾？蕭復若相屬求，則從一等何容爲隱；從一等儻自迴互，則蕭復不當受疑。陛下奚憚而不辨明，乃直爲此悵恨也？

夫明則罔惑，辯則罔冤。惑莫甚於逆詐而不與明，冤莫痛於見疑而不獲辯。是使情僞相糅，忠邪靡分，兹實居上御下之要樞，惟陛下留意幸察！謹奏。

校勘記

〔一〕「者」，底本作「况」，據影宋本改。

奉天薦袁高等狀

袁高、楊頊已上二人並曾任御史中丞、裴諝曾任金吾將軍、孫咸曾任京兆少尹、周皓曾任丹延都團練觀察使、裴胄曾任宣州刺史、崔造、殷亮、李舟已上並任郎官、何士幹、姚南仲、陸淳、沈既濟已上曾任補闕、拾遺。右。臣近因奏對，言及任人，陛下累歎乏才，憫然憂見於色。臣退而思省，且喜且慚：所喜者，樂陛下急於求賢，明君致理之資也；所慚者，耻近侍不能薦士，微臣竊位之罪也。輒自揣擇，思舉所知，猶懼鑑識不明，品藻非當，反覆參校，未果上聞。

昨蒙宣示中書進擬量移官，令臣審看可否者，因悟貶降之輩，其中甚有可稱。臣以素所諳知，兼聞公議，此狀之內，僅得十人；狀所不該，又有三四。或因連累左黜，或遭讒忌外遷，互有行能，咸著名跡，置之清列，皆謂良材。若但準例量移，及令仍舊出守，固非陛下愛賢之意，亦乖海内望理之心。儻蒙特恩，追赴行在，試垂訪接，必有可觀。録用棄瑕，既符德號；振淹求舊，亦闡大猷。謹録薦陳，庶備採擇。其餘差序遠近，並具別狀以聞。謹奏。

奉天論李晟所管兵馬狀

右賊泚稽誅，保聚宫苑，勢窮援絶，引日偷生。懷光總仗順之師，乘制勝之氣，鼓行芟翦，易若摧枯。而乃寇奔不追，師老不用，諸帥每欲進取，懷光輒沮其謀，據茲事情，殊不可解！陛下意在全護〔一〕，委曲聽從，觀其所爲，亦未知感。若不別務規略，漸相制持，唯以姑息求安，終恐變故難測。此誠事機危迫之秋也，固不可以尋常容易處之。

今李晟奏請移軍，適遇臣銜命宣慰，懷光偶論此事，臣遂訊問所宜。懷光乃云：『李晟既欲別行，某亦都不要藉。』臣猶慮有翻覆，因美其軍盛强。懷光大自矜誇，轉有輕晟之意。臣又從容問云：『昨發行在之日，未知有此商量，今者從此却迴，或恐聖旨顧問，事之可否，決定何如？』懷光已肆輕言，不可中變，遂云：『恩命許去，事亦無妨。』要約再三，非不詳審，雖欲追悔，固難爲辭。伏望即以李晟表出付中書，敕下依奏，別賜懷光手詔，示以移軍事由。其手詔之大意云：『昨得李晟奏，請移軍城東，以分賊勢。朕緣未知利害，本欲委卿商量，適會陸贄從彼宣慰迴，奏云見卿論敘軍情，語及於此，仍言許去，事亦無妨。遂敕本軍，允其所請。卿宜授以謀略，分路夾攻，務使叶齊，剋平寇孽。』如此，則詞婉而直，理順而明，雖蓄異端，何由起怨？臣初奉使論旨，本緣糧賜不均，偶屬移軍，事相諧會。又幸懷光詭對，且無阻絕之言，機宜合并，若有幽贊，一失其便，後何悔追！伏望聖聰速垂裁斷。謹奏。

校勘記

〔一〕『護』，底本作『後』，據影宋本改。

奉天奏李建徽楊惠元兩節度兵馬狀〔一〕

右。懷光當管師徒，足以獨制兇寇，逗留未進，抑有他由。所患太強，不資傍助。比者又遣李晟、李建徽、楊惠元三節度之衆，附麗其營，無益成功，祇足生事。何則？四軍接壘，群帥異心，論勢力則懸絕高卑，據職名則不相統屬。懷光輕晟等兵微位下，而忿其制不從心；晟等疑懷光養寇蓄姦，而怨其事多淩己。端居則互防飛謗，欲戰則遞恐分功，齟齬不和，嫌釁遂構，俾之同處，必不兩全。强者惡積而後亡，弱者勢危而先覆，覆亡之禍，翹足可期。舊寇未平，新患方起，憂歎危切，實堪疚心！太上消慝於未萌，其次救失於始兆。况乎事情已露，禍難垂成，委而不謀，何以寧亂？

李晟見機慮變，先請移軍就東；建徽、惠元勢轉孤弱，爲其吞噬，理在必然。他日雖有良圖，亦恐不能自拔。拯其危急，唯在此時。今因李晟願行，便遣合軍同往，託言晟兵素少，慮爲賊泚所邀，藉此兩軍迭爲犄角，仍先諭旨，密使促裝，詔書至營，即日進路。懷光意雖不欲，然亦計無所施。是謂先人有奪人之心〔二〕，疾雷不及掩耳者也。

夫制軍馭將，所貴見情，離合疾徐，各有宜適。當離者合之則召亂，當合者離之則寡功，當疾而徐則失機，當徐而疾則漏策。得其要，契其時，然後舉無敗謀，措無危勢。今者屯兵而不肯爲用，聚將而罔能叶心，自爲鯨鯢，變在朝夕。留之不足以相制，徒長厲階；析之各競於擅能，或建勳績。事有必應，斷無可疑。解鬭不可以不離，救焚不可以不疾，理盡於此，惟陛下圖之！

以前件事宜，臣昨晚自行營迴，面奉進止，以臣所商量許李晟移就城東，灼然穩便。但慮懷光不免悵望，因此生詞，轉難調息，則不如不去，令臣更審細思量奏來者。臣以事機得失，所繫安危，千慮百思，通夕忘寐。誠以貪因循而不能矯失者，終有大患；處觤陒而不思出險者，必無久安。罄陳芻蕘，惟所省擇。謹奏。

校勘記

〔一〕『楊』，《舊唐書》卷一百四十四作『陽』。

〔二〕『人』，底本作『聲』，據影宋本改。

駕幸梁州論進獻瓜果人擬官狀

右。欽溆奉宣聖旨：『自發洋州已來，累路百姓，進獻果子、胡瓜等，雖甚微細，且有此心，今擬各與散試官，卿宜商量可否者。』

伏以爵位者，天下之公器，而國之大柄也，唯功勳才德，所宜處之。非此二途，不在賞典。恒宜慎惜，理不可輕。輕用之，則是壞其公器而失其大柄也。器壞則人將不重，柄失則國無所持，起端雖微，流弊必大。緣路所獻瓜果，蓋是野人微情，有之不足光聖猷，無之不足虧至化。量以錢帛爲賜，足彰行幸之恩，饋獻酬官，恐非令典。謹奏。

又論進瓜果人擬官狀

右。欽溆齎中書所與《進瓜果人擬官狀》示臣，仍奉宣聖旨：『朕所到處，欲得人心喜悦。

試官虚名，無損於事，宰臣已商量進擬，與亦無妨者。』

臣愚以爲信賞必罰，霸王之資；輕爵褻刑，衰亂之漸。信賞在功無不報，必罰在罪無不懲。非功而獲爵則爵輕，非罪而肆刑則刑褻。爵賞刑罰，國之大綱，一綱或棼，萬目皆弛，雖有善理，末如之何。天寶季年，嬖倖傾國，爵以情授，賞以寵加，天下蕩然，紀綱始紊。逆羯乘釁，遂亂中原。遣戍歲增，策勳日廣，財賦不足以供賜，而職官之賞興焉；職員不足以容功，而散試之號行焉。青朱雜沓於胥徒，金紫普施於輿皁，熏蕕無辨，涇渭不分，二紀于兹，莫之能整。當今所病，方在爵輕，設法貴之，猶恐不重，若又自棄，將何勸人？聖旨以爲試官虚名，無損於事，臣伏恐陛下思之未熟，偶有是言；儻或謂之信然，臣竊以爲過矣。

夫立國之道，惟義與權；誘人之方，惟名與利。名近虚而於教爲重，利近實而於德爲輕，凡所以裁是非，立法制者，則存乎其義。至於參虚實，揣輕重，並行而不傷，迭用而不悖，因衆之欲，度時之宜，消息盈虚，使人不倦者，則存乎其權。專實利而不濟之以虚，則耗匱而物力不給；專虚名而不副之以實，則誕謾而人情不趨。故國家之制賞典，錫貨財，賦秩廩，所以彰實也；差品列，異服章，所以飾虚也。居上者必明其義，達其變，相須以爲表裏，使人日用而不知，則爲國之權得矣。謹按命秩之載于甲令者，有職事官焉，有散官焉，有勳官焉，有爵號焉。雖以類而分，其流有四，然其掌務而授俸者，惟繫於職事之一官，以序才能，以位賢德，此所謂施實利而寓之虚名者也。其勳、散、爵號三者所繫，大抵止於服色、資蔭而已，以馭崇貴，以甄功勞，此所謂假虚名以佐其實利者也。虚實交相養，故人不瀆賞；輕重互相制，故國不廢權。

今之員外、試官，頗同勳、散爵號，雖則授無費禄，受不占員，然而突銛鋒，排患難者，則以是賞之；竭筋力，展勤效者，又以是酬之。其爲用也，可謂重矣。今或捧瓜一器、挈果一盛，亦授試官，以酬所獻，則彼突銛鋒而竭筋力者，必相謂曰：『吾以忘軀命而獲官，此以進瓜果而獲官，是乃國家以吾之軀命同於瓜果矣。』瓜果，草木也。視人如草木，誰復爲用哉？且員外、試官，無俸禄之資，無攝管之柄，無見敬之貴，無免役之優，唯假空名，以寵浮俗。浮俗所以若存若亡，而未甚厭棄者，徒以上之所惜耳。今陛下若又輕用之，以爲無損於事，人寤斯旨，復何賴焉？後之立功，曷用爲賞？陛下若欲賞之以職事，則官員有限，而勳伐無窮，固不勝其用矣；陛下若欲賞之以貨財，則人力已殫，而帑藏皆匱，固不充其費矣。既未有實利以敦勸，又不重虚名而濫施，人無藉焉，何以爲國？且植瓜樹果，多是野人，貧者所資，唯在衣食，假以冗號，亦奚用焉？必欲使之歡欣，不如厚賞錢帛，人不失利，國不失權，各得所宜，兩全其實。何有不可，顧傷大猷〔一〕！願留睿思，更少詳度。謹奏。

校勘記

〔一〕『顧』，影宋本作『固』。

陸贄集卷十五

奏草五

興元論解姜公輔狀

右。欽溆奉宣聖旨：『緣唐安公主喪亡，不可向此間遷厝，權令造一塔安置，待收復京城，即擬將歸，以禮葬送。所造塔役功費用，亦甚微小，都不合是宰相所論之事。姜公輔忽有表奏，都無道理，但欲指朕過失，擬自取名。朕本拔擢，將爲腹心，今却如此，豈不負朕至深！卿宜商量如何穩便者。』

公輔頃在翰林，與臣久同職任。臣今據理辨直，則涉於私黨之嫌；希旨順承，則違於匡輔之義。涉嫌止貽於身患，違義實玷於君恩。徇身忘君，臣之耻也；別嫌奬義，主之明也。臣今不敢冒行所耻，亦賴陛下明聖而鑑焉。

古語有之：順旨者愛所由來，逆意者惡所從至。故人臣皆争順旨而避逆意，非忘家爲國，捐身成君者，誰能犯顔色，觸忌諱，建一言，開一説哉！是以哲后興王，知其若此，求諫如不及，納善如轉圜。諒直者嘉之，訐犯者義之，愚淺者恕之，狂誕者容之。仍慮驕汰之易滋，而忠實之不聞也，于是置敢諫之鼓，植告善之旌，懸戒慎之鞀，立司過之士。猶懼其未也，又設官制，以言爲常。由是有史爲書，瞽爲詩，工誦箴諫，大夫規誨，士傳言，庶人謗。尚恐其怠也，每歲孟春，遒人以木鐸徇于路，而振警之。官師相規，工執藝事以諫。其或不恭，邦有常刑。然非明智不能招直言，非聖德不能求過行。招直則其智彌大，求過則其德彌光。唯衰亂之朝，闇惑之主，則必諱其過行，忿其直言，以阿諛爲納忠，以諫争爲揚惡。怨讟溢於下國，而耳不欲聞；腥德達于上天，而心不求寤。迨乎顛覆，猶未知非，情之昏迷，乃至於是！故明者廣納以成德，闇者獨用而敗身，成敗之途，千古相襲。與敗同轍者罔不覆，與成同軌者罔不昌。以陛下日月之明，江海之量，自當矯夏癸、殷辛拒諫飾非之慝，協大禹、成湯拜言改過之誠。矧又時運方屯，物情猶鬱，乃是陛下握髮吐哺之日，宵衣旰食之辰，士無賢愚，咸宜録用，言無大小，皆務招延，固不可復有忤逆之嫌、甘辛之忌也。

夫君人者，以衆智爲智，以衆心爲心。恒恐一夫不盡其情，一事不得其理，孜孜訪納，唯善是求，豈但從諫不咈而已哉！乃至求謗言，聽輿誦，葑菲不以下體而不採，故英華靡遺；芻蕘不以賤品而不詢，故幽隱必達。今公輔官在諫議，任居宰衡，獻替彌綸，乃其職分，比於芻蕘葑菲，豈不優而且重哉！此理之常，奚足怪也？縱使引喻非當，不猶愈於輿誦乎？矯激過深，不猶愈於謗言乎？晉文聽輿人之誦，而霸業興；虞舜設誹謗之木，而帝德廣。斯實聖賢之高躅，陛下何疾焉！

聖旨又以『造塔役費微小，非宰臣所論之事』，下臣愚戇，竊謂不然。當問理之是非，豈論事之大小！若造塔爲是，役雖大而作之何傷？若造塔爲非，費雖小而言者何罪？夫小者大之漸，微者著之萌，故君子慎初，聖人存戒。知幾者所貴乎不遠而復，制理者必在於未亂之前。本立輔臣，置之左右，朝夕納誨，意在防微。微而弼之，乃其職也。涓涓不遏，終變桑田；焰焰靡除，卒燎原野。流煽已甚，禍災已成，雖欲救之，固無及矣。《書》曰：『不矜細行，終累大德。』《易》曰：『小人以小善爲无益而不爲也，以小惡爲无傷而不去也，故惡積而不可掩，罪大而不可解。』然則小之不可不慎也如此，陛下安得使之勿論乎？《虞書》載咎繇之言曰：『兢兢業業，一日二日萬幾。』兢兢，慎也；業業，危也；幾者，動之微也。唐、虞之際，主聖臣賢，庶績咸熙，萬邦已協，而猶上下相戒，既慎且危，慮事之微，日至萬數。然則微之不可不重也如此，陛下又安可忽而勿念乎？舜之爲君，始作漆器，群臣固争，咸謂非宜。漆器之爲用也甚堅，其爲費也蓋寡，然猶相繼諷諫者，豈不欲杜其漸而慎其初歟？是知君臣之間，義同一體，事罔大小，相須而成。故舜命其臣曰：『作朕股肱耳目。』夫股肱之奉元首，不以煩細而闕於運行；耳目之助心靈，不以幺微而廢於視聽。是以臣子之於君父也，盡其敬而敬焉，盡其愛而愛焉。敬則顧及於尊榮，愛則懼陷於過惡。萬邦黎獻，莫不皆然，而况位列朝廷，任當輔弼！主辱與辱，主安與安，此而不言，誰復言者？《禮》曰：『近而不諫，則尸利也。』若宰相者，可謂近矣，事或乖誤，得無諫乎？武丁，賢君也，傅説，賢相也，而武丁引金作礪，以命其相；説諭木從繩，以戒其君。是則輔弼之任，匡救攸屬，巨細之事，悉宜盡規。陛下所言『役費微小，非宰相所論之事』，又謂『指朕過失，擬自取名』，此誠異乎愚臣之所聞，是以願披肺腸而不敢自默者也。

若以諫争爲指過，則剖心之主，不宜見罪於哲王；若以諫争爲取名，則匪躬之臣，不應垂訓于聖典。獻替列職，竟使奚爲？左右有人，復將焉用？臣竊謂指過以示直，固不如改過以見稱；進諫以取名，固不如納諫之爲美。假有意將指過，諫以取名，但能聞善而遷，見諫不逆，則所指者，適足以彰陛下莫大之善，所取者，適足以資陛下無疆之休，因而利焉，所獲多矣。儻或怒其指過而不改，則陛下招惡直之譏；黜其取名而不容，則陛下被違諫之謗。是乃掩己過而過彌著，損彼名而名益彰。果而行之，所失大矣。一獲一失，可不慎乎？伏願嘉忤旨之忠，祛逆耳之吝，平積憤之氣，弭逆詐之情，然後試以愚言，反覆參校，庶臻至理，且亮微誠。謹奏。

又答論姜公輔狀

右。欽溆奉宣聖旨：『省卿所奏公輔事宜，雖甚知卿盡忠，然似未會朕意。朕意以公輔才行，共宰相都不相當。在奉天時，早欲停罷，後因公輔辭退，朕已對面許訖，尋屬懷光背叛，遂且因循，容到山南。公輔知朕必擬移改，所以固論造塔事，賣直取名。據此用心，豈是良善？

朕所以惆悵者，祇緣如此。卿今疑朕不能納諫，殊乖本意者。』

臣以戇執，務在朴忠，推理而言，有懷必盡。睿意玄妙，非凡所窺，如臣懵昧之材，且無希伺之志，奏報失旨，宜其固然。所冀録微款而矜至愚，實天下幸甚！古人有言曰：『明主者，可以理奪。』又曰：『主聖則臣直。』今陛下稟天縱之才，備明聖之資，臣若抱理莫伸，守直不固，上虧至化，罪莫大焉！輒復據直道而理其前言，惟陛下留意幸察！

臣竊以領覽萬幾，必先虛其心；鑑鏡群情，必先誠其意。蓋以心不虛則物或見阻，意不誠則人皆可疑。阻於物者，物亦阻焉；疑於人者，人亦疑焉。萬物阻之，兆人疑之，將欲感人心致於和平，盡物理使無紕繆，是猶却行而求及前人也，無乃愈疏乎？孔子曰：『不遷怒，不億不信。』豈非懼於肆情逞憾，以至于失中違道者哉？臣之區區，志欲匡輔，是以前者奏疏，願陛下平積憤之氣，弭逆詐之情，然後試以愚言，反覆參校，庶臻至理，且亮微誠。

今陛下以素欲廢罷公輔之心，而謂其所行皆非良善，則是遷怒積憤之氣未平也。陛下揣公輔知必移改之意，而謂其所言皆欲取名，則是億不信，而逆詐之情未弭也。逆詐未弭，積憤未平，固宜公輔獲戾於蓄疑，下臣見尤於乖意，謂之至當，則或不然。

夫臣之獻言，以助理也；君之求諫，以弼違也。言苟助理，何必以人而廢言；諫苟弼違，何必責意而拒諫。若彼言無足用，意雖善而奚爲？諫有可從，人雖咎而寧捨？古先聖王所以採葑菲，詢芻蕘，傳謗言，用仇怨，急於聽納，乃至於斯，其意無他，惟義所在。願陛下不以憎嫌而遺其片善，不務精察而謂之大明，忠言者利于行而咈於情，唯計慮至熟，乃能無忤。幸紆宸鑑，更審所宜。謹奏。

興元論請優奬曲環所領將士狀

右。曲環所領一軍，悉是朱泚部曲，或頃在鳳翔所管，或本從河朔同來。後因汴、宋用兵，權抽赴彼應援，所以行營將士，猶舉幽、隴爲名。今之元兇，乃其舊帥。岐下則楚琳助亂，薊門則朱滔黨姦。獨此偏師，漂然河上，其營幕則寄于他土，其家屬則陷于匪人。又屬汴路姦虞，浚城陷覆，糧餉屢絶，資裝久殫，士卒常情，固難安處，是宜潰歸舊管，否則散適樂郊。而曲環撫之，悉無離叛，孤軍自守，亦不苟從。處危能安，聞難輒赴，甚推齊肅，累著功勳，近日將帥之中，罕有如環之比。

考其才節，絶有過人，但緣羈寓多時，窮匱轉甚，繼陳章奏，言極酸辛〔一〕。告急朝廷，則力未能救；求哀郡府，則人莫見憂。覽其辭情，可爲流涕！若失于應接，則終以危亡，良將義徒，實在深惜。願陛下不以常人遇之，不以常事遣之。方今勢可相資，唯有江左完實，恐須密敕韓滉，切令贍恤此軍，器甲衣糧，咸使周足。因賜劉洽手詔，亦委加意保持，若得自存，必有成績。非艱難無以表特操，非英聖不能全異才。有功見知，人必悦勸。臣不勝區區爲國奬善拯危之意，謹啓事以聞。謹奏。

校勘記

〔一〕『極』，底本作『及』，據影宋本改。

興元論解蕭復狀

右。欽溆齎蕭復表示臣，兼奉宣聖旨：『朕比緣李懷光兇狂，權且就此迴避山南，既與京畿接近，指麾兵馬，日望收城。今蕭復勸朕令幸江陵，表狀之中，張皇頗甚，朕不會其意。昨問從一，從一亦甚驚怪，不知事由。蕭復奏事官李充，朕適喚對共語，亦似不是純良，此人莫是李承昭家子弟否？卿宜審看蕭復表中意趣，斟酌奏來者。』

臣伏覩其表，兼揣其情，蓋以遠路傳聞，事多失實。大臣獻納，務且竭誠，雖有過當之虞，失中之策，但宜勿用，不足爲尤。何則？駐蹕奉天，屯難已甚，况又不駐，艱危可知。蕭復備位樞衡，奉使宣撫，忽聞變故，寧免驚擾！梁、岷之間，窮隘特甚，輦挽攸止，資奉實難。凡在戀主之誠，各懷徯后之志，是以延賞奉迎於西蜀，韓滉望幸於東吳。此乃臣子之常情，古今之通理。蕭復所請，亦類於斯，事雖非宜，意則可恕。

李充頃任御史，臣嘗與之同寮，其人是故福建觀察使李椅之男，共承昭房從已遠，才頗通敏，性亦温恭，宗族之中，足稱佳器。伏願更廣詢訪，方驗臣言不誣。謹奏。

又答論蕭復狀

右。欽溆奉宣聖旨：『卿所奏蕭復事，朕已具悉，假使更無别意，終是不識事宜。今巡行諸道，轉恐事多乖失。緣孟皥年老，今欲除蕭復爲福建觀察使，便令赴任，去就亦應得所。卿意以爲何如者？』

伏以將相之任，所委皆崇，中外迭居，亦是常理。然君臣有禮，進退不可以不全；理體有宜，本末不可以不稱。頃盜興都邑，駕適郊畿，陛下悔征賦之殷繁，念黎元之困悴，誕降慈旨，深示憫傷；特遣大臣，普詢疾苦。本期還報，將議優蠲，衆情顒顒，日望上達。今若未終前命，遽授遠藩，則是膏澤將布而復收，涣汗已發而中廢，事既失望，人何以觀？斯乃進退之禮不全，本末之宜不稱，謂爲得所，臣實疑之。儻慮處事乖方，不欲淹留在外，則當諭以詔旨，促其歸程，遠郡巡歷未周，但令副介分往。待其復命，親訪物情，革弊垂恩，用符德號。使務既畢，能否益彰，徐擇所宜，以圖進退，庶於事體，允得厥中。謹奏。

興元論續從賊中赴行在官等狀

右。欽溆奉宣聖旨：『近日往往有卑官從山北來，皆稱自京城偷路奔赴行在，大都此輩多非良善。有一邢建，論説賊中體勢，語最張皇，察其事情，頗是窺覘，今且令留一處安置。如此之類，更有數人，若不根尋，恐有姦計，卿宜商量如何穩便者。』

臣伏以任總百揆者，與一職之守不同；富有萬國者，與百揆之體復異。蓋尊領其要，卑主其詳，尊尚恢弘，卑務近細。是以綀覈小事，糾察微姦，此有司之守也。維御萬樞，選建庶長，總綱而衆目咸舉，明邇而群方自通，此大臣之任也。愚智兼納，洪纖靡遺，蓋之如天，容之如地，垂旒黈纊而黜其聰察，匿瑕藏疾而務於包含，不示威而人畏之如雷霆，不用明而人仰之如日月，此天子之德也。以卑而僭用尊道，則職廢于下；以尊而降代卑職，則德喪于上。職廢則事不舉，德喪則人不歸。事不舉者，弊雖切而患輕；人不歸者，釁似微而禍重。茲道得失，所關興亡。聖王知宇宙之大不可以耳目周，故清其無爲之心，而觀物之自爲也；知億兆之多不可以智力勝，故壹其至誠之意，而感人之不誠也。異於是者，乃以一人之聽覽，而欲窮宇宙之變態；以一人之防慮，而欲勝億兆之姦欺。役智彌精，失道彌遠。故宣尼述陶唐之盛曰：『惟天爲大，惟堯則之。』《周詩》美文王之德曰：『不識不知，順帝之則。』是皆覆育萬物，渾然大同，無好無惡，不忌不克之謂也。項籍納秦降卒二十萬，慮其懷詐復叛，一舉而盡坑之，其於防虞，亦已甚矣。漢高豁達大度，天下之士，至者納用不疑，其於備慮，可謂疏矣。然而項氏以滅，劉氏以昌，蓄疑之與推誠，其效固不同也。秦皇嚴衛雄猜，而荆軻奮其陰計；光武寬容博厚，而馬援輸其款誠。豈不以虛懷待人，人亦思附；任數御物，物終不親。情思附則感而悦之，雖寇讎化爲心膂有矣；意不親則懼而阻之，雖骨肉結爲仇慝有矣。臣故曰：茲道得失，所關興亡。

伏惟陛下，睿哲文思，光被四表，孝友勤儉，行高百王。然猶化未大同，俗未至理者，良以智出庶物，有輕待人臣之心；思周萬機，有獨馭區宇之意；謀吞衆略，有過慎之防；明照群情，有先事之察；嚴束百辟，有任刑致理之規；威制四方，有以力勝殘之志。由是才能者怨於不任，忠藎者憂於見疑，著勳業者懼於不容，懷反側者迫于攻討。馴致離叛，構成禍災，兵連于外，變起于內。歲律未周，乘輿再遷，國家艱屯，古未嘗有。以陛下至聖之德，而遘茲殷憂之期，天其或者欲大啓睿心，儆小失而崇丕業耳！臣謂陛下當奉若天意，追咎已然，凡所致寇之由，悉已詳知其故，將革前弊，以消群疑。今承德音，尚襲流誤，若未悔禍，何由弭災？臣獲蒙過知，又辱下問，若務順旨，是爲欺天，庸敢指陳，庶裨闕漏。

往歲初奮師旅，四征不庭，義烈之徒，人思自效。捨逆歸款者，繼獻于闕下；陳謀諫失者，争詣于禁門。陛下能於此時，乘軍氣之方雄，因人心之願盡，輟沐吐哺，虛襟坦懷，海納風行，不疑不滯，功者報之，義者旌之，直者獎之，才者任之，其或有志而無補於時，敢言而不當其理，亦必恕其妄作，録其善心，率皆優容，以禮進退，如此則海内風靡，翕然歸心，賢愚咸懷，小大畢力，蕞爾兇醜，曾何足平？臣固知久已理安，必無奉天之幸矣。

其所以孕禍胎而索義氣者，在乎獨斷宸慮，專任睿明。降附者意其窺覦，輸誠者謂其遊説，論官軍撓敗者，猜其挾姦毁沮，陳兇黨强狡者，疑其爲賊張皇，獻計者防其漏言，進諫者憚其宣謗，凡此之類，悉貽聖憂。咸使拘留，謂之安置，或詰責而置於客省，或勞慰而延于紫庭，雖呵獎頗異其辭，然于圈閑一也。既杜出入，勢同狴牢，解釋無期，死生莫測，守護且峻，家私不通，一遭縶維，動歷年歲，想其痛憤，何可勝言？由是歸化漸稀，而上封殆絶矣。

徇義之心既阻，脅從之黨彌堅。而貴近之臣，往來之使，希望風旨，詭辭取容，唯揣樂聞，不憂失實，咸言聖謀深遠，策略如神，小寇孤危，滅亡無日。陛下急於誅惡，皆謂其事信然，窮兵竭財，坐待平一。人心轉潰，寇亂愈滋，遂至轂下生戎，宫闈不守。儻陛下能於此際遽敷大號，謝過萬方，敘忠良見忌之冤，而舉其尤鯁亮者，加之厚秩；糾阿諛不實之罪，而數其極姦妄者，處之大刑；賞罰既明，忠邪畢辨，以此臨下，誰敢不誠？以此懷人，何有不服？過而能改，亂亦遄安。臣固知尋復京師，必無梁岷之遊矣。

陛下既闕慎于始，又失圖于中，收之西隅，唯在兹日，豈可復使一事紕繆，一言過差哉！今賊泚未平，懷光繼叛，都邑城闕，猰貐迭居，關輔郊畿，豺狼雜處。朝廷僻介于遠郡，道路緣歷於連山，策杖從君，其能有幾？推心降接，猶恐未多，稍不禮焉，固不來矣！若又就加猜劾，且復囚拘，使反者得辭，來者懷懼，則天下有心之士，安敢復言忠義哉？卵胎不傷，麟鳳方至；魚鱉咸若，黿龍乃遊。蓋悦近者來遠之資，懷小者致大之術也。

竊料邢建等輩，必非助逆之徒。假如過有張皇，跡涉疑似，亦望矜愚惜體，屈法裕人，並量器能，隨事甄貸。武者措之於戎伍，文者付之於宰司，大則授以職員，次但優其選序。必有須離行在，難處親軍，則或除諸道一官，或委諸使録用，就其常分，各稍加恩。古人有言：『撫我則后，虐我則讎。』惠澤所及，謳歌乃歸，流聞四方，孰不欣戴？昔趙殺鳴犢，聖人輟行；燕尊郭隗，賢士繼往。况乎天子所作，天下式瞻。一言阻物，則天下莫不自疑；一事恤人，則天下莫不同悦。固不可以小失爲無損而不悔，亦不可以小善爲無益而不行。小猶慎之，矧又非小？願陛下惟事無大小，皆以覆車之轍爲戒，實宗社無疆之休！謹奏。

陸贄集卷十六

奏草六

興元賀吐蕃尚結贊抽軍迴歸狀

右。欽漵奉宣聖旨：『適得渾瑊奏，比日尚結贊頻使人計會，擬自領兵馬，尅期同收京城。緣春來蕃軍多有疾疫，近得探報，尚結贊等並抽兵退歸，不知遠近。朕意緣吐蕃士馬强盛，又以和好之義，自請將兵，助國討賊，朝夕望其成功。今忽抽軍退歸，甚失準擬。渾瑊、李晟等諸軍兵馬，並不至絶多，若無蕃軍應援，深慮被賊衝突。卿試料量事勢如何者。』

臣質性孱昧，不習兵機，但以人情揆之，時亦偶有所得。自承此旨，欣賀實深！竊謂蕃戎退歸，乃是社稷遐福，昨日已附欽漵口奏訖。伏恐未盡愚款，尚勞聖憂，謹附披陳，庶解疑結。彼吐蕃者，犬羊同類，狐鼠爲心，貪而多防，狡而無耻，威之不格，撫之不懷。雖或時有盛衰，大抵常爲邊患，陰詐難御，特甚諸夷。陛下但舉建中已來近事準之，則戎心難知，固可明矣。頃者方靖中夏，未遑外虞，因其乞盟，遂許結好，加恩降禮，有欲無違。而乃邀求寖多，翻覆靡定，託因細事，嘖有煩言，首尾凡歷四年，要約竟未堅決。立碑纔畢，復請改移，猜矯多端，於斯可驗。逮至盜驚都邑，駕幸郊畿，結贊總戎在邊，因請將兵赴難。陛下推誠允納，厚賂招徠，逗留持疑，竟不時進，無濟討除之用，但攜將帥之心。懷光遽至猖狂，頗亦由茲促禍。及皇輿再駕，移蹕漢中，陛下猶望蕃兵，以寧內難，親倚之情彌厚，屈就之事亦多。豺狼野心，曾不知感，翻受朱泚信使，意在觀變推移。頻與諸軍剋期，至時皆不赴會，致令群帥進退憂虞，欲舍之獨前，則慮其懷怨乘躡；欲待之合勢，則苦其失信稽延。既姦且驕，曷望成績？非唯變態難測，且又妨擾實深！戎若未歸，寇終不滅。

臣請復爲陛下根本其説，則人情物理，昭然皆可得而察焉。向者謀誘蕃兵，本是使臣失策。陛下急於戡亂，嘉彼效誠，唯恐後時，不暇詳議，遽降優詔，促令進軍，遠近聞之，莫不危駭。將帥意陛下不見信任，且患蕃戎之奪其功；士卒恐陛下不恤舊勞，而畏蕃戎之專其利；賊黨懼蕃戎之勝，不死則悉遺之擒；百姓畏蕃戎之來，有財必盡爲所掠。是以順於王化者，其心不得不怠；陷於寇境者，其勢不得不堅。怠我之師，堅寇之衆，戎心變詐，復未可量。以此益兵，但招其損耳！以此靖國，適資其亂耳！

抑昨蕃戎未退，臣又竊有過憂，流聞結贊好謀，恐其潛蓄姦計。儻或幸朝廷播越之際，乘賊泚窮蹙之時，輕犯近郊，若升虛邑，耀兵牧馬，不却不前，外奉國家，內通兇逆，兩持誘脅之勢，俱納贈遺之資，旁觀戰爭，坐乘衰弊。如此，則王師不得伐叛，烝黎不得寧居，賊必耗亡，我亦困竭，京甸所有，勢無孑遺，千里丘墟，得將安用？ 是乃戎有萬全之利，我有不測之危，臣所以痛心傷神，晝驚夕惕者，慮其意及於此也。所賴天奪其魄，神降之災，覩機若瞑，遘厲自遁，實昊穹悔禍之應，列聖垂祐之期，廓清妖氛，慶必非遠。

何以知其然也？ 自賊泚之亂，始於暴兵，因徵役之繁興，乘衛禁之闕備，誘扇群慝，遂謀大姦。逆天僭君，躬肆攻逼，凡有血氣，皆知惋嗟，矧伊忠良，孰不痛憤？ 獨惡無與，何能久存？ 加以聖德日新，改過不吝，布革弊之詔，弘恤隱之懷，天下黎元，翕然遷善，易心改觀，厭亂思安，和風既揚，昏祲自斂，蠢茲狂悖，久合殲夷。頃屬懷光昏迷，緩師養寇，吐蕃干撓，生事惑人，故使義士無施，厲階猶梗。今懷光別保蒲、絳，吐蕃遠避封疆，形勢既分，腹背無患。瑊、晟諸帥，才力得伸，又各士馬非多，資糧向竭，若不降賊，即須建功。此輩寵任已崇，貴位已極，建功則寵增而位固，降賊則名辱而身危。況賊之兇愚，滅亡可必，賊之孤劣，翦撲非難，孰肯捨固而就危，違寵而從辱，棄垂成之業，臣將滅之虜哉？ 既牽於利害之情，理不同惡；又迫於單乏之急，勢難久居。勢理相驅，安能無戰？ 渾瑊統戴休顔、韓遊瓌乘其西北，李晟率駱元光、尚可孤攻其東南，同病相資，自當合力。但願陛下慎於撫接，以奮起忠勇之心；勤於砥礪，以昭蘇遠近之望；中興大業，旬月可期。不宜尚眷眷於犬羊之群，以失將士之情也！ 臣愚不任懇悃之至，輒以私懷忖度，謹冒昧以聞。謹奏。

興元奏請許渾瑊李晟等諸軍兵馬自取機便狀

右。欽溆奉宣聖旨：『省卿所奏蕃軍退歸，及關中體勢，理皆切當，甚慰朕懷。然渾瑊、李晟等諸軍，須有商量規畫，令其進取。朕見欲遣使宣慰，卿宜審細條疏，速奏來者。』

臣聞將貴專謀，兵以奇勝。軍機遥制則失變，戎帥稟命則不威。是以古之賢君，選將而任，分之於閫，誓莫干也；授之以鉞，俾專斷也。夫然，故軍敗則死衆，戰勝則策勳，不用刑而師律貞，不勞慮而武功立。其於委任之體，豈不博大哉！其於責成之利，豈不精覈哉！自昔帝王之所以夷大艱、成大業者，由此道也。其或疑於委任，以制斷由己爲大權；昧於責成，以指麾順旨爲良將；鋒鏑交於原野，而決策於九重之中；機會變於斯須，而定計於千里之外；違令則失順，從令則失宜；失順則挫君之嚴，失宜則敗君之衆；用捨相礙，否臧皆凶，上有掣肘之譏，下無死綏之志，其於分畫之道，豈不兩傷哉！其於經綸之術，豈不都謬哉！自昔帝王之所以長亂繁刑，喪師蹙國者，由此道也。兹道得失，兵家大樞，當今事宜，所繫尤切。蓋以寇盜充斥，乘輿播遷，人心有觀變之摇，王室無自固之重。秦、梁迴繚，千里迢遥，臨之以威，則力勢不制；授之以策，則阻遠不精。頃者驟降詔書，教諭群帥，事無大小，悉爲規裁。及乎章表陳誠，使臣復命，進退遲速，率乖聖謀。豈皆樂於違忤哉？亦由傳聞與實指不同，懸算與臨事有異故也。設使其中或有肆情干命者，陛下能於此時戮其違詔之罪乎？臣竊恐未能也。陛下復能奪其兵而易其將帥乎？ 臣亦恐未能也。 是則違命者既不果行罰，從命者又未必合宜，徒費空言，祇勞睿慮，匪唯無益，其損實多。 何則？ 時方艱屯，下陵上替，凡在執干戈而衛社稷者，皆自謂勳業由己，義烈發心，安於專行，病於羈制。 陛下宜俯徇斯意，因而委之，遂其所安，護其所病，敦以付授之義，固以親信之恩，假以便宜之權，待以殊常之賞，其餘細故，悉勿關言。所賜詔書，務從簡要，慎其言以取重，深其託以示誠。 言見重則君道尊，託以誠則人心感。 尊則不嚴而衆服，感則不令而事成。 其勢當令智者騁謀，勇者奮力，小大咸極其分，賢愚各適其懷，將自效忠，兵自樂戰，與夫迫於驅制不得已而從之者，志氣何啻百倍哉！ 夫君上之權特異臣下者，唯不自用，乃能用人。 其要在順於物情，其契在通於時變。 今之要契，頗具於茲。 儻蒙究思，或有可取。 謹奏。

興元請撫循李楚琳狀

右件官，比緣性行無良，多爲時議所惡，頻被封章論奏，言其心挾兩端，若不提防，恐妄生窺伺，謂宜斥絶，用杜姦邪。 近者鳳翔使來，絶不蒙恩召見，滯留數輩，並未放還。 伏恐陛下不忍忿心，頗從輿議，以臣蠢戇，竊謂非宜。 李楚琳乘時艱危，俶擾岐下，賊殺戎帥，款結兇渠，奉天之圍，頗亦有助，其於叛亂，海内彰聞。 論者今始紛紜，一何知見之晚耶？ 但以乘輿未復，大憝猶存，勤王之師，悉在畿内，急宣速告，晷刻是爭。 商嶺則道迂且遥，雒谷復爲盜所扼，僅通王命，唯在褒斜，此路若又阻艱，南北遂將敻絶。以諸鎮危疑之勢，居二逆誘脅之中，洶洶群情，各懷向背，賊勝則往，我勝則來，其間事機，不容差跌。儻或楚琳發憾，公肆猖狂，南塞要衝，東延巨猾，則我咽喉梗而心膂分矣，其勢豈不甚病哉！且楚琳本懷，惟惡是務，今能兩端顧望，乃是天誘其衷，故通歸塗，將濟大業。陛下誠宜深以爲念，厚加撫循，得其持疑，便足集事。儻能遷善，亦可濟師。今若徇褊狹之談，露猜阻之跡，懼者甚衆，豈唯一夫？

自昔能建奇功，或拯危厄，未必皆是潔矩之士、温良之徒，驅駕擾馴，唯在所馭。朝稱兇悖，夕謂忠純；始爲寇讎，終作卿相。知陳平無行而不棄，忿韓信自王而遂封，蒯通以折理獲全，雍齒以積恨先賞，此漢祖所以恢帝業也。置射鈎之賊而任其才，釋斬袪之怨以免於難，此桓文所以弘霸功也。然則當事之要，雖罪惡不得不容；適時之宜，雖仇讎不得不用。陛下必欲精求素行，追抉宿疵，則是改過不足以補愆，自新不足以贖罪。凡今將吏，豈得盡無疵瑕！人皆省思，孰免疑畏？又况阻命之輩，脅從之流，自知負恩，安敢歸化？斯釁非小，所宜速圖。

孔子曰：『人而不仁，疾之已甚，亂也。』又曰：『小不忍則亂大謀。』《君陳》曰：『無忿疾于頑。』又曰：『必有忍，其乃有濟。』伏願陛下必以英主大略、聖人格言爲元龜，固不可納豎儒小忠，以虧撓興復之業也。臣不勝憂國至計，謹啓事以聞。謹奏。

興元論中官及朝官賜名定難功臣狀

右。欽溆奉宣聖旨：『比在奉天將士，並賜名「定難功臣」。今宰臣等商量，扈從中官，辛苦至甚，亦合依例並賜此名。朕以南衙朝士之中，有經奉天重圍，又似卿等，昨者奔赴行在，涉歷危險，亦極艱難。今不問中官、朝官，但經重圍，又到山南者，並擬賜名「定難功臣」。卿宜商量，豈不穩便者。』

陛下惠霑暬御，仁洽庶寮，念隨難之憂危，恤從巡之勞苦，議增寵飾，將錫嘉名。事雖未行，意則已就，凡在貴近，固知銜恩。睿旨淹詳，復詢庸賤，惟精惟慎，允謂防微。顧省何知，屬當下問？臣若自貪榮號，傍懼怨憎，因循順成，不極所見，心且知負，如天鑑何？是以不揆言之淺深，不計身之利害，但輸狂直，唯聖所裁。

臣聞賞以懋庸，名以彰行。賞乖其庸，則忠實之效廢；名浮於行，則瀆冒之弊興。一足以撓國權，一足以亂風俗，授受之際，豈容易哉！頃以駐蹕奉天，迫於患難，竟攘兇逆，實賴武人，遂旌定難之勳，特賜功臣之目，名頗符實，事亦會時，所霑雖多，誰曰非允？至如宮闈近侍，班列具臣，雖奔走恪居，各循厥職，而驅除翦伐，諒匪所任。又屬皇輿再遷，天禍未悔，見危無補，曷謂功臣？致寇方深，孰云定難？縱使遭罹圍逼，跋履崎嶇，難則當之，定將安據？勞或有矣，功其謂何？大凡有生之倫，莫不各親其類，賤彼貴我，抑惟常情；黜異獎同，亦是常性。臣忝搢紳之列，又當受賜之科，竊自較量，猶知不可，而况於公議乎？况於介胄之士乎？人之多言，靡所不至，必謂陛下溺愛近習，故徇其苟得之情；泛該群司，以分其私昵之謗。怨不在大，釁皆自微，必將沮戰士激勵之心，結勳臣憤恨之氣。所悦者寡，所慍者多；所與者虚名，所失者實事；所悦者臣下之夸志，所病者國家之大猷。利害皎然，不爲難辨。且名者，衆之所評也，是曰公器，亦爲争端。覈之至精，猶患相軋，處或乖當，安能勿踰？以漢高之制服雄豪，太宗之削平區宇，天下既定，乃論功勳。有蕭、曹之殊庸，有房、杜之碩畫，戰守經略，倬乎殊倫，猶謂豐、沛故人，刀筆文吏，諸將不服，頗相訐揚。乃至攘袂指天，拔劍擊柱，偶語謀反，喧嘩訟冤。矧今國步猶艱，王化未洽，方資武力，以殄寇讎，蓋非恩倖競進之時、文儒角逐之日，當功而奬，尚恐未孚，奬又非功，固宜見誚。儻有節效尤著，理當褒崇，賞典甚多，何必在此？其餘别無績用，例徇驅馳，且俟賊平，甄録非晚。謹奏。

興元論賜渾瑊詔書爲取散失内人等議狀

右。德亮承旨，並録先所散失内人名字，令臣撰詔書以賜渾瑊，遣於奉天尋訪，以得爲限，仍量與資裝，速送赴行在者。

頃以理道乖錯，禍亂荐鍾，陛下思咎懼災，裕人罪己，屢降大號，誓將更新。天下之人，垂涕相賀，懲忿釋怨，煦仁戴明，畢力同心，共平多難，止土崩於絶岸，收板蕩於横流，殄寇清都，不失舊物。實由陛下至誠動於天地，深悔感於神人，故得百靈降康，兆庶歸德。苟不如此，自古嘗有擲棄宮闕，失守宗祧，繼逆於赴難之師，再遷於蒙塵之日，不踰半歲，而復興大業者乎？

今渠魁始平，法駕將返，近自郊甸，遠周寰瀛，百役疲瘵之甿，重傷殘廢之卒，皆忍死扶病，傾耳竦肩，想聞德聲，翹望聖澤。陛下固當感上天悔禍之眷，荷烈祖垂裕之休，念將士鋒刃之殃，愍黎元塗炭之酷，以致寇爲戒，以居上爲危，以務理爲憂，以復宮爲急。損之又損，尚懼汰侈之易滋；艱之惟艱，猶患戒慎之難久。謀始盡善，克終已稀；始而不謀，終則何有？夫以内人爲號，蓋是中壺末流，天子之尊，富有宮掖，如此等輩，固繁有徒，但恐傷多，豈憂乏使？翦除元惡，曾未浹辰，奔賀往來，道路如織，何必自虧君德，首訪婦人，又令資裝，速赴行在？萬目閱視，衆口流傳，恐非所以答慶賴之心，副惟新之望也。

夫事有先後，義有重輕，重者宜務之於先，輕者宜措之於後。故武王克殷，有未及下車而爲之者，有下車而爲之者，蓋美其不失先後之宜也。自翠華播越，萬姓靡依，清廟震驚，三時乏祀，當今所務，莫大於斯。誠宜速遣大臣，馳傳先往，迎復神主，修整郊壇，展禋享之儀，申告謝之意。然後弔恤死義，慰犒有功，綏輯烝黎，優問耆耋，安定反側，寬宥脅從，宣暢鬱堙，褒奬忠直，官失職之士，復廢業之人，是皆宜先不可後也。至如崇飾服器，繕緝殿臺，備耳目之娱，選巾櫛之侍，是皆宜後不可先也。宜後而先，則爲君之道喪；宜先而後，則理國之義差。古之興王，必慎於此。陛下將務興復，又安可不慎乎？

且散失内人，已經累月，既當離亂之際，必爲將卒所私。其人若稍有知，不求當自陳獻；其人若甚無識，求之適使憂虞。自因寇亂喪亡，頗有大於此者，一聞搜索，懷懼必多，餘孽尚繁，群情未一，因而善撫，猶恐危疑，若又懼之，於何不有？昔人所以掩絶纓而飲盜馬者，豈必忘其情愛耶，蓋知爲君之體然也。以小妨大，明者不爲，天下固多美人，何必獨在於此？

《易》曰：『危者安其位者也，亂者有其理者也。』故君子安不忘危，理不忘亂。是以身安而國家可保也。《春秋傳》曰：『或多難以固其國，或無難以喪其邦。』誠以處危則思安之情切，遭亂則求理之志深。切於思安，深於求理，國之固也，不亦宜乎？及夫居安而驕，恃理而怠，驕則縱肆其奢欲，怠則厭惡於忠言，奢欲日行，忠言日梗，國之喪也，不亦宜乎？昔衛獻出奔，久而復國，大夫迎於境者，執其手而與之言；迎於門者，頷之而已，言其驕怠之易生也。齊桓將圖霸功，管仲戒之以無忘在莒，懼其情志之易變也。今臣亦願陛下企思危固國如不及，懲忘亂喪國如探湯，以在莒爲書紳之規，以衰衛爲覆車之鑑。則德爲帝範，理致時雍，與夫貪逸欲而踐禍機，其利害亦云遠矣。

所令撰賜渾瑊詔，未敢承旨，伏惟聖裁！　謹奏。

鑾駕將還宫闕論發日狀

右。先頒敕旨，已定行期，所司供承，亦聞粗備，但以霖潦方甚，道路阻艱，衆情同憂，莫敢論奏。今發日漸逼，陰雲尚繁，小大嗷嗷，愁懼轉甚，臣雖闇鈍，亦竊揣量，豈不知元惡初平，餘氛未殄，乃是逆順將分之際，吉凶多變之時，須速鎮安，理宜促駕。向使霖潦爲害，人功可施，其備禦由於智能，其役用止於煩費，其所患不及於性命，其可憂但在於人臣，則當公私罄財，上下竭力，務寧大業，奚恤暫勞？各應叶奉聖規，安敢復忤成命？良以褒斜峻阻，素號畏途，緣側逕於巔巖，綴危棧於絶壁；或百里之内，歷險且千；或一程之中，涉水數四。若遇積雨滯浸，群峰澍流，巨石崩奔，訇殷相繼，深谷彌漫，往來不通，悉非功力之所支，籌略之所遏。斯須之頃，跬步之間，蒼黄遘殃，皆不可測。匹夫單騎，尚且過防，况萬乘時行，千官景從，而可以蹈不存之險，冒無禦之災乎？如或磴路潀崩，閣道淹圮，環衛之儀少缺，屬車之馬微驚，縱有億徒，何所爲用？陛下欲無駭慮，其可得乎！又或霪滯更深，谿澗皆溢，逕路既絶，傳送無由，連山萬重，進退不可，一日乏食，將如之何？陛下欲無軫憂，固亦難矣！人主舉措，宜圖萬全，必先事以防危，不臨危而求幸。幸而獲濟，貽媿已深；不幸罹災，追悔何及？孔子曰：『欲速則不達。』誠哉是言！臣今非敢阻陛下欲速之情，但願以不達爲慮耳！儻迴睿旨，少俟開晴，則發期雖延，涉路無滯，不疾而速，允叶乾行，知幾其神，是謂天鑑！竊聞群議，輒以上陳，慺慺懇誠，實冀昭納。謹奏。

請釋趙貴先罪狀

右。欽溆奉宣聖旨：『前者共卿商量趙貴先，欲恕其罪。朕朝來更問諸將，皆云：「貴先順從朱泚，則是逆人，合依常刑，不可寬捨。」衆人意既如此，應難釋放。卿宜知悉者。』

臣愚以爲，貴先從逆之罪，法當不容；貴先陷身之由，情則可恕。陛下所議矜宥，原其情也；諸將所請誅戮，據於法也。據法而除君之惡者，人臣之常志；原情而安衆之危者，人主之大權。臣主之道既殊，通執之方亦異，言各有當，體各有宜，事或相駁而無傷，此之謂也。往以襄城告急，詔命隴右發兵，齊映率衆東行，貴先即其部將。于時軍至昭應，適遇駕幸奉天，齊映馳歸鳳翔，貴先獨主營幕。進無總帥，退閡亂兵，遂爲賊泚所招，給以同迎鑾駕。泚既反狀未露，貴先安得勿從？已受邀留，遂遭劫制。身縻僞職，兵隸兇徒，雖居賊中，亦不見任。首末事跡，簡在天心，臣亦親承德音，非獨聞於傳説。其於情狀，頗有足矜，所可受責之辜，唯在不能守節而死耳！貴先儻能守節，即是忠烈之徒，固獲褒旌，豈資寬捨？凡所議讞，蓋緣獄疑。罪疑惟輕，實編令典；脅從罔理，亦載聖謨。況復懷光未殲，希烈猶熾，遭罹誘陷，其類實繁。今京邑初平，皇猷更始，乃是污俗觀化之日，聖王布德之時，所用刑章，尤宜審慎，一輕一重，理亂攸生。宥之以恩，則自新者咸思歸命；斷之以法，則懷懼者姑務偷生。衆心既偷，賊勢愈固。不忍一朝之忿，而貽累歲之憂；苟循匹夫之談，以興億衆之役。爲計若此，夫何利之有焉？

曩者羯胡亂華，染污士吏，肅宗興復，累降赦書，罪止渠魁，餘所不問。河朔遺孽，既聞德澤之弘被，且幸脅污之見原，人人皆自怨尤，各悔歸國之晚。及乎三司按罪，繼用嚴科，未降之流，復喜得計，慶緒將消而再結，思明已附而重攜，浸長厲階，至今爲梗。豈不以任法吏而虧權道，小不忍而亂大謀者乎？昔漢高帝既定四方，見諸將往往偶語謀反，乃問張良曰：『爲之奈何？』良曰：『陛下所最恨者，爲誰？』帝曰：『雍齒與我有舊，而數窘我。』良曰：『今急封雍齒，則人人自堅矣。』帝用良計，諸將各安。皆云：『雍齒且侯，吾屬何患？』蓋以圖霸王者，不牽於常制；安反側者，罔念於宿瑕。今陛下有漢高之英，貴先無雍齒之釁，加戮不足威暴逆，矜全可以定危疑。明恕而行，盛德斯在，何所爲慮，尚勞依違？微臣區區上言，蓋爲將來張本，凡非首惡，皆願從寬，庶使負累之徒，莫不聞風而化。消姦兇誘惑之計，開叛亂降附之門，此其大機，不可失也。陛下前意，固爲善矣，伏惟不爲浮議所移。謹奏。

論替換李楚琳狀

右。欽溆奉宣聖旨：『李楚琳不可久在鳳翔，欲候朕到日，簡擇一人替楚琳充節度使。楚琳別與一官，便隨朕歸京。既有迎駕諸軍，威勢甚盛，因此替換，亦是權宜。卿宜商量穩便否者。』

臣聞王者有作，先懷永圖，謀必可傳，事必可繼，不因利以苟得，不乘便而幸成，故能上下相安，而理可長久也。彼楚琳者，固是亂人，乘國難而肆逞其姦，賊邦君而篡居其位，按以典法，是宜污瀦。既屬多虞，不遑致討，乃分之以旄鉞，又繼之以寵榮。逮至南巡，頗全外順，道途無壅，亦有賴焉！雖朝命累加，蓋非獲已，然王言一出，則不可渝，縱闕君臣之恩，猶須進退以禮。今若因行幸之威勢，假迎扈之甲兵，易置以歸，是同虜執。以言乎除亂則不武，以言乎務理則不誠，禍變繁興，爲日久矣，負釁居位，豈唯一人？以此時巡，後將安入？以此撫御，誰其感懷？昔漢高僞遊，韓信見獲，功臣繼叛，天下幾危，征伐紛紜，以至没代。其儆倖之不可也如此，陛下得不爲至戒哉！

議者謂之權宜，臣又未諭其理。夫權之爲義，取類權衡。衡者，稱也；權者，錘也。故權在於懸，則物之多少可準；權施於事，則義之輕重不差。其趣理也，必取重而捨輕；其遠禍也，必擇輕而避重。苟非明哲，難盡精微，故聖人貴之，乃曰：『可與適道，未可與立；可與立，未可與權。』言知機之難也。今者甫平大亂，將復天衢，輦路所經，首行脅奪，易一帥而虧萬乘之義，得一方而結四海之疑，乃是重其所輕，而輕其所重，謂之權也，不亦反乎？以反道爲權，以任數爲智，君上行之必失衆，臣下用之必陷身，歷代之所以多喪亂而長姦邪，由此誤也。夫以韓信才略，當時莫儔，且負嫌猜，已遭告訐，縱之足以亂區宇，除之可以安國家，幸而成擒，猶謂失策，當時被攻戰之害，百代流詭詐之譏。況楚琳卒伍凡材，厮養賤品，因時擾攘，得肆猖狂，非有陷堅殪敵之雄、出奇制勝之略，頗同狐鼠，乘夜睢盱，晨光既升，勢自跧縮。今郊畿已乂，武衛方嚴，汧、隴鎮壓於其西，邠、涇扼制於其北，顧是岐下，若居掌中。以楚琳瑣劣之資，處掌中控握之地，縱令蹢躅，何惡能爲？願陛下姑務含弘，普安反側，促駕遄止，録功犒勤，敷肆眚之恩，布惟新之令。然後徵韋皋、楚琳，俾入分文武之職；擇元勳宿望，命出總岐、隴之師。則彼承詔欣榮，奔走不暇，安敢蠆介，復勞誅鉏。措置得宜，萬無一跌，何遽過動，不爲後圖？仰希睿聰，試更詳慮。謹奏。

收河中後請罷兵狀

昨日欽溆奉宣聖旨，示臣馬燧、渾瑊等奏平懷光收河東狀，兼令臣商量，須作何處置，令欽溆奏來者。

兇梗殲蕩，關畿廓清，實聖謀廣運之功，亦宗社無疆之祚。應須處置大略，已附欽溆口陳，展轉傳言，恐未盡意，謹復薦其固陋，願陛下少留察焉。

臣聞禍或生福，福亦生禍，喪者得之理，得者喪之端。故晉勝鄢陵，范燮祈死；吳克勁越，夫差啓殃。是知福不可以久徼幸[一]，得不可以常覬覦。居福而慮禍，則其福可保，見得而忘喪，則其喪必臻。臣竊懼諂諛希旨之徒、險躁生事之輩，幸兇醜覆亡之會，揣英主削平之心，必將競效甘言，誘開利欲，謂王師所向莫敵，謂餘孽指顧可平，請迴蒲坂之戈，復起淮、沂之役。

斯議一啓，必有亂階。故微臣姑以生禍爲憂，而未敢以獲福爲賀也。

何則？建中之難，其事可徵。始以蓄憾而隘於含容，或以亟勝而輕於戰伐。故文喜之討，涇上之瘡痛未平；崇義之征，漢南之芟夷繼甚。阻命之帥，非不誅也；伐叛之師，非不克也；介焉之斷，非不堅也；赫斯之怒，非不逞也。然以人不見恤，惟戮是聞，有辜無辜，不敢自保，是以抱釁反側者，懼鈇鉞之次加，畏禍危疑者，慮猜譖之旋及。遂乃螽結以拒討，狼顧以背恩，彌兩河而亘淮夷，蕩三輔而盜京邑，鑾輅爲之再駕，行宫至于合圍。于時海内大摇，物情幾去，天命莫保于寸晷，王威不出於一城，邦國之杌隉艱屯，綿綿聯聯，若包桑綴旒，幸而不殊者屢矣！勢之危窘，實足寒心，非有曩時熊羆翕習之師，雷霆奮發之勢，武庫劍戟之利，帑藏財賦之殷，其所以施令率人，取威定亂，比於建中之始，豈不至微至殺哉！然而陛下懷悔過之深誠，降非常之大號，知黷武窮兵之長亂，知急征重斂之剿財，知殘人肆欲之取危，知違衆率心之稔慝，知烝庶困極之興怨，知上下鬱堙之失情，德音涣然，與之更始。所在宣敭之際，聞者莫不涕流，雖或兇獷匪人，亦必爲之歔欷，誠之動物，乃至于斯。懷梟鴟以好音，消祲沴爲和氣，由是姦回易慮，黎獻歸心。假王叛援之夫，削僞號以請罪；觀釁首鼠之將，壹純誠以效勤。流亡凍餒者，希保於室家；屯戍戰争者，冀全其性命。德澤將竭而重霈，君臣已絶而更交。天下之情，翕然一變。曩討之而愈叛，今釋之而畢來；曩以百萬之師而力殫，今以咫尺之詔而化洽。是則聖王之敷理道，服暴人，任德而不任兵，明矣；群帥之悖臣禮，拒天誅，圖活而不圖亡，又明矣！

尚恐陛下以臣言之略而未喻也，請復循其本而申備之。往以河朔、青、齊同惡相扇，擁戎據土，易代不庭，陛下恥王化之未同，忿姦慝之靡格，於是發六軍、神策、河陽、河東、澤潞、朔方之騎士以徂征于北，命永平、汴、宋、幽、隴、江、淮、閩、嶺之將卒以奮伐于南。罄國家廪帑以贍軍，悉公私厩牧以張武，算斂周於萬類，徵徭被於八荒，勞已甚矣，威亦盛矣！既而曠日綿歲，老師費財，兩河之寇患有加無瘳，而邦本已始覆矣〔二〕。洎涇卒倡亂，賊泚構災，豺狼整居於禁闈，猰貐擇肉於馳道，河朔問罪之衆布路而歸，宋郊仗順之師守壘不暇。于斯之亂，海内沸騰，儻有問鼎之雄圖、滔天之巨猾，幸災乘間，何所不爲？既而悦納之儔咸自斂縮，内無非望之議，外無軼境之侵；及聞天澤滌瑕，制書復爵，曾不蔕芥，望風款降，争馳表章，唯恐居後。跡其素志，於此可知，是皆假兵救怨之流，戀主偷安之輩。

懷生畏死，蠢動之大情；慮危求安，品物之常性。有天下而子百姓者，以天下之欲爲欲，以百姓之心爲心，固當遂其所懷，去其所畏，給其所求，使家家自寧，人人自遂。家苟寧矣，國亦固焉；人苟遂矣，君亦泰焉。是則好生以及物者，乃自生之方；施安以及物者，乃自安之術。擠彼於死地，而求此之久生也，從古及今，未之有焉；措彼於危地，而求此之久安也，從古及今，亦未之有焉。是以昔之聖王，知生者人之所樂，而已亦樂之，故與人同其生，則上下之樂兼得矣；聖王知安者人之所利，而已亦利之，故與人共其安，則公私之利兩全矣。其有反易常理，昏迷不恭，則當外察其倔强之由，内省於撫馭之失，修近以來遠，檢身而率人，故《書》曰：『惟干戈，省厥躬。』又曰：『舞干羽于兩階，七旬有苗格。』孔子曰：『遠人不服，則修文德以來之。既來之，則安之。』此其證也。

如或昧於懷柔，務在攻取，不徵教化之未至，不疵誠感之未孚，惟峻威是臨，惟忿心是肆，視人如禽獸，而曝之原野；輕人如草芥，而剿之銛鋒。叛者不賓，則命致討；討者不克，則將議刑。是使負釁者，懼必死之誅；奉辭者，慮無功之責。編甿以困於杼軸而思變，士卒以憚於死喪而念歸。萬情相攻，亂豈有定？一夫不率，闔境罹殃；一境不寧，普天致擾；兵拏禍結，變起百端。故孔子曰：『遠人不服而不能來也，邦分崩離析而不能守也，而謀動干戈於邦内，吾恐季孫之憂，不在顓臾，而在蕭墻之内矣。』此蓋必然之常理，至當之格言，足以爲明鑑元龜，貫百王而不易者也。事乃反覆，得無懼乎？夫理有必然，則殊途歸於同轍，言有至當，則異代應如合符。頃以東北孽徒，職貢廢闕，陛下忿其違命，大舉甲兵，至令逆泚誘姦，乘釁而動，所備之寇猶遠介於河山，不虞之戎已竊發于都輦，蕭墻之戒，不其信歟！

前典垂訓既如彼，近事明驗又如此，所以德音敘哀痛之情，悔征伐之事，引衆慝以咎己，布明信以示人，既往之失畢懲，莫大之辜咸宥，約之以省賦，誓之以息兵，由是億兆污人、四三叛帥，感陛下自新之旨，悦陛下盛德之言，革面易辭，具修臣禮。其於深言密議，固亦未盡坦然，必當聚黨而謀，傾耳而聽，觀陛下所行之事，考陛下所誓之言。若言與事符，則遷善之心漸固；儻事與言背，則慮禍之態復興。自京邑底寧，乘輿旋返，屬懷光繼亂，天討又行，息兵之言，我則未復，山東群帥所以未敢生辭者，蓋爲河中之地密近王城，迫於朝夕之虞，不得不翦除之爾。今若改轅移旆，復指淮西，則淮西元兇，必將誑脅其同惡之徒，間説於新附之帥，謂之曰：『奉天息兵之旨，乃因窘急而言，朝廷稍安，必復誅伐。是以朱泚滅而懷光戮，懷光戮而希烈征。希烈儻平，禍將次及。』則彼之蓄素疑而懷宿負者，能不爲之動心哉？心既動，則盈其喪身覆族之憂；憂既盈，則慮以脣亡齒寒之病。夫病同者，雖胡越而相愍；憂同者，不邀結而自親。河朔、青齊，固當響應，建中之禍，勢必重興。以國家再造之初，當群孽息肩之後，迭來鳴吠，或肆奔衝，討之則我力未遑，縱之乃寇患斯甚，臣愚竊以爲禍非細，未審陛下何方以待之？若有其方，侮之可也；如其未有，願陛下勿輕易焉。

凡將圖終，必在慎始，禍機一發，難可復追。臣請粗陳當今維馭之所宜，唯聖主省擇萬一。夫君之大柄，在惠與威，二者兼行，廢一不可。惠而罔威則不畏，威而罔惠則不懷。苟知夫惠之可懷，而廢其取威之具，則所敷之惠適足以示弱也，其何懷之有焉？苟知夫威之可畏，而遺其施惠之德，則所作之威適足以召敵也，其何畏之有焉？故善爲國者，宣惠以養威，蓄威以尊惠。威而能養則不挫，惠而見尊則有恩，是以惠與威交相蓄也，威與惠互相行也。人主之欲柔遠人而服强暴，不明斯術之要，莫之得焉。今皇運中興，天禍將悔，以逆泚之偷居上國，以懷光之竊保中畿，歲未再周，相次梟殄，實衆慝驚心之日，群生改觀之時，威則已行，惠猶未洽。誠宜上副天眷，下收物情，布恤人之惠以濟威，乘滅賊之威以行惠。宥河中染污之黨，悉無所問；赦淮右僭逆之罪，咸與惟新。蠲貸疲甿，休罷戰士，符往歲息兵之令以彰信，丕大君含垢之德以布仁，俾萬姓皆曰：『大哉王言！』又曰：『一哉王心！』如是則威不用而畏如神明，惠不費而懷如父母。凡在危疑懼討者必將曰：『淮右譖逆之罪且赦矣，吾屬何患焉！』凡在脅從同惡者必將曰：『河中染污之黨且宥矣，吾屬何疚焉！』凡在倦苦思安者必將曰：『吾君有戰勝之師，抑而不騁，信乎其罷征矣！』凡在凋殘望理者必將曰：『吾君有嫉亂之憤，忍而不攄，信乎其恤隱矣！』天下之心若此，而禍亂不息、理道不行者無之。臣所未敢保其必從，唯希烈一人而已。揆其私心，非不願從也，想其潛慮，非不追悔也，但以猖狂失計，已竊大名，雖荷陛下全宥之恩，然不能不自靦於天地之間耳。縱未順命，斯爲獨夫，内則無辭以起兵，外則無類以求助，其計不過厚撫部曲，偷容歲時，心雖陸梁，勢必不敢。陛下但敕諸鎮，各守封疆，彼既氣奪算窮，是乃狴牢之虜，不有人禍，則當鬼誅。朝廷務崇德以待之，臣固知其必不逃於所揣矣。古所謂『不戰而屈人之兵』者，斯之謂歟？

今若不顧機宜，復興戎役，瀆威而蔑惠，捨易而即難，是棄明信而務忿心，假敵辭而資寇援，窮者不暇恤，勞者不得居，國之安危，或未可保。此乃成敗理亂之所繫，願陛下難之慎之。區區上干，憂惜在此。儻蒙過納狂瞽，不疑所行，謹當草具招諭之辭，詳陳備禦之畫。伏俟宣許，方敢以聞。謹奏。

校勘記

〔一〕『久』，影宋本作『屢』。

〔二〕『始』，《唐文粹》作『殆』。

陸贄集卷十七

中書奏議一

請許臺省長官舉薦屬吏狀

今月十七日，顧少連延英對迴，奉宣密旨：『卿先奏令臺省長官各舉屬吏，近聞外議云，諸司所舉，皆有情故，兼受賄賂，不得實才。此法甚非穩便，已後除改，卿宜並自揀擇，不可信任諸司者。』

臣以闇劣，謬當大任，果速官謗，上貽聖憂。過蒙恩私，曲降慈誨，感戴循省，寢興不寧。緣是密旨特宣，不敢對衆陳謝，祇禀成命，所宜必行。恭惟聖規，又合無隱，苟有未達，安敢勿言？雖知塵煩，固不可已。

夫理道之急，在於得人，而知人之難，聖哲所病。聽其言則未保其行，求其行則或遺其才。校勞考則巧僞繁興，而貞方之人罕進；徇聲華則趨競彌長，而沉退之士莫升。自非素與交親，備詳本末，探其志行，閱其器能，然後守道藏用者可得而知，沽名飾貌者不容其僞，故孔子云：

『視其所以，觀其所由，察其所安，人焉廋哉？』夫欲觀視而察之，固非一朝一夕之所能也。是以前代有鄉里舉選之法、長吏辟署之制，所以明歷試，廣旁求，敦行能，息馳騖也。

昔周以伯冏爲太僕，命之曰：『慎柬乃寮，罔以巧言令色便僻側媚，其惟吉士。』是則古之王朝，但命其大官，而大官得自柬僚屬之明驗也。漢朝務求多士，其選不唯公府辟召而已，又有父任兄任，皆得爲郎，選入之初，雜居三署，臺省有闕，即用補之。是則古之郎官，皆以任舉充選，此其明驗也。魏、晋以後暨于國初，採擇庶官多由選部，唯高位重職，乃由宰相考庶官之有成效者，請而命焉。故晋代山濤爲吏部尚書，中外品員，多所啓授；宋朝以蔡廓爲吏部尚書郎，先使人謂宰相徐羡之曰：『若得行吏部之職則拜，不然則否。』羡之答云：『黄、散已下悉委。』蔡廓猶憤恚，以爲失職，遂不之官。是則黄門、散騎侍郎，皆由吏部選授，不必朝廷列位，盡合柬在台司，此其明驗也。

國朝之制，庶官五品已上，制敕命之；六品已下，則並旨授。制敕所命者，蓋宰相商議奏可而除拜之也；旨授者，蓋吏部銓材署職，然後上言，詔旨但畫聞以從之，而不可否者也。開元中，吏部注擬選人奏置，循資格限自起居、遺、補及御史等官，猶並列於選曹銓綜之例，著在格令，至今不刊。未聞常參之官，悉委宰臣選擇，此又近事之明驗也。

其後舊典失序，倖臣專朝，捨僉議而重己權，廢公舉而行私惠，是使周行庶品，苟不出時宰之意者，則莫致焉。任衆之道益微，進善之途漸隘。近者每須任使，常苦乏人，臨事選求，動淹旬朔，姑務應用，難盡當才。豈不以薦舉凌遲，人物衰少，居常則求精太過，有急則備位不充？欲令庶績咸熙，固亦難矣！

臣實駑鈍，一無所堪，猥蒙任使，待罪宰相。惟懷竊位之懼，且乏知人之明，自揣庸虛，終難上報。唯廣求才之路，使賢者各以彙征；啓至公之門，令職司皆得自達。臣當謹守法度，考課百官，奉揚聰明，信賞必罰，庶乎人無滯用，朝不乏才，以此爲酬恩之資，以此爲致理之具。爰初受命，即以上陳，求賢審官，粗立綱制。凡是百司之長，兼副貳等官，及兩省供奉之職，并因察舉勞效，須加獎任者，並宰臣敍擬以聞。其餘臺省屬僚，請委長官選擇，指陳才實，以狀上聞。一經薦揚，終身保任，各於除書之内，具標舉授之由。示衆以公，明章得失，得賢則進考增秩，失實則奪俸贖金，亟得則褒升，亟失則黜免。非止搜揚下位，亦可閲試大官。前志所謂『達，觀其所舉』，即此義也。自蒙允許，即以宣行，南宫舉人，纔至十數，或非臺省舊吏，則是使府佐僚，累經薦延，多歷事任。議其資望，既不愧於班行；考其行能，又未聞於闕敗。而議者遽以騰口，上煩聖聰，道之難行，亦可知矣！

陛下勤求理道，務徇物情，因謂舉薦非宜，復委宰臣揀擇，其爲崇任輔弼，博採輿詞，可謂聖德之盛者，然於委任責成之道，聽言考實之方，閑邪存誠，猶恐有闕。

所謂委任責成者，將立其事，先擇其人；既得其人，慎謀其始；既謀其始，詳慮其終。終始之間，事必前定，有疑則勿果於用，既用則不復有疑。待終其謀，乃考其事，事愆於素者，革其弊而黜其人；事協於初者，賞其人而成其美。使受賞者無所與讓，見黜者莫得爲辭。夫如是，則苟無其才，孰敢當任？苟當其任，必得竭才。此古之聖王委任責成、無爲而理之道也。

所謂聽言考實，虛受廣納，弘接下之規；明目達聰，廣濟人之道。欲知事之得失，不可不聽之於言；欲辨言之真虛，不可不考之於實。言事之得者，勿即謂是，必原其所得之由；言事之失者，勿即謂非，必窮其所失之理。稱人之善者，必詳徵行善之跡；論人之惡者，必明辯爲惡之端。凡聽其言，皆考其實；既得其實，又察以情；既盡其情，復稽於衆。衆議情實，必參相得，然後信其説，獎其誠；如或矯誣，亦置明罰。夫如是，則言者不壅，聽者不勞，無浮妄亂教之談，無陰邪傷善之説，無輕信見欺之失，無潛陷不辯之冤。此古之聖王，聽言考實，不出户而知天下之方也。

陛下既納臣言而用之，旋聞横議而止之，於臣謀不責成，於横議不考實，此乃謀失者得以辭其罪，議曲者得以肆其誣。率是以行，觸類而長，固無必定之計，亦無必實之言。計不定則理道難成，言不實則小人得志，國家所病，恒必由之。昔齊桓公將啓霸圖，問管仲以害霸之事，管仲對曰：『得賢不能任，害霸也；任賢不能固，害霸也；固始而不能終，害霸也；與賢人謀事而與小人議之，害霸也。』所謂小人者，不必悉懷險詖，故覆邦家，蓋以其意性憸邪，趣尚狹促，以沮議爲出衆，以自異爲不群，趨近利而昧遠圖，效小信而傷大道。故《論語》曰：『言必信，行必果，硜硜然小人也。』夫以能信於言，能果於行，唯以硜硜淺近，不克弘通，宣尼猶謂其小人，管仲尚憂其害霸，况又有言行難保，而恣其非心者乎？此皆任不責成，言不考實之弊也。

聖旨以謂外議云『諸司所舉，皆有情故，兼受賄賂，不得實才』者，臣請陛下當使所言之人，詳陳所犯之狀，某人受賄，某舉有情。陛下然後以事質於臣，臣復以事質於舉主。若便首伏，則據罪抵刑；如或有詞，則付法閲責。謬舉者必行其罰，誣善者亦反其辜，自然憲典克明，邪慝不作。懲一沮百，理之善經，何必貸其姦贓，不加辯詰，私其公議，不出主名？使無辜見疑，有罪獲縱，枉直同貫，人何賴焉！

聖旨又以官長舉人，法非穩便，令臣並自揀擇，不可信任諸司者。伏以宰輔常制，不過數人，人之所知，固有限極，必不能徧諳多士，備閲群才。若令悉命群官，理須展轉詢訪，是則變公舉爲私薦，易明敭以暗投。儻如議者之言，所舉多有情故，舉於君上，且未絶私，薦於宰臣，安肯無詐？失人之弊，必又甚焉。所以承前命官，罕有不涉私謗，雖則秉鈞不一，或自行情，亦由私訪所親，轉爲所賣。其弊非遠，聖鑒明知。今又將徇浮言，專任宰臣除吏，宰臣不徧諳識，踵前須訪於人。若訪於親朋，則是悔其覆車，不易前轍之失也；若訪於朝列，則是求其私薦，必不如公舉之愈也。二者利害，惟陛下更詳擇焉。恐不如委任長官，慎柬寮屬，所柬既少，所求亦精，得賢有鑑識之名，失實當闇謬之責。人之常性，莫不愛身。况於臺省長官，皆是久當朝選〔二〕，孰肯徇私妄舉，以傷名取責者乎？

所謂臺省長官，即僕射、尚書、左右丞、侍郎，及侍御史、大夫、中丞是也。陛下比擇輔相，多亦不出其中。今之宰相，則往日臺省長官也，今之臺省長官，乃將來之宰臣也，但是職名暫異，固非行業頓殊。豈有爲長官之時，則不能舉一二屬吏，居宰臣之位，則可擇千百具寮！物議悠悠，其惑斯甚。

聖人制事，必度物宜，無求備於一人，無責人於不逮，尊者領其要，卑者任其詳，是以人主擇輔臣，輔臣擇庶長，庶長擇佐僚。所任愈崇，故所擇愈少；所試漸下，故所舉漸輕。進不失倫，選不失類。以類則詳知實行，有倫則杜絶徼求。將務得人，無易於此。是故選自卑遠，始升於朝者，各委長吏任舉之，則下無遺賢矣；置於周行，既任以事者，於是宰臣序進之，則朝無曠職矣。才德兼茂，歷試不渝者，然後人主倚任之，則海内無遺士矣。

夫求才貴廣，考課貴精。求廣在於各舉所知，長吏之薦擇是也；考精在於按名責實，宰臣之序進是也。求不廣，則下位罕進；下位罕進，則用常乏人；用常乏人，則懼曠庶職；懼曠庶職，則苟取備員。是以考課之法，不暇精也。考不精，則能否無別；能否無別，則砥礪漸衰；砥礪漸衰，則職業不舉；職業不舉，則品格浸微；是以賢能之功，不克彰也。皆失於不廣求人之道，而務選士之精；不思考課之行，而望得人之美。是以望得彌失，務精益麤，塞源浚流，未見其可。

臣欲詳徵舊説，伏恐聽覽爲煩，粗舉一端，以明其理。往者則天太后踐祚臨朝，欲收人心，尤務拔擢，弘委任之意，開汲引之門，進用不疑，求訪無倦，非但人得薦士，亦得自舉其才。所薦必行，所舉輒試，其於選士之道，豈不傷於容易哉！然而課責既嚴，進退皆速，不肖者旋黜，才能者驟升，是以當代謂知人之明，累朝賴多士之用。此乃近於求才貴廣，考課貴精之效也。陛下誕膺寶曆，思致理平，雖好賢之心有踰前哲，而得人之盛未逮往時。蓋由鑑賞獨任於聖聰，搜擇頗難於公舉，但速登延之路，罕施練覈之方。遂使先進者漸益凋訛，後來者不相接續，施一令則謗沮互起，用一人則瘡痏立成。此乃失於選才太精，制法不一之患也。則天舉用之法，傷易而得人；陛下慎柬之規，太精而失士。是知雖易於舉用，而不易於苟容，則所易者，適足廣得人之資，不爲害也；不精於法制，而務精於選才，則所精者，適足梗進賢之途，不爲利也。

人之才行，自昔罕全，苟有所長，必有所短。若録長補短，則天下無不用之人；責短捨長，則天下無不棄之士。加以情有憎愛，趣有異同，假使聖如伊、周，賢如楊、墨，求諸物議，孰免譏嫌？昔子貢問于孔子曰：『鄉人皆好之，何如？』子曰：『未可也。』『鄉人皆惡之，何如？』子曰：『未可也。不如鄉人之善者好之，其不善者惡之。』蓋以小人君子，意必相反，其在小人之惡君子，亦如君子之惡小人。將察其情，在審其聽。聽君子則小人道廢，聽小人則君子道消。今陛下慎選宰臣，必以爲重於庶品；精擇長吏，必以爲愈於末流。及至宰臣獻規，長吏薦士，陛下則但納横議，不稽始謀，是乃任以重者輕其言，待以輕者重其事。且又不辨所毁之虚實，不校所議之短長，人之多言，何所不至？是將使人無所措其手足，豈獨選任之道失其端而已乎？

臣之切言，固非爲己，所惜者致理之道，所感者見遇之恩。輒因陳謝，布露以聞，惟陛下幸察！謹奏。

校勘記

〔一〕『久當朝選』，影宋本作『當朝高選』。

請遣使臣宣撫諸道遭水州縣狀

右。頻得鹽鐵轉運及州縣申報：霖雨爲災，彌月不止。或川瀆泛漲，或谿谷奔流，淹没田苗，損壞廬舍。又有漂溺不救，轉徙乏糧，喪亡流離，數亦非少。臣等任處台輔，職調陰陽，一物失宜，尸曠斯在，五行愆度，黜責何逃？陛下德邁禹、湯，恕人咎己，臣等每奉詞旨，倍益慚惶！所以僶俛在公，不敢頻煩請罪。前者面陳事體，須遣使撫綏，陛下尚謂詢問來人，所損殊少，即議優卹，恐長姦欺。臣等旬日已來，更審借訪，類會行旅所説，悉與申報符同。但恐所聞聖聽，或未盡陳事實。夫流俗之弊，多徇諂諛，揣所悦意者，則侈其言；度所惡聞者，則小其事。制備失所，恒病於斯。初聞諸道水災，臣等屢訪朝列，多云無害於物，以爲不足致懷；退省其私，言則頓異。霖潦非可諱之事，搢紳皆有識之人，與臣比肩，尚且相媚，况乎事或曖昧，人或瑣微，以利己之心，希至尊之旨！其於情實，固不易知，如斯之流，足誤視聽。所願事皆覆驗，則冀言無詐欺，大明照臨，天下之幸也！昔子夏問於孔子曰：『何如斯可謂人之父母？』孔子對曰：『四方有敗，必先知之，斯可謂人之父母矣。』蓋以君人之道，子育爲心，雖深居九重，而慮周四表；雖恒處安樂，而憂及困窮。近取諸身，如一體之於四支，其疾病無不恤也；遠取諸物，如兩曜之於萬類，其鑑照無不均也。故時有凶害，而人無流亡，恃天聽之必聞，知上澤之必至，是以有母之愛，有父之尊。古之聖王，能以天下爲一家，中國爲一人，用此術也。

今水潦爲敗，綿數十州，奔告於朝，日月相繼。若哀其疾苦，固宜降旨優矜；儻疑其詐欺，亦當遣使巡視。安可徇往來之浮説，忘惠恤之大猷？失人得財，是將焉用？况災害已甚，申奏亦頻，縱不蒙恩復除，自當準式蠲免。徒失事體，無資國儲。恐須速降德音，深示憂憫，分道命使，明敕弔災，寬息征徭，省察冤濫。應家有溺死及漂没居産都盡，父子不存濟者，各量賜粟帛，便委使臣與州府，以當處官物給付。其損壞廬舍田苗者，亦委使臣與州府，據所損作分數等第聞奏，量與蠲減租税。如此，則殁者蒙瘞酹之惠，存者霑煦嫗之恩，霈澤下施，孰不欣戴？所費者財用，所收者人心，若不失人，何憂乏用？臣等已約支計，所費亦不甚多，儻蒙聖恩允從，即具條件續進。

臣又聞聖人作則，皆以天地爲本，陰陽爲端。慶賞者順陽之功，故行於春夏；刑罰者法陰之氣，故用之秋冬。事或愆時，人必罹咎。是以《月令》所載，夏行秋令，則苦雨數來，丘隰水潦；夏行冬令，則後乃大水，敗其城郭。典籍垂誡，言固不誣，天人同符，理當必應。既有繫於舒慘，是能致於災祥。頃自夏初，大臣得罪，親黨坐累，其徒實繁。邦憲已行，宸嚴未解，畏天之怒，中外竦然。若以《月令》推之，水潦或是其應。雖天所降沴，不在郊畿，然海内爲家，無論遐邇。伏願滌瑕以德，消沴以和，威惠之相濟合宜，陰陽之運行自序。臣等不勝覩災慚負之至，謹奉狀陳請以聞。謹奏。

論淮西管内水損處請同諸道遣宣慰使狀

右。奉進止：『淮西管内貢賦既闕，所緣水損，簡擇宣慰使，此道亦不要遣去者。』

臣聞聖王之於天下也，人有不得其所者，若己納之於隍，故夏禹泣辜，殷湯引罪。蓋以率土之内，莫非王臣。或有昏迷不龔，是由教化未至，常以善救，則無棄人。自希烈亂常，污染淮甸，職貢廢闕，責當有歸，在於編甿，豈任其咎！陛下息師含垢，宥彼渠魁，惟兹下人，久罹脅制，想其翹望聖化，誠亦有足哀傷，儻弘善救之心，當軫納隍之慮。今者遣使宣命，本緣卹患弔災，諸道災患既同，朝廷弔卹或異，是使慕聲教者絶望，懷反側者得詞，棄人而固其寇讎，恐非所以爲計也。昔晉饑乞糴於秦，大夫百里奚曰：『天災流行，國家代有，救災卹鄰，道也。行道有福。』丕豹則請因而伐之，穆公用百里奚之言，拒丕豹之請，且曰：『其君是惡，其人何罪？』

遂輸粟以救之。其後秦饑，乞糴於晉，晉大夫虢射曰：『無損於怨，而益於寇，不如勿與。』慶鄭曰：『背施無親〔一〕，幸災不仁，貪愛不祥，怒鄰不義，不如與之。』惠公信虢射之謀，違慶鄭之議，遂閉糴以絶焉。是歲晉國復饑，秦伯又饋之粟曰：『吾怨其君，而矜其人。』終於秦穆霸强，晉惠擒辱。是知棄怨而施惠者可以懷敵，計利而忘義者罔不失人。此乃列國諸侯，猶務卹鄰救災，矧君臨天下，而可使德澤不均被者乎！

議者多謂淮右荐饑，國家之利，臣等愚見，以爲不然。必若興有征之師，問不庭之罪，因災幸濟，已爽德政，儻又難於用兵，望其艱窘自弊，利害之勢，或未可知。夫悍獸之情，窮則攫搏；暴人之態，急則猖狂。當其迫阨之時，尤資撫馭，苟得招攜以禮，便可底寧；備慮乖方，亦足生患。竊以帝王之道，頗與敵國不同，懷柔萬邦，惟德與義，寧人負我，無我負人，故能使億兆歸心，遠邇從化。猶有兇迷不復，必當人鬼同誅，此其自取覆亡，尚亦不足含怒。今因供税有闕，遂令施惠不均，責帥及人，恐未爲允。伏惟聖鑑，更審細裁量，其所擇諸道使，並未敢宣行，伏候進止。

校勘記

〔一〕『背施無親』此句底本闕，據影宋本補。

謝密旨因論所宣事狀

前日顧少連奉諭密旨：『每於延英對卿，緣有諸人，言不得盡。中間卿所奏去冬薦人，實緣對趙憬執論，所以有言相拒，亦不是阻卿之意。若有要便事，但依前者意旨，自手疏密封進來。卿又頻與苗粲進官，朕未放過，恐卿未知朕意。此人即苗晋卿之子。晋卿往年攝政，曾有不臣之言，又諸子皆與古帝王同名，意甚不善。緣非諸子之過，不欲明行斥逐，終是不合令在朝廷。卿宜密知此意。苗粲兄弟，並改與在外閑僻處官，仍不得令近兵馬者。』

猥蒙天慈，屢降深旨，慰眷稠疊，誨諭周詳，骨肉之恩，無以加此。士感知己，尚合捐軀；臣雖孱微，能不激勵？至於彌綸庶績，督課群官，始終不渝，夙夜匪懈，是皆常分，曷足酬恩！自揣凡庸之才，又無奇崛之效，惟當輸罄忠節，匡補聖猷。衆人之所難言，臣必無隱；常情之所易溺，臣必不回。冏然貞心，持以上報，此愚夫一至而不易者也，惟明主矜亮而保容之！

頃以去冬薦人，頻於街衢披訴，既是準制許集，理合量才授官，進擬再三，未蒙允許。伏慮事轉淹滯，所以因對奏陳，懵於忖量，推理輒發。以趙憬與臣並命，俱掌樞衡，參奉謀猷，事當無間，不知避忌，輕黷宸嚴。陛下特宥惷愚，曲加獎導，寵遇踰等，恩私倍常，顧惟何人，叨幸若此？偶有所見，敢不盡言？是彰無隱之誠，以申上報之分。

臣聞王者之道，坦然著明，奉三無私，以勞天下，平平蕩蕩，無側無偏。所謂三無私者：如天之無私覆也，如地之無私載也，如日月之無私照也。其或有過，如日月之有蝕焉，過也人皆見之，更也人皆仰之。日月不疾於蔽虧，人君不吝於過失。虧而能復，無損於明；過而能改，不累於德。昨者臣所奏，惟有趙憬得聞，陛下已至勞神，委曲防護，是於心膂之内，尚有形迹之拘。職同事殊，鮮克以濟，恐爽無私之德，且傷不吝之明。夫元首股肱，義實同體，諮詢獻納，一日萬機，宣之使言，猶未盡意，言若有阻，義何由通？啓沃既難，機務斯壅，雖荷綢繆之顧，實增曠廢之憂。仰希聖聰，更賜裁處。

苗粲少以門子，早登朝班，歷拾遺、補闕、起居、員外、郎中，前後二十餘年，温恭有加，恪慎無怠。端敏足以守職，文學足以飾身，詳其器能，堪處近侍。陛下以粲先父常有過言，名子之方，又乖義類，不忍明加斥黜，但令改授外官。伏以理國化人，在於奬一善，使天下之爲善者勸；罰一惡，使天下之爲惡者懲。是以爵人必於朝，刑人必於市，惟恐衆之不覩，事之不彰。君上行之無愧心，兆庶聽之無疑議，受賞安之無怍色，當刑居之無怨言，此聖王所以宣明典章，與天下公共者也。奬而不言其善，斯謂曲貸；罰而不書其惡，斯謂中傷。曲貸則授受不明，而恩倖之門啓；中傷則枉直莫辨，而讒間之道行。此柄一虧，爲害滋大。凡是譖愬之輩，多非信實之言，利於中傷，懼於公辯。或云歲月已久，不可究尋；或云事體有妨，須爲隱忍；或云惡跡未露，宜假他事爲名；或云但棄其人，何必明言責辱。詞皆近於情理，意實苞於矯誣，傷善售姦，莫斯爲甚！伏惟聖鑒之下，必無浸潤之流。然於稱毀之言，不可不辨；賞罰之典，不可不明。陛下若以晉卿跡實姦邪，粲等法應坐累，則當公議典憲，豈令陰受播遷？陛下若察晉卿見誣，又知粲等非罪，則合隨才獎用，不宜降意猜防。今忽不示端由，但加斥逐，謂之掄材則失序，謂之行罰則無名，徒使粲等受錮於聖朝，晉卿銜憤於幽壤，以臣蔽滯，未見其宜。夫聽訟辨讞，貴於明恕。明者在驗之以跡，恕者在求之以情。跡可責而情可矜，聖王懼疑似之陷非辜，不之責也；情可責而跡可宥，聖王懼逆詐之濫無罪，不之責也。惟情見跡具，詞服理窮者，然後加刑罰焉。是以下無冤人，上無謬聽，苛慝不作，教化以興。晉卿起自文儒，致位台輔，能以謙柔自處，故爲三朝所推，當諒闇之辰，攝冢宰之任，是將備禮，豈足擅權！安肯露不臣之言，招覆族之釁？雖甚狂險，猶應不爲，矧伊老臣，寧忍及此？假有忍人之意，其如言發禍隨？求之以情既無端，驗之以跡又無兆，宜蒙昭恕，理在不疑。又自陛下御極已來，粲及兄丕，皆歷清近，若以舊事爲累，豈復含容至今！恐有無良之徒，憎嫉丕、粲兄弟，構成飛語，務欲挫傷。大抵任重勢疑，易生嫌謗。以周公之聖，不免流言；霍光之忠，亦遭告訐。向非成王覺寤，昭帝保明，則二主之德美不傳，二臣之冤誣莫辯。陛下追懷往事，得失豈不相遠哉？後之視今，固亦如此，凡所舉措，安可不詳？伏願稍留睿思，特加省察。斯實群臣庶免於戾，豈唯苗氏一族，存歿幸賴而已乎？

少連又向臣說云：『聖旨察臣孤貞，猶謂清慎太過，都絶諸道饋遺，却恐事情不通。如不能納諸財物，至如鞭靴之類，受亦無妨者。』伏以貨賄之利，耳目之娱，人間常情，孰不貪悦？

况臣性實凡鄙，寧忘顧私？家本窶貧，安能無欲？所以深自刻慎，勉修廉隅者，蓋由負戴厚恩，尸竊大任，既不克導揚風教，致俗清淳，又未能減息征徭，濟人窮困，若無耻懼，更啓賄門，是忘憂國之誠，仍速焚身之禍。由是苟行特操，杜絶交私，誠知無補大猷，所冀免貽深累。陛下責臣以清慎太過，斯謂聖明；陛下慮事之不通，有乖理道。或恐貪惏之輩，務逞無厭之求，巧陳異端，惑亂聖聽，稽諸事實，則甚不然。夫以胥吏末流，苞苴微貺，苟或違道，臣猶知慚，况乎公卿大臣之間，方岳連帥之任，豈資納賄，然後致誠？若因財利交歡，是以姑息爲事，既乖直道，必有過求，遂之則法度浸隳，阻之則觖望彌甚，爲害如此，國何賴焉！高祖、太宗著法垂制，監臨受賄，盈尺有刑；陛下每發德音，敷宥下土，大辟之屬，皆蒙滌除，唯於犯贓，往往不赦。豈不以貪饕爲弊，殘蠹最深！至於士吏之微，尚當嚴禁，矧居風化之首，反可通行？凡上之所爲，以導下也；上所不爲，以檢下也。上所不爲而下或爲之，然後可以設峻防，置明辟；若上爲之而下亦爲之，固其理也，又可禁乎？今吏有受監臨之賄者，則以爲罪不可容；朝廷之制，四方所監臨也，而宰司公受其賄，是亦無耻而不恕者歟！孔子曰：『大臣不可不敬也，是人之表也；邇臣不可不慎也，是人之道也。』表傾則影曲，道僻則行邪。若大臣邇臣可以受財，則庶長寀寮孰爲不可？朝廷取之於方鎮，方鎮復取之於州，州取之於縣，縣取之於鄉，鄉將安取哉？是皆出於疲人之肝腦筋髓耳。自大盗猾夏，耗斁生人，天下常屯百萬之師，坐受衣食，農夫蠶婦，凍而織，餒而耕，殫力忍死，以供十倍之賦，日日引頸，望覩昇平之化、惠恤之恩，凡四十九年矣！ 荐屬多故，有加無瘳，持利權食厚禄者，當憂隱忸怩，憫愧黎庶，而又交通私賄，扇起貪風，是令已困之甿，重遭過分之擾。

陛下尚以爲鞭靴之類，受亦無妨。 若使天下納賂唯有二三宰臣，四方誅求，止於鞭靴細物，行之不足以傷化，絶之不足以利人，則臣固已微抑私心，將順睿旨矣；若使國家致理，必資饋遺通情，辭之足以失天下之心，受之足以濟天下之務，則臣固亦不避污行，助我聖功矣。 臣所以未敢奉詔冒昧塵煩者，審知此道，不唯無益，必有甚損故也。 亦冀陛下詳察其理，普澄其源，弘清净無欲之風，守慈儉不貪之寶，是將感人心而天下服，何有事情不通之患乎？ 夫貨賄上行，則賞罰之柄失；貪求下布，則廉耻之道衰。 何者？ 善惡不分，功過無辨者，以貨賄之多少爲課績之重輕，守道闕供，或時致怨招累，求得當欲，可以釋罪賈榮，忍行刻剥者見謂公忠，巧飾玩好者或稱才智，此謂賞罰之柄失也。 上好利則下思聚斂，上求賄則下肆侵蠹，不懷愧心，但逞私欲，遞相企效，習以成風，閭閻日殘，紀綱日壞，不可以禮義勸，不可以刑法懲：此由廉耻之道衰也。 作法於凉，其弊猶貪；作法於貪，其弊斯亂。 利於小者必害於大，易於始者必悔於終。 賄道一開，展轉滋甚。 鞭靴不已，必及衣裘；衣裘不已，必及幣帛；幣帛不已，必及車輿；車輿不已，必及金璧。 日見可欲，何能自窒於心！ 已與交私，固難中絶其意。 是以涓流不止，谿壑成災；毫末既差，丘山聚釁。 自昔國家敗亡多矣，何嘗有以約失之者乎？

臣竊料郡府之不願行賄於朝廷，猶鄉閭之不願輸貨於郡府也。 但以行之者有利，不行者有虞，故爲安身保位之謀，不得不行耳。夫豈樂而行之哉？假如四方俱賂於朝廷，朝廷受其三而却其一，有所受有所却，二端相反，則遇却者或有意疑乎見拒而不通焉；四方俱賂於朝廷，朝廷俱辭而不受，則咸知不受者，乃朝廷之常理耳，適所以服其心而誘其善，復何嫌阻之有乎？

陛下若謂問遺可以通物情，絜矩不足敦理化，則自建中以來，股肱耳目之間，蓋常有交利行私者矣，乃其所也，陛下何尤焉？

陛下嗣位之初，躬行節儉，郡國無來獻，朝廷無私求，行李無黷貨之人，邇臣無受賂之事，四方風動，幾致清平。旋以刑峻賦繁，兵連禍結，理功中否，至化未凝；洎大憝殲夷，皇運興復，征伐之役頗息於前時，清約之風亦虧於往日。此則雖革一弊，亦喪一美焉。曩興師徒，人困暴賦；今罷征伐，人困私求；是乃殘瘁之餘，永無蘇息之望。使萬方黎獻當陛下休明之代，不登富壽，不洽雍熙，追懷前修，實用心熱！而議者反以納賂通情之理以惑陛下，斯不亦誣上行私之甚者乎？

夫天下，公器也；王綱，大權也；執大權者不任其小數，守公器者不徇於私情。任小數而御大權，則忿戾之禍起；徇私情以持公器，則姦亂之釁生。故《春秋傳》曰：『在上位者，灑濯其心以待之，而後可以治人。』言私曲之不可以莅衆庶也。又曰：『國家之敗，由官邪也；官之失德，寵賂彰也。君人者，將昭德塞違以臨照百官，百官於是乎戒懼，而不敢易紀律。』言賄利之不可以化百官也。又曰：『長國家者，非無賄之難，無令名之難。諸侯之賄，聚於公室，則諸侯貳。』言貪欲之不可以懷諸侯也。古之懷諸侯者，蓋有其道矣，唯不務賄，然後得之。故《禮記》云，『凡爲天下國家有九經』，其一曰『理亂持危，朝聘以時，厚往而薄來，所以懷諸侯也』。是知懷撫之道，貴德賤財，於往也則厚其贈送之資，於來也則薄其贄幣之禮。訓人以尊讓，示人以不貪，始於朝廷，行於郡國，廉節之風漸廣，侵漁之害不萌。里閭獲安，郡國斯乂，郡國既乂，朝廷益尊。所謂化自上流，理由下濟，近者悦服而遠者歸懷，是皆無賄之致也。及夫王綱浸壞，德化陵夷，然後滅公議而循私情，盛誅求而崇饋獻。故《禮記》曰：『天子微，諸侯僭，於是相覿以貨，相賂以利，而天下之禮亂矣。』是知傷風害禮，莫甚於私；暴物殘人，莫大於賂。利於絶私去賄者，莫先於君主；務於愛人助理者，莫切於輔臣。然則君主輔臣之間，固不可以語及於私賄矣，況又躬行乎？

臣以受恩特深，志欲巨細裨補，苟懷疑慮，不敢因循。亦賴遭逢聖明，庶得竭盡愚直，所以每事獻替，不以犯忤爲虞。意懇詞繁，伏用慚悚。謹奏。

陸贄集卷十八

中書奏議二

論嶺南請於安南置市舶中使狀

嶺南節度經略使奏：『近日舶船多往安南市易，進奉事大，實懼闕供。臣今欲差判官就安南收市，望定一中使與臣使司同勾當，庶免隱欺。』希顏奉宣聖旨：『宜依者。』遠國商販，唯利是求，綏之斯來，擾之則去。廣州地當要會，俗號殷繁，交易之徒，素所奔湊。今忽捨近而趨遠，棄中而就偏，若非侵刻過深，則必招懷失所。曾無内訟之意，更興出位之思，玉毁櫝中，是將誰咎？珠飛境外，安可復追？《書》曰：『不貴遠物，則遠人格。』今既徇欲如此，宜其殊俗不歸。况又將蕩上心，請降中使，示貪風於天下，延賄道於朝廷，黷污清時，虧損聖化，法宜當責，事固難依。且嶺南、安南，莫非王土；中使、外使，悉是王臣。若緣軍國所須，皆有令式恒制，人思奉職，孰敢闕供？豈必信嶺南而絶安南，重中使以輕外使，殊失推誠之體，又傷賤貨之風。望押不出。

論宣令除裴延齡度支使狀

右。緣班宏喪亡，臣今日面取進止。今當此選，總有四人：杜佑、盧徵、李衡、李巽。並曾掌判財賦，各有績用可稱，資望人才，亦堪獎任。聖旨以淮南未可移動，盧徵又近改官，令臣擇一人，與江西追取李衡者。

臣以支計之司，當今所切，常須銜制黠吏，不可斯須闕人。待追李衡，數月方到，或恐綱條弛紊，錢物隱欺。李巽近追到城，請授給事中，且令權判。若處理稱職，便除户部侍郎，如材不相當，則待李衡到，別商量處分。既免曠廢於事，又得閲試其能，兩人之中，必有可取。陛下累稱穩便，許依所奏施行。臣又退更詳思，以爲無易於此。希顔適宜進止：『李巽知度支，恐未相當，且空與給事中。朕更思量，司農少卿裴延齡，甚公清有才，宜令判度支。便進擬狀來，其李衡亦從追取者。』

伏以周制六官，實司理本，冢宰制國用，量入爲出；司徒掌邦賦，敷教恤人。今之度支，兼此二柄。準平萬貨，均節百司，有無懋遷，豐敗相補，利害關黎元之性命，費省繫財物之盈虚。加以饋餉邊軍，資給禁旅，刻吝則生患，寬假則容姦，若非其人，不可輕授。裴延齡僻戾而好動，躁妄而多言，遂非不悛，堅僞無耻，豈獨有識深鄙，兼爲流俗所嗤。頃列班行，已塵清貫，更居要重，必斁大猷，是將取笑四方，貽殃兆庶，尸禄之責，固宜及於微臣；知人之明，亦恐傷於聖鑑。伏願重循前議，俯察愚誠，更於四人之中選擇，取其尤者，庶諧僉屬，不紊朝經。延齡妄誕小人，任之交駭物聽，臣雖熟知不可，猶慮所見未周。趙憬眼疾漸瘳，後日即合假滿，待其朝謁，乞更參詳。去邪勿疑，天下幸甚！謹奏。

論齊映齊抗官狀

右。希顔奉宣進止：『卿等所進齊映替李衡，緣江南與湖南接近，齊映、齊抗既是當家，同任方面，事非穩便，宜別商量者。』

齊映、齊抗，同姓別房，既非五服之親，則與衆人無異。聖朝推誠致理，未嘗先事示疑。曩之李皐、李兼，鄰接方鎮；今之韓潭、全義，密邇軍城。此例甚多，無足爲慮。但以中朝要職，常苦乏人，至如映、抗良才，並當臺閣妙選。臣等先請授映禮部，聖旨令且向外商量。儻許移鎮江西，亦是漸加恩獎。齊抗文學足用，精敏罕儔，掖垣之駁議司言，南宮之掌賦承轄，俾居其任，皆謂當才。若蒙追赴闕庭，試加顧問，察言稽行，必有可觀。可否之宜，伏候進止。

請減京東水運收脚價於沿邊州鎮儲蓄軍糧事宜狀

右。臣伏見陛下每垂睿心，經略邊境，增築城壘，加置戍兵，至於春秋衣裝，歲時宴犒，先後遲速，悉由宸衷。其爲憂勤，可謂至矣！其爲資費，亦已多矣！蓋以安人固國，不憚煩勞，此誠慎慮之深者也。然於儲蓄大計，則未降意良圖，但任有司，隨月供應。近歲蕃戎小息，年穀屢登，所支軍糧，猶有匱乏，邊書告闕，相繼于朝。儻遇水旱爲災，粟糴翔貴，兇醜匪茹，寇擾淹時，或負輓力殫，或餽餉路絶，則戍兵雖衆不足恃，城壘雖固不克居。是使積年完聚之勞，適資一夕潰敗之辱。此乃理有必至，而事無幸濟者也。臣竊爲陛下惜之！

軍志曰：『雖有石城十仞，湯池百步，無粟不能守也。』故晁錯論安邊之策，要在積穀；充國建破羌之議，先務屯田。歷代制禦四夷，常爲國之大事，勇者奮其力，智者貢其謀，攻守異宜，盛衰殊勢，柔服而不勞師旅者，則常聞之矣；屯師而不務農食者，未嘗有焉。今陛下廣徵甲兵，分守城鎮，除所在營田稅畝自供之外，仰給於度支者，尚八九萬人。千里餽糧，涉履艱險，運米一斛達于邊軍，遠或費錢五六千，近者猶過其半。犯雪霜皸瘃之苦，冒豺狼剽掠之虞，四時之間，無日休息，傾財用而竭物力，猶苦日給之不充，其於儲蓄以備非常，固亦絶意而不暇思也。夫屯兵守土以備寇戎，至而無糧，守必不固矣。遇寇不守，則如勿屯。平居有殘人耗國之煩，臨難有啓敵納侮之禍，所養非所用，所失非所虞，以爲制備之規，臣竊謂疎矣。

頃者吐蕃尚結贊率其醜類越軼封疆，朔方、五原相繼淪陷，雖由將帥不武，亦因匱乏得辭。其事未遥，足爲深戒。昧理而好諛者必曰：『當結贊入寇之日，遇賊泚作亂之餘，戍卒未多，邊農尚寡。今則甲兵大備，稼穡屢豐，比於曩時，勢不同等。』臣請復陳近效，以質浮詞。今年夏初，寇犯靈武，禦則寡力，守則乏糧，告急求哀，匪朝伊夕。有司爲之請罪，陛下爲之軫憂，遽擇使臣，奔波督運，積財以資用，高價以招人。賴蕃戎自旋，糧道獲濟，封略不壞，固非成謀。然則鹽夏覆而靈武全，唯在幸與不幸之間耳。是皆無不拔之勢，有可駭之危，其爲規制之方，所謂同歸於失矣。議者是當今而非既往，豈不曰昧理而好諛乎？

今戍卒之加於往時，臣固知之矣；今邊農之廣於往歲，臣亦知之矣。所謂同歸於失者，在於措置乖當，蓄斂乖宜，利之所生，害亦隨至故也。陛下忿蕃醜之暴掠，懲邊鎮之空虚，繕甲益兵，庇人保境，此誠雄武之英志，覆育之仁心，刷憤耻而揚威聲，海内咸望有必攻之期矣。既而統師無律，制事失權，戍卒不隸於守臣，守臣不總於元帥。至有一城之將，一旅之兵，各降中使監臨，皆承别詔委任。分鎮亘千里之地，莫相率從；緣邊列十萬之師，不設謀主。每至犬羊犯境，方馳書奏取裁，行李往來，動踰旬日。比蒙徵發救援，寇已獲勝罷歸，小則蹂藉麥禾，大則驅掠人畜。是乃益兵甲而費財用，竟何補侵軼之患哉？夫將貴專謀，軍尚氣勢，訓齊由乎紀律，制勝在於機權。是以兵法有分閫之詞，有合拳之喻，有進退如一之令，有便宜從事之規。故能動作協變通，制備垂永久，出則同力，居則同心，患難相交，急疾相赴。兵之奉將，若四支之衛頭目；將之守境，若一家之保室廬。然後可以扞寇讎，護甿庶，蕃畜牧，辟田疇。天子唯務擇人而任之，則高枕無虞矣。吐蕃之比於中國，衆寡不敵，工拙不侔，然而彼攻有餘，我守不足，蓋彼之號令由將，而我之節制在朝；彼之兵衆合并，而我之部分離析。夫部分離析，則紀律不一而氣勢不全；節制在朝，則謀議多端而機權多失。臣故曰：『措置乖當。』此之謂乎！

陛下頃以邊兵衆多，轉饋勞費，設就軍和糴之法以省運，制與人加倍之價以勸農。此令初行，人皆悦慕，争趨厚利，不憚作勞，耕稼日滋，粟麥歲賤。向使有司識重輕之術，弘久遠之謀，守之有恒，施之有制，謹視豐耗，善計收積，菽麥必歸於公廩，布帛悉入於農夫，其或有力而無資，願居而靡措，貸其種食，假以犂牛，自然戍卒忘歸，貧人樂徙，可以足食，可以實邊。無屯田課責之勞，而儲蓄自廣；無征役踐更之擾，而守備益嚴。果能用之，足謂長算。既而有司隘吝，不克將順，忘國家制備之謀，行市道苟且之意。當稔而願糴者，則務裁其價，不時斂藏；遇災而艱食者，則莫揆乏糧，抑使收糴。遂使豪家貪吏，反操利權，賤取於人，以俟公私之乏困，乘時所急，十倍其贏。又有勢要近親，羈遊之士，或託附邊將，或依倚職司，委賤糴於軍城，取高價於京邑，坐致厚利，實繁有徒。欲勸農而農不獲饒，欲省費而費又愈甚。復以制事無法，示人不誠，每至和糴之時，多支絺紵充直。窮邊寒沍，不任衣裘；絶野蕭條，無所貨鬻。且又虚張估價，不務準平，高下隨喜怒之心，精麤在胥吏之手，既無信義率下，下亦以僞應之，度支物估轉高，軍郡穀價轉貴，遞行欺罔，不顧憲章，互相制持，莫可禁止。度支以苟售滯貨爲功利，而不察邊食之盈虚；軍司以所得加價爲羡餘，而不恤農人之勤苦。雖設巡院，使相監臨，既失綱條，轉成囊橐。至有空申簿帳，僞指囷倉，計其數則億萬有餘，考其實則百十不足。巡院巧誣於會府，會府承詐以上聞。幸逢有年，復遇無事，吞聲補舊，引日偷安；若遇歲儉兵興，則必立至危迫。靈武之事，足爲明徵。臣故曰：『蓄斂乖宜。』此之謂也。邊之大事，在食與兵，今食則無儲，兵則乏帥，謂之有備，其可得乎？

近者沿邊諸州，頻歲大稔，穀糴豐賤，殊異往時，此乃天贊國家，永固封略之時也。而尚日不暇給，曾無遠圖，軍府有歉食之詞，穡人有悔耕之意，天贊而不受其利，農傷而不恤其窮，及凶災流行，播植墮廢，雖復悔恨，事何可追？臣是以屢屢塵煩，所惜在此。頃請擇人充使，委之平糴務農，陛下以理貴因循，未賜允許。又請乘時豐稔，邊城加貯軍糧，有司以經費無餘，其事復寢。臣謬當任使，待罪樞衡，雖神武之謀不資獻納，而職司之分，敢忘憂虞？夙夜疚心，晝如焚灼，輒復效其鄙薄，庶或裨補萬分。不勞人，不變法，不加賦稅，不費官錢，不廢耳目之娛，不節浮冗之用，唯於漕運一事，稍權輕重所宜，請爲陛下致邊軍十萬人一年之糧，以爲艱急之備。陛下誠能聽臣愚計，不受沮傷，百日之間，收貯總畢。轉運常行之務，既無失於舊規；太倉歲入之儲，亦不闕其恒數。圖慮至熟，更無所妨，謹具揚搉上陳，惟陛下留意省察。

舊制以關中王者所都，萬方輻輳，人殷地狹，不足相資，加以六師糗糧、百官禄廩，邦畿之稅，給用不充，所以控引東方，歲運租米。冒淮、湖風浪之弊，泝河、渭湍險之艱，所費至多，所濟蓋寡。習聞見而不達時宜者則曰：國之大事，不計費損，故承前有用一斗錢運一斗米之言，雖知勞煩，不可廢也。習近利而不防遠患者則曰：每至秋成之時，但令畿内和糴，既易集事，又足勸農，何必轉輸，徒耗財賦？臣以兩家之論，互有短長，各申偏執之懷，俱昧變通之術。其於事理，可得粗言：夫聚人以財，而人命在食。將制國用，須權重輕。食不足而財有餘，則弛於積財而務實倉廪；食有餘而財不足，則緩於積食而嗇用貨泉。若國家理安，錢穀俱富，烝黎蕃息，力役靡施，然後恒操羨財，益廣漕運，雖有厚費，適資貧人。三者不失其時之所宜，則輕重中權，而國用有制矣。

開元、天寶之際，承平日久，財力阜殷，禄食所頒，給用亦廣，所以不計糜耗，勵贍軍儲，至使流俗過言，有用一斗錢運一斗米之説。然且散有餘而備所乏，雖費何害焉？斯所謂操羨財以廣漕運者也。貞元之始，巨盜初平，太倉無兼月之儲，關輔遇連年之旱，而有司奏停水運，務省脚錢，至使郊畿之間，煙火殆絶，都市之内，餒殍相望。斯所謂覩近利而不防遠患者也。近歲關輔之地，年穀屢登，數減百姓税錢，許其折納粟麥，公儲委積，足給數年，田農之家，猶困穀賤。今夏江、淮水潦，漂損田苗，比於常時，米貴加倍，甿庶匱乏，流庸頗多。關輔以穀賤傷農，宜加價糴穀以勸稼穡；江、淮以穀貴民困，宜減價糶米以救凶災。今宜糴之處則無錢，宜糶之處則無米，而又運彼所乏，益此所餘，斯所謂習見聞而不達時宜者也。今淮南諸州，米每斗當錢一百五十文，從淮南轉運至東渭橋，每斗船脚又約用錢二百文，計運米一斗，總當錢三百五十文。其米既糙且陳，尤爲京邑所賤，今據市司月估，每斗只糶得錢三十七文而已。耗其九而存其一，餒彼人而傷此農，制事若斯，可謂深失矣。

頃者每年從江西、湖南、浙東、浙西、淮南等道，都運米一百一十萬石送至河陰，其中減四十萬石留貯河陰倉，餘七十萬石送至陝州；又減三十萬石留貯太原倉，唯餘四十萬石送赴渭橋輸納。臣詳問河陰、太原等倉留貯之意，蓋因往年蟲旱，關輔荐饑，當崔造作相之初，懲元琇罷運之失，遂請每年轉漕米一百萬石以贍京師。比至中塗，力殫歲盡，所以節級停減，分貯諸倉。每至春水初通，江、淮所般未到，便取此米入運，免令停滯舟船。江、淮新米至倉，還復留納填數，輪環貯運，頗亦協宜，不必每歲加般，以增不急之費。所司但遵舊例，曾不詳究源由，邇來七年，積數滋廣。臣近勘河陰、太原等倉，見米猶有三百二十餘萬石，河陰一縣，所貯尤多。倉廩充盈，隨便露積，舊者未盡，新者轉加，歲月漸深，耗損增甚。縱絶江、淮輸轉，且運此米入關，七八年間，計猶未盡。況江、淮轉輸，般次不停，但恐過多，不慮有闕。今歲關中之地，百穀豐成，京尹及諸縣令，頻以此事爲言，憂在京米粟太賤，請廣和糴，以救農人。臣今計料所糴多少〔一〕，皆云可至百餘萬石。又令量定所糴估價〔二〕，通計諸縣貴賤，并雇船車，般至太倉，穀價約四十有餘，米價約七十以下。此則一年和糴之數，足當轉運二年，一斗轉運之資，足以和糴五斗。比較即時利害，運務且合悉停。

臣竊慮運務若停，則舟船無用，舟船無用，則壞爛莫修，儻遇凶災，復須轉漕，臨時鳩集，理必淹遲。夫立法裁規，久必生弊，經略之念，始慮貴周。不以積習害機宜，不以近利隳永制，不貴功於當代，不流患於他時，慮遠防微，是其均濟。臣今所獻，庶近於斯。減所運之數以實邊儲，存轉運之務以備時要，其於詳審，必免貽憂。舊例從江、淮諸道運米一百一十萬石至河陰，來年請停八十萬石，運三十萬石。舊例從河陰運米七十萬石至太原倉，來年請停五十萬石，運二十萬石。舊例從太原倉運米四十萬石至東渭橋，來年請停二十萬石，運二十萬石。其江、淮所停運米八十萬石，請委轉運使於遭水州縣，每斗八十價出糶。計以糙米與細米分數相接之外，每斗猶減時價五十文，以救貧乏。計得錢六十四萬貫文，節級所減運脚，計得六十九萬貫，都合得錢一百三十三萬貫。數内請支二十萬貫付京兆府，令於京城内及東渭橋，開聲和糴米二十萬石，每斗與錢一百文，計加時估價三十已上，用利農人。其米便送東渭橋及太原倉收貯，充填每年轉漕四十萬石之數並足；餘尚有錢一百一十三萬貫文，以供邊鎮和糴。臣已令度支巡院勘問諸軍州米粟時價，兼與當管長吏商量，令計見墾之田，約定所糴之數。得鳳翔、涇隴、邠寧慶、鄜坊丹延、夏綏銀、靈鹽、振武等道，良原、長武、平凉等城報，除度支旋糴供軍之外，別擬儲備者，計可糴得粟一百三十五萬石。其臨邊州縣，各於當處時價之外，更加一倍；其次每十分加七分；又其次每十分加五分。通計一百三十五萬石，當錢一百二萬六千貫文，猶合剩錢十萬四千貫，留充來年和糴。所於江、淮糴米，及減運米脚錢，請並委轉運使便折市綾、絹、絁、綿四色，即作船般送赴上都。邊地早寒，斂藏向畢，若待此錢送到，即恐收糴過時，請且貸户部別庫物充用。本色續到，便令折填。其所貸户部別庫物，亦取綾、絹、絁、綿四色，並依平估價，務利農人。仍取度支官畜及車，均融般送。請各委當道節度，及當城兵馬使，與監軍中使，并度支和糴巡院官同受領，便計會和糴。各量人户墾田多少，先付價直，立限納粟；不願糴者，亦勿强徵。其有納米者，每米六升折粟一斗。應所糴得米粟，亦委此三官同檢覆，分於當管城堡之內，揀擇高燥牢固倉窖等收納封閉。仍以貯備軍糧爲名，非緣城守絶糧及承別敕處分，並不得輒有支用。待收糴畢，具所糴數并收貯處所聞奏，并報中書門下。總計貯備粟一百三十五萬石，是十一萬二千五百人一年之糧。來秋若遇順成，又可更致百餘萬石。

邊蓄既富，邊備自修，以討則有齎，以守則可久，以加兵則不憂所至乏食，以斂糴則不爲貪將所邀。恢疆保境者，得以遂其謀；蹙國跳軍者，無所辭其罪。是乃立武之根柢、安邊之本源，守土庇人，莫急於此。傾公藏而發私積，猶當悉力以務之，況今不擾一人，無廢百事，但於常用之內，收其枉費之資、百萬羸糧，坐實邊鄙；又有勸農賑乏之利存乎其間。此蓋天錫陛下攘戎狄而安國家之時，不可失也。

陛下誠能過聽愚計，先聚軍儲，慎擇良圖，更貞師律，蠢爾兇醜，自當畏威。縱迷款塞之心，必無猾夏之慮。伏惟少留睿思，詳省而明斷之。其所停減運脚，臣已與本司審細計料，并邊鎮分配和糴數，及米粟估價等數，各得別狀，條件分析，謹同封進，聽進止。

校勘記

〔一〕「令」，原作「今」，據道光本改。

〔二〕「令」，原作「今」，據道光本改。

陸贄集卷十九

中書奏議三

論緣邊守備事宜狀

右。臣歷覽前代史書，皆謂鎮撫四夷，宰相之任。不揆闇劣，屢敢上言，誠以備邊禦戎，國家之重事；理兵足食，備禦之大經。兵不理則無可用之師，食不足則無可固之地。理兵在制置得所，足食在斂導有方。陛下幸聽愚言，先務積穀，人無加賦，官不費財，坐致邊儲，數逾百萬。諸鎮收糴，今已向終，分貯軍城，用防艱急，縱有寇戎之患，必無乏絶之憂。守此成規，以爲永制，恒收冗費，益贍邊農，則更經二年，可積十萬人三歲之糧矣。足食之原粗立，理兵之術未精，敢試籌量，庶備採擇。

伏以戎狄爲患，自古有之，其於制禦之方、得失之理，備存史籍，可得而言。大抵尊即序者則曰：『非德無以化要荒。』曾莫知威不立，則德不能馴也。樂武威者則曰：『非兵無以服凶獷。』曾莫知德不修，則兵不可恃也。務和親者則曰：『要結可以睦鄰好。』曾莫知我結之，而彼復解之也。美長城者則曰：『設險可以固邦國而扞寇讎。』曾莫知力不足而人不堪，則險之不能恃，城之不能有也。尚薄伐者則曰：『驅遏可以禁侵暴而省征徭。』曾莫知兵不鋭，壘不完，則遏之不能勝，驅之不能去也。議邊之要，略盡於斯，雖互相譏評，然各有偏駁。聽一家之説，則理例可徵；考歷代所行，則成敗異效。是由執常理以御其不常之勢，徇所見而昧於所遇之時。

夫中夏有盛衰，夷狄有强弱，事機有利害，措置有安危，故無必定之規，亦無長勝之法。夏后以序戎而聖化茂，古公以避狄而王業興；周城朔方而玁狁攘，秦築臨洮而宗社覆；漢武討匈奴而貽悔，太宗征突厥而致安；文、景約和親而不能弭患於當年，宣、元弘撫納而足以保寧於累葉。蓋以中夏之盛衰異勢，夷狄之强弱異時，事機之利害異情，措置之安危異便。知其事而不度其時則敗，附其時而不失其稱則成，形變不同，胡可專一！

夫以中國强盛，夷狄衰微，而能屈膝稱臣，歸心受制，拒之則阻其嚮化，滅之則類於殺降，安得不存而撫之，即而序之也？又如中國强盛，夷狄衰微，而尚棄信忤盟，蔑恩肆毒，諭之不變，責之不懲，安得不取亂推亡，息人固境也？其有遇中國喪亂之弊，當夷狄强盛之時，圖之則彼釁未萌，禦之則我力不足，安得不卑詞降禮，約好通和，啖之以利，以引其歡心，結之以親，以紓其交禍？縱不必信，且無大侵，雖非御戎之善經，蓋時事亦有不得已而然也。儻或夷夏之勢，强弱適同，撫之不寧，威之不靖，力足以自保，勢不足以出攻，安得不設險以固軍，訓師以待寇，來則薄伐以遏其深入，去則攘斥而戒於遠追？雖非安邊之令圖，蓋勢力亦有不得已而然也。故夏之即序，周之于攘，太宗之翦亂，皆乘其時而善用其勢者也；古公之避狄，文、景之和親，神堯之降禮，皆順其時而不失其稱者也；秦皇之長城，漢武之窮討，皆知其事而不度其時者也。向若遇孔熾之勢，行即序之方，則見侮而不從矣；乘可取之資，懷畏避之志，則失機而養寇矣；有攘却之力，用和親之謀，則示弱而勞費矣；當降屈之時，務翦伐之略，則召禍而危殆矣。故曰：知其事而不度其時則敗，附其時而不失其稱則成。是無必定之規，亦無長勝之法，得失著效，不其然歟！

至於察安危之大情，計成敗之大數，百代之不變易者，蓋有之矣。其要在於失人肆欲則必蹶，任人從衆則必全。此乃古今所同，而物理之所壹也。國家自禄山構亂，肅宗中興，撤邊備以靖中邦，借外威以寧内難，於是吐蕃乘釁，吞噬無厭，回紇矜功，馮凌亦甚。中國不遑振旅，四十餘年。使傷耗遺甿，竭力蠶織，西輸賄幣，北償馬資，尚不足塞其煩言，滿其驕志；復又遠徵士馬，列戍疆陲，猶不能遏其奔衝，止其侵侮。小入則驅略黎庶，深入則震驚邦畿。時有議安邊之策者，多務於所難而忽於所易，勉於所短而略於所長。遂使所易所長者，行之而其要不精；所難所短者，圖之而其功靡就。憂患未弭，職斯之由。

夫制敵行師，必量事勢，勢有難易，事有後先。力大而敵脆，則先其所難，是謂奪人之心，暫勞而久逸者也；力寡而敵堅，則先其所易，是謂固國之本，觀釁而後動者也。頃屬多故，人勞未瘳，而欲廣發師徒，深踐寇境，復其侵地，攻其堅城，前有勝負未必之虞，後有饋運不繼之患，儻或撓敗，適所以啓戎心而挫國威，以此爲安邊之謀，可謂不量事勢而務於所難矣。

天之授者，有分事，無全功；地之產者，有物宜，無兼利。是以五方之俗，長短各殊，長者不可踰，短者不可企。勉所短而校其所長，必殆，用所長而乘其所短，必安。强者乃以水草爲邑居，以射獵供飲茹，多馬而尤便馳突，輕生而不耻敗亡，此戎狄之所長也。戎狄之所長，乃中國之所短。而欲益兵蒐乘，角力爭驅，交鋒原野之間，决命尋常之內，以此爲禦寇之術，可謂勉所短而校其所長矣。務所難，勉所短，勞費百倍，終於無成，雖果成之，不挫則廢。豈不以越天授而違地產，虧時勢以反物宜者哉！

將欲去危就安，息費從省，在其慎守所易，精用所長而已。若乃擇將吏以撫寧衆庶，修紀律以訓齊師徒，耀德以佐威，能邇以柔遠，禁侵掠之暴以彰吾信，抑攻取之議以安戎心，彼求和則善待而勿與結盟，彼爲寇則嚴備而不務報復，此當今之所易也。賤力而貴智，惡殺而好生，輕利而重人，忍小以全大，安其居而後動，俟其時而後行。是以修封疆，守要害，塹蹊隧，壘軍營，謹禁防，明斥候，務農以足食，練卒以蓄威，非萬全不謀，非百克不鬭。寇小至則張聲勢以遏其入，寇大至則謀其入〔一〕以邀其歸。據險以乘之，多方以悞之，使其勇無所加，衆無所用，掠則靡獲，攻則不能，進有腹背受敵之虞，退有首尾難救之患，所謂乘其弊，不戰而屈人之兵，此中國之所長也。我之所長，乃戎狄之所短，我之所易，乃戎狄之所難。以長制短，則用力寡而見功多，以易敵難，則財不匱而事速就。捨此不務，而反爲所乘，斯謂倒持戈矛，以鐏授寇者也。今則皆務之矣，然猶封守未固，寇戎未懲者，其病在於謀無定用，衆無適從。所任不必才，才者不必任；所聞不必實，實者不必聞；所信不必誠，誠者不必信；所行不必當，當者未必行。故令措置乖方，課責虧度，財匱於兵衆，力分於將多，怨生於不均，機失於遥制。臣請爲陛下粗陳六者之失，惟明主慎聽而熟察之。

臣聞工欲善其事，必先利其器；武欲勝其敵，必先練其兵。練兵之中，所用復異。用之於救急，則權以紓難；用之於暫敵，則緩以應機。故事有便宜而不拘常制，謀有奇詭而不徇衆情，進退死生，唯將所命，此所謂攻討之兵也。用之於屯戍則事資可久，勢異從權，非物理所愜不寧，非人情所欲不固；夫人情者，利焉則勸，習焉則安，保親戚則樂生，顧家業則忘死，故可以理術馭，不可以法制驅，此所謂鎮守之兵也。夫欲備封疆，禦戎狄，非一朝一夕之事，固當選鎮守之兵以置焉。古之善選置者，必量其性習，辨其土宜，察其技能，知其欲惡，用其力而不違其性，齊其俗而不易其宜，引其善而不責其所不能，禁其非而不處其所不欲，而又類其部伍，安其室家，然後能使之樂其居，定其志，奮其氣勢，結其恩情。撫之以惠則感而不驕，臨之以威則肅而不怨，靡督課而人自爲用，弛禁防而衆自不攜，故出則足兵，居則足食，守則固，戰則强。其術無他，便於人情而已矣。今者散徵士卒，分戍邊陲，更代往來以爲守備，是則不量性習，不辨土宜，邀其所不能，强其所不欲，求廣其數而不考其用，將致其力而不察其情，斯可以爲羽衛之儀，而無益於備禦之實也。何者？窮邊之地，千里蕭條，寒風裂膚，驚沙慘目，與豺狼爲鄰伍，以戰鬭爲嬉游，晝則荷戈而耕，夜則倚烽而覘，日有剽害之慮，永無休暇之娱，地惡人勤，於斯爲甚。自非生於其域，習於其風，幼而覩焉，長而安焉，不見樂土而不遷焉，則罕能寧其居而狎其敵也。關東之壤，百物阜殷，從軍之徒，尤被優養，慣於温飽，狎於歡康，比諸邊隅，若異天地。聞絶塞荒陬之苦，則辛酸動容；聆强蕃勁虜之名，則懾駭奪氣。而乃使之去親族，捨園廬，甘其所辛酸，抗其所懾駭，將冀爲用，不亦疏乎！矧又有休代之期，無統帥之馭，資奉若驕子，姑息如倩人，進不邀之以成功，退不處之以嚴憲，其來也咸負得色，其止也莫有固心，屈指計歸，張頤待飼；僥幸者猶患還期之賒緩，恒念戎醜之充斥，王師挫傷，則將乘其亂離，布路東潰，情志且爾，得之奚爲？平居則殫耗資儲，以奉浮冗之衆，臨難則投棄城鎮，以摇遠近之心，其弊豈唯無益哉，固亦將有所撓也。復有抵犯刑禁，謫徙軍城，意欲增户實邊，兼令展效自贖，既是無良之類，且加懷土之情，思亂幸災，又甚戍卒，適足煩於防衛，諒無望於功庸，雖前代時或行之，固非良算之可遵者也。復有擁旄之帥，身不臨邊，但分偏師，俾守疆埸。大抵軍中壯鋭，元戎例選自隨，委其疲羸，乃配諸鎮。節將既居内地，精兵祇備紀綱，遂令守要禦衝，恒在寡弱之卒。寇戎每至，力勢不支，入壘者纔足閉關，在野者悉遭劫執。恣其芟蹂，盡其搜驅，比及都府聞知，虜已克獲旋返。且安邊之本，所切在兵，理兵若斯，可謂措置乖方矣。

夫賞以存勸，罰以示懲，勸以懋有庸，懲以威不恪。故賞罰之於馭衆也，猶繩墨之於曲直，權衡之於重輕，輗軏之所以行車，銜勒之所以服馬也。馭衆而不用賞罰，則善惡相混而能否莫殊；用之而不當功過，則姦妄寵榮而忠實擯抑。夫如是，若聰明可衒，律度無章，則用與不用，其弊一也。自頃權移於下，柄失於朝，將之號令既鮮克行之於軍，國之典常又不能施之於將，務相遵養，苟度歲時。欲賞一有功，翻慮無功者反側；欲罰一有罪，復慮同惡者憂虞。罪以隱忍而不彰，功以嫌疑而不賞，姑息之道，乃至於斯！故使妄身效節者，獲誚於等夷；率衆先登者，取怨於士卒；僨軍蹙國者，不懷於愧畏；緩救失期者，自以爲智能。褒貶既闕而不行，稱毁復紛然相亂，人雖欲善，誰爲言之？況又公忠者直己而不求於人，反罹困厄；敗撓者行私而苟媚於衆，例獲優崇。此義士所以痛心，勇夫所以解體也。又有遇敵而所守不固，陳謀而其效靡成，將帥則以資糧不足爲詞，有司復以供給無闕爲解。既相執證，理合辨明，朝廷每爲含糊，未嘗窮究曲直。措理者含聲而靡訴，誣善者罔上而不慚，馭將若斯，可謂課責虧度矣。

課責虧度，措置乖方，將不得竭其才，卒不得盡其力，屯集雖衆，戰陣莫前。虜每越境橫行，若涉無人之地，遞相推倚，無敢誰何，虛張賊勢上聞，則曰兵少不敵。朝廷莫之省察，唯務徵發益師，無裨備禦之功，重增供億之弊。閭井日耗，徵求日繁，以編户傾家破産之資，兼有司榷鹽税酒之利，總其所入，半以事邊。制用若斯，可謂財匱於兵衆矣。

今四夷之最强盛，爲中國甚患者，莫大於吐蕃。舉國勝兵之徒，纔當中國十數大郡而已。其於内虞外備，亦與中國不殊，所能寇邊，數則蓋寡。且又器非犀利，甲不堅完，識迷韜鈐，藝乏蹻敏。動則中國懼其衆而不敢抗，静則中國憚其强而不敢侵。厥理何哉？良以中國之節制多門，蕃醜之統帥專一故也。夫統帥專一，則人心不分；人心不分，則號令不貳；號令不貳，則進退可齊；進退可齊，則疾徐如意；疾徐如意，則機會靡愆；機會靡愆，則氣勢自壯。斯乃以少爲衆，以弱爲强，變化翕辟，在於反掌之内。是猶臂之使指，心之制形，若所任得人，則何敵之有？夫節制多門，則人心不一；人心不一，則號令不行；號令不行，則進退難必；進退難必，則疾徐失宜；疾徐失宜，則機會不及；機會不及，則氣勢自衰。斯乃勇廢爲尫，衆散爲弱，逗撓離析，兆乎戰陣之前；是猶一國三公，十羊九牧，欲令齊肅，其可得乎？開元、天寶之間，控禦西北兩蕃，唯朔方、河西、隴右三節度而已，猶慮權分勢散，或使兼而領之。中興已來，未遑外討，僑隷四鎮於安定，權附隴右於扶風，所當西北兩蕃，亦朔方、涇原、隴右、河東四節度而已，關東戍卒，至則屬焉。雖委任未盡得人，而措置尚存典制。自頃逆泚誘涇原之衆叛，懷光汚朔方之軍，割裂誅鋤，所餘無幾。而又分朔方之地，建牙擁節者，凡三使焉。其餘鎮軍，數且四十，皆承特詔委寄，各降中貴監臨，人得抗衡，莫相稟屬。每俟邊書告急，方令計會用兵，既無軍法下臨，唯以客禮相待。是乃從容拯溺，揖讓救焚，冀無阽危，固亦難矣。夫兵，以氣勢爲用者也，氣聚則盛，散則消；勢合則威，析則弱。今之邊備，勢弱氣消，建軍若斯，可謂力分於將多矣。

理戎之要，最在均齊，故軍法無貴賤之差，軍實無多少之異，是將所以同其志而盡其力也。

如或誘其志意，勉其藝能，則當閲其材，程其勇，校其勞逸，度其安危，明申練覈優劣之科，以爲衣食等級之制，使能者企及，否者息心，雖有厚薄之殊，而無觖望之釁。蓋所謂日省月試，餼廩稱事，如權量之無情於物，萬人莫不安其分而服其平也。今者窮邊之地，長鎮之兵，皆百戰傷夷之餘，終年勤苦之劇，角其所能則練習，度其所處則孤危，考其服役則勞，察其臨敵則勇；然衣糧所給，唯止當身，例爲妻子所分，常有凍餒之色。而關東戍卒，歲月踐更，不安危城，不習戎備，怯於應敵，懈於服勞；然衣糧所頒，厚踰數等，繼以茶藥之饋，益以蔬醬之資，豐約相形，懸絶斯甚。又有素非禁旅，本是邊軍，將校詭爲媚詞，因請遥隸神策，不離舊所，唯改虚名，其於廩賜之饒，遂有三倍之益。此則儔類所以忿恨，忠良所以憂嗟，疲人所以流亡，經費所以褊匱。夫事業未異而給養有殊，人情不能甘也。況乎矯佞行而廩賜厚，績藝劣而衣食優，苟未忘懷，孰能無愠？不爲戎首，則已可嘉，而欲使其協力同心，以攘寇難，雖有韓、白、孫、吴之將，臣知其必不能焉。養士若斯，可謂怨生於不均矣。

凡欲選任將帥，必先考察行能，然後指以所授之方，語以所委之事，令其自揣可否，自陳規模。須某色甲兵，藉某人參佐，要若干士馬，用若干資糧，某處置營，某時成績，始終要領，悉俾經綸，於是覈其計謀，校其聲實。若謂材無足取，言不可行，則當退之於初，不宜貽慮於其後也；若謂志氣足任，方略可施，則當要之於終，不宜掣肘於其間也。夫如是，則疑者不使，使者不疑，勞神於選才，端拱於委任。既委其事，既足其求，然後可以覈其否臧，行其賞罰。受其賞者不以爲濫，當其罰者無得而辭，付授之柄既專，苟且之心自息。是以古之遣將帥者，君親推轂而命之曰：『自閫以外，將軍裁之。』又賜鈇鉞，示令專斷。故軍容不入國，國容不入軍，將在軍，君命有所不受。誠謂機宜不可以遠決，號令不可以兩從，未有委任不專，而望其尅敵成功者也。自頃邊軍去就，裁斷多出宸衷，選置戎臣，先求易制，多其部以分其力，輕其任以弱其心，雖有所懲，亦有所失。遂令分閫責成之義廢，死綏任咎之志衰，一則聽命，二亦聽命，爽於軍情亦聽命，乖於事宜亦聽命。若所置將帥必取於承順無違，則如斯可矣。若有意乎平兇靖難，則不可也。夫兩疆相接，兩軍相持，事機之來，間不容息，蓄謀而俟，猶恐失之，臨時始謀，固已疏矣。況乎千里之遠，九重之深，陳述之難明，聽覽之不一，欲其事無遺策，雖聖者亦有所不能焉。設使謀慮能周，其如權變無及！戎虜馳突，迅如風飈，馹書上聞，旬月方報。守土者以兵寡不敢抗敵，分鎮者以無詔不肯出師，逗留之間，寇已奔逼。託於救援未至，各且閉壘自全，牧馬屯牛，鞠爲椎剽；嗇夫樵婦，罄作俘囚。雖詔諸鎮發兵，唯以虛聲應援，互相瞻顧，莫敢遮邀。賊既縱掠退歸，此乃陳功告捷，其敗喪則減百而爲一，其捃獲則張百而成千。將帥既幸於總制在朝，不憂罪累；陛下又以爲大權由己，不究事情。用師若斯，可謂機失於遥制矣。

理兵而措置乖方，馭將而賞罰虧度，制用而財匱，建軍而力分，養士而怨生，用師而機失，此六者，疆埸之蟊賊，軍旅之膏肓也。蟊賊不除，而但滋之以糞溉，膏肓不療，而苟啖之以滑甘，適足以養其害，速其災，欲求稼穡豐登，膚革充美，固不可得也。臣愚謂宜罷諸道將士番替防秋之制，率因舊數而三分之：其一分，委本道節度使，募少壯願往邊城者以徙焉；其一分，則本道但供衣糧，委關内、河東諸軍州，募蕃、漢子弟願傅邊軍者以給焉；又一分，亦令本道但出衣糧，加給應募之人，以資新徙之業。又令度支散於諸道，和市耕牛，雇召工人，就諸軍城繕造器具。募人至者，每家給耕牛一頭，又給田農水火之器，皆令充備。初到之歲，與家口二人糧，并賜種子，勸之播植，待經一稔，俾自給家。若有餘糧，官爲收糴，各酬倍價，務獎營田。既息踐更徵發之煩，且無幸災苟免之弊，寇至則人自爲戰，時至則家自力農。是乃兵不得不强，食不得不足，與夫倏來忽往，其可同等而論哉！

臣又謂宜擇文武能臣一人，爲隴右元帥，應涇、隴、鳳翔、長武城、山南西道等節度管内兵馬，悉以屬焉；又擇一人爲朔方元帥，應鄜坊、邠寧、靈夏等節度管内兵馬，悉以屬焉；又擇一人爲河東元帥，河東、振武等節度管内兵馬，悉以屬焉。三帥各選臨邊要會之州以爲理所，見置節度，有非要者，隨所便近而并之。唯元帥得置統軍，餘並停罷。其三帥部内太原、鳳翔等府，及諸郡户口稍多者，慎柬良吏以爲尹守，外奉師律，内課農桑，俾爲軍糧，以壯戎府。理兵之宜既得，選帥之道既明，然後減姦濫虚浮之費以豐財，定衣糧等級之制以和衆，弘委任之道以宣其用，懸賞罰之典以考其成，而又慎守中國之所長，謹行當今之所易，則八利可致，六失可除。如是而戎狄不威懷、疆埸不寧謐者，未之有也。諸侯軌道，庶類服從，如是而教令不行，天下不理者，亦未之有也。

以陛下之英聖，人心之思安，四方之小休，兩寇之方静，加以頻年豐稔，所在積糧，此皆天贊國家，可以立制垂統之時也。時不久居，事不常兼，已過而追，雖悔無及。明主者不以言爲罪，不以人廢言，罄陳狂愚，惟所省擇。謹奏。

校勘記

〔一〕『謀其人』，咸豐重刻本作『明取捨』。

商量處置竇參事體狀

右。希顔奉宣進止：『朝來共卿等商量竇參事，卿等所奏，雖於大體甚好，然此人交結中外，意在不測。朕試根尋，灼然審知情狀，所以有此商量。又聞竇參在彼處，亦共諸處交通不絕。社稷事重，卿等只合與朕同憂。宜即作文書進來，此事非小，不可更遲者。』

臣面承深旨，又奉密宣，皆以社稷爲言，又知根尋已審，敢不上同憂憤，内絶狐疑，豈願遲回，更貽念慮！但以嘗經重任，斯謂大臣，進退之間，猶宜有禮，誅戮之際，不可無名。劉晏久掌貨財，當時亦招怨讟，及加罪責，事不分明，叛者既得以爲辭，衆人亦爲之懷愍。用刑曖昧，損累不輕，事例未遥，所宜重慎。竇參頃司鈞軸，頗怙恩私，貪饕貨財，引縱親黨，此則朝廷同議，天下共傳；至於潛懷異圖，將起大惡，跡既未露，人皆莫知。臣等親奉威顔，議加刑辟，但細。若不付外推鞫，則恐難定罪名，乞留睿聰，更少詳度。

竇參於臣素分，陛下固所明知，有何顧懷，輒欲營救？良以事關國體，義絶私嫌，所冀典刑不濫於清時，君道免虧於聖德，特希天鑑，俯亮愚誠。謹奏。

聞兇險之意，尚昧結構之由。況在衆流，何由察悉？忽行峻罰，必謂冤誣，群情震驚，事亦非

奏議竇參等官狀

右。希顔奉宣進止：『竇參結朕左右，兼有陰謀，皆有憑據，事不曖昧，只緣連及處多，不可推按。卿等宜更商量，若謂恐事體不穩，即且流貶向絶遠惡處。竇申、竇榮、李則之首末同惡，無所不至，又並微細，不比竇參，宜便商量處置。其竇參等所有朋黨親密，並不可容在側近，宜便條疏，盡發遣向僻遠無兵馬處；先雖已經流貶，更移向遠惡處者。』

伏以竇參罪犯，誠合誅夷。聖德含弘，務全事體，特寬嚴憲，俯貸餘生，始終之恩，實足感於庶品；仁育之惠，不獨幸於斯人。所議貶官，謹具別狀。其竇榮、竇申、李則之等，既皆同惡，固亦難容，然以得罪相因，法有首從，首當居重，從合差輕。參既蒙恩矜全，申等亦宜減降。又於黨與之内，亦有淑慝之殊，稍示區分，足彰勸勵。竇榮與參雖是近屬，亦甚相親，然於款密之中，都無邪僻之事，仍聞激憤，屢有直言，因此漸構猜嫌，晚年頗見疏忌。若論今者陰事，則尚未究端由；如據比來所行，必應不至兇險。恐須差異，以表詳明。

臣等商量，竇榮更貶遠官，竇申、則之並除名配流，謹具別狀進擬。庶允從輕之典，以洽好生之恩。

夫趨勢附權，時俗常態，苟無高節出衆，何能特立不群？竇參久秉鈞衡，特承寵渥，君之所任，孰敢不從？或遊於門庭，或結以中外，或偏被接引，或驟與薦延，如此之徒，十恒七八，若聽流議，皆謂黨私。自非甚與交親，安可悉從貶累！況竇參罷黜，迨欲周星，應是私黨近親，當時並已連坐，人心久定，不可復播。今者再責竇參，特緣別有結構，陛下親自尋究，審得事情，所與連謀，固知定數。今若普加譴斥，則恐翻類淪胥。罪無指名，誰不疑懼？中外洶洶，殊非令猷。臣等商量，除同謀陰邪事狀分明者，其餘一切更無所問，將爲穩便。未審可否？

請不簿録竇參莊宅狀

右。希顔奉宣進止：『凡是官吏貪濁，取受錢物，猶並徵贓，竇參負朕至深，廣納賄貨，又更交結，謀行惡事，其莊宅、錢物、奴婢之類，豈不合收納入官？竇參身既遠貶，亦恐被人破除隱没，今欲使人勾當收拾，卿等商量可否者。』

謹按國家典法，没入官産，唯有兩科：一謂姦贓，一謂叛逆。皆須先鞫犯狀，審得實情，憲司察寃，法寺論罪，會府覆奏，掖垣參詳，如是悉無異詞，然後謂之獄成，而聞於天子。其有抵於深辟者，制可既下，所司猶三五覆奏，庶或宥之。聖王愛人恤刑，乃至如此精慎。罪法既定，方合徵收，叛逆則盡没其家，姦贓則止徵所犯。蓋示懲戒，匪貪貨財，何嘗有罪未斷，有法未詳，而可以納其資産者也？伏惟聖德廣大，如天包含，懲忿於彝憲之中，念終於常情之外，已存惠貸，不置嚴刑。今若簿録其家，竊恐以財傷義。猥蒙下問，實荷皇明，輒罄愚誠，所祈天鑑！謹奏。

陸贄集卷二十

中書奏議四

請還田緒所寄撰碑文馬絹狀馬一匹并鞍，絹二千匹

右。田緒使節度隨軍劉瞻送書與臣，其書意，緣奉進止，令爲其亡父承嗣撰遺愛碑文，故送前件馬絹等，以申情貺。

臣先奉恩旨，令撰碑文，於今半年，竟未綴緝。良以勸戒之道，忠義攸先；褒貶之詞，《春秋》所重。爵位有僥倖而致，名稱非詐力可求。將使循軌轍者，畏昭憲而莫渝；怙姦妄者，顧清議而知耻。仲尼修《春秋》，而亂臣賊子懼，豈必臨之以武，脅之以刑哉！褒貶苟明，亦足助理。田承嗣阻兵犯命，靡惡不爲，竟逭天誅，全歸土壤，此乃先朝所愧恨，義士所惋嗟。今田緒尚干宸嚴，請頌遺愛，微臣隘踊，實憤於心。謬承恩光，備位台輔，既未能滌除姦慝，匡益大猷，而又飾其愧詞，以贊兇德，納彼重賂，以襲貪風，情所未安，事固難强。是以屢嘗執翰，不能措詞，輒投所操，太息而止。緣承聖誨，姑務懷柔，昨見田緒使人，臣亦婉爲報答，但告云：『所爲

碑頌，皆奉德音，既異私情，難承厚貺，候稍休暇，續當撰成。』既無拒絶之言，計亦不至疑阻。其來書謹封進，所送馬及絹等，令劉瞻便領却迴訖，不敢不奏。謹奏。

請依京兆所請折納事狀

京兆府先奏：『當管蟲食豌豆，全然不收，請據數折納大豆。』奉敕：『宜依度支續奏稱，據時估，豌豆每斗七十價已上，大豆每斗三十價已下。京兆府所請將大豆替豌豆，望令據估計錢數折納，則冀免損官司者。』

求瘼救災，國之令典。求瘼在知其所患，救災在恤其所無。只如螟蜮爲殃，豌豆全損，檢覆若非虚謬，地税固合免徵。直道而行，大體斯在。府司折納充數，已爲㦸下從權；度支準估計錢，乃是幸災規利。所得無幾，其傷實多。傷風得財，非謂理道。且豌豆爲物，入用甚微，舊例所支，唯充畜料，準數迴給大豆，諸司誰曰不然？計價剩徵，義將安在？理無所據，事不可從。望依前敕處分，未審可否？

議汴州逐劉士寧事狀

右。希顔奉宣聖旨：『適得李萬榮奏：「劉士寧因出遊獵，三軍將士遂閉城門不放入，發遣令赴朝廷。」萬榮安撫軍州，今已寧帖，卿等宜知悉者。』

伏以劉士寧昏荒暴慢，惡貫久盈，聖情愛人，久爲含忍，親離衆叛，自取奔亡，不勞師徒，克靖方鎮，恭承宣諭，欣賀實深！然梁、宋之間，地當要害，鎮壓齊、魯，控引江、淮，得其人則安則强，失其人則危則弱。此亦安危强弱之機也，陛下審之慎之！今士寧見逐，雖是衆情，萬榮總軍，且非朝旨。承前授任失宜，多爲此輩所誤。或恐奏事之人，苟私所奉之將，妄陳體勢，輒欲徼求。假使心無詐罔，其如識乏經通？與之籌量，鮮不撓敗。今軍州既定，足得安詳，望且選一朝臣，馳往宣勞，更淹旬日，徐察事情。見情而後圖之，則冀免有差失。候至坐日，續更面陳，謹先狀以聞。謹奏。

請不與李萬榮汴州節度使狀

右。希顔奉宣進止：『萬榮安撫有功，聞亦忠義，甚得衆心，若更淹遲，却恐事不穩便。今商量除一親王充節度使，且令萬榮知留後，其節度制便從内出。萬榮須與改官，卿等即商量進來者。』

臣性習懦頑，藝識空乏，辱當獎任，待罪宰司，事關安危，不敢容默。雖服戎角力，諒匪克堪，而經武伐謀，或有所見。夫制置之安危由勢，付授之濟否由才。勢如器焉，唯在所置，置之險地則覆，致之夷地則平；材如負焉，唯在所授，授踰其力則踣，授當其力則行。故負重者，不可以微劣勝；器大者，不可以輕易處。有巨力而加重負，猶懼蹶跌之不虞；擇安地而置大器，尚慮傾覆之難備。焉有委非所任，置非所安，而望其不顛不危？固亦難矣！

劉士寧窮兇極暴，衆所不容。李萬榮因人之心，閉城拒逐，爲國除害，亦有可嘉；誠宜星夜上聞，請擇節將。今所陳奏，頗涉張皇，但露徼求之情，殊無退讓之禮，據兹鄙躁，殊異純良。又聞本是滑人，偏厚當州將士，與之相得纔止三千，諸營之兵，已甚懷怨。據此頗僻，亦非將材。且邀君而力取其位，不忠；逐帥而謀代其權，不義。犯此二者，而加之非材，得志驕盈，不悖則敗。悖謂犯上，敗謂僨軍，俱爲厲階，莫見其可。今雖遽加寵命，務饜貪求，曲示保持，冀消兇慝，然其所行不遜，所得無名，縱之則反側而益疑，奪之則觖望而肆惡。夫善始而克終者猶寡，况始於不善而求能以義自全者乎？又緣嘗自蓄謀，以危主將，及居人上，恒恐見圖，必於部校之間，多有疑阻之釁，上下猜貳，何能久安？縱未干紀亂常，亦必喪師蹙境。所以承前方鎮之任，選建才德，而不副所委者，則有矣；其不由才德而授，終能殿邦固節者，未之有也。是猶置器欲安，而不擇可安之勢；負重欲濟，而不量可濟之材。處非所宜，不敗何待！

陛下若謂臣説體迂闊，有異軍機，引喻乖疏，不同事實，臣請指陳汴宋一管，近代成敗之跡，皆陛下之所經見者，以爲殷鑑，惟陛下覽而察之！往者田神功作鎮河南，領汴、宋、徐、泗、兖、鄆、曹、濮八州之地，兵食兼足，職貢備修。左肅青、齊，右弭滑、魏，南控淮、浙，北輔滎、瀍，殷如長城，不震不聳。此由制置於可安之地，付授得可濟之材，其爲利宜，斯謂大矣。及神功入覲，遘厲不還，先皇帝示眷悼之優崇，貪因循之便易，知神玉才不勝任，排衆議而竟授之。既而維御無方，經略失制，權歸豪將，勢散列城，禍機一興，内叛外破。委三軍於暴帥，陷五郡於匪人，轉輸所經，塗路亟阻。此由制置於必危之地，付授於必躓之才，其爲敗傷，亦已甚矣。近者劉玄佐驅攘巨猾，底復大梁，即鎮如兹，幾將十載。雖不能勤身節用，以撫疲甿，畢力竭誠，以揚丕烈；然尚號令由己，部屬畏威，緝修戎旅，振耀聲勢，遠邇談矚，且爲完軍，制持東方，猶有所倚。及玄佐殂没，朝廷命吴湊代之，士寧兇頑，輒敢眦睚。素非得衆，且甚不材，緩之旬時，必自離沮，隨機制馭，指顧可平。陛下念深黎元，姑務容養，適使姦徒得計，庸豎作狂，但肆醜厲之詞，豈懷任置之惠！運路幾絶，生人重殘，殷然坦翰之軍，鞠爲污染之俗。追思致患之本，豈不失於苟且哉？今若又授萬榮，則與士寧何異？負力而取，誰曰不然？邀取而除，孰爲非據？苟邀則不順，苟允則不誠，君臣之間，勢必嫌阻。與其圖之於滋蔓，不若絶之於萌芽。忘久遠而樂因循，固非英主御天下長算遠慮之計也。

且爲國之道，以義訓人，將教事君，先令順長，用能弭争奪之禍，絶窺覬之心。聖人所以興敬讓而服暴强，禮達而分定故也。假使士寧爲將，慢上虐人，萬榮懷奉國之誠，稟嫉惡之性，棄而違之，斯可矣；討而逐之，亦可矣；謀其帥而篡其位，則不可焉。何者？方鎮之臣，事多專制，欲加之罪，誰則無辭？若使傾奪之徒便得代居其任，利之所在，人各有心，此源潛滋，禍必難救。非獨長亂之道，亦開謀逆之端，四方諸侯，誰不解體？得一夫而喪群帥，其何利之有焉？矧兹一夫，猶未可保，徒亂風教，以生人心。

昨者所逐士寧，蓋起於倉卒，諸郡守將，固非連謀，一城師人，亦未協志。况又待之不一，撫之不均，黨助萬榮，其能有幾？仍各計度於成敗之勢，迴遑於逆順之名，安肯捐軀，與之同惡？今所以未即變者，皆爲萬榮所誘。許其賞給貨財，且相服從，以候制旨。陛下但於文武群臣之内，選一和惠寬敏，素爲軍旅所愛信者，命爲節度，仍降優詔，慰勞彼軍。奬萬榮以撫定之功，别加寵任；褒將士以輯睦之義，厚賜資裝。衆知保安，人且懷惠，舍此助亂，更將何求？揆其大情，理必寧息。萬榮縱欲跋扈，勢何能爲？三軍既自離心，列城又不爲援，緣其迫逐主將，諸道必復憎嫌，邇無所親，遠無所與，不勞天討，必自殲夷。陛下何所爲虞，而欲受其邀致？臣雖孱怯，竊有未安。昨因希顔宣旨却迴，已與趙憬等同附口奏，展轉申吐，慮多闕遺，臣更通夕詳思，恐亦無易於此，不勝拳拳愚懇，謹復密啓以聞。如蒙聖恩察納，臣即與趙憬等商量應須處置事宜，具作條件聞奏；儻後事有愆素，臣請受敗撓之罪。謹奏。

論度支令京兆府折税市草事狀

度支奏：『緣當年税草支用不充，諸場和市所得又少，所以每至秋夏，常有欠闕。請令京兆府折今年秋税和市草一千萬束，便令人户送入城輸納，每束兼車脚與折錢二十五文，既利貧人，兼濟公用。』希顔奉宣進止：『宜依者。』

伏以制事之體，所貴有常，順人之情，尤重改作。革而能當，尚恐未孚，動且非宜，曷由無擾？臣等每承睿旨，常以百姓爲憂，審知事不可行，安敢默而無述？每年蓄聚芻藁，所司素有恒規，計料税草不充，即便開場和市，既優價值，復及農收，人皆樂輸，事不勞擾。陛下追想往年之事，豈嘗有緣草不足，上關宸慮者乎！延齡欲衒己能，頗隳舊制，苟收經費之用，以資贏羨之功，遂使儲備空虚，支計寥落，厩圉告闕，頻煩聖聰。去歲已然，今夏尤甚，此乃不遵舊制之過也。

舊制何害而變之哉？臣等謹檢京兆府應徵地税草數，每年不過三百萬束，其中除留供諸縣館驛及鎮軍之外，應合入城輸納，唯二百三十萬而已。百姓般運，已甚艱辛，常迫春農，僅能得畢。今若更徵一千萬束，仍令並送入城，即是一年之間，併徵三年税草，計其所加車脚，則又四倍常時。物力有窮，求取無藝，其爲騷怨，理在不疑。甸服且然，四方安仰？假使時當豐稔，家悉阜殷，有草可輸，有車可載，然於途程往復，理須淹歷歲時，牛廢耕犂，人妨播植，東作既闕，西成曷期？況烝黎之間，貧富不等，收穫之際，豐耗靡均，今忽併役車牛，雇車傭必騰貴；併徵税草，買草價必倍高。是使豪富之徒，乘急令以邀其利；窮乏之輩，因暴斂以毁其家。非所謂均節財物，準平賦法之術也。

臣等又勘度支，京兆比來雇車估價及所載多少，大率每一車載一百二束，每一里給傭錢三十五文，百束應輸二束充耗。今京畿諸縣，去城近者七八十里，遠者向二百里，設令遠近相補，通以百里爲程，則雇車載草百束，悉依官司常估，猶用錢三千五百文。即是一束之草，唯計般運，已當三十有五文。買草本價，又更半之。而度支曾不計量，自我作古，徑以胸臆斟酌，限爲二十五文。謂之加徵，則法度廢隳；謂之和市，則名實乖反。儻可其奏，人何以觀？豈如官自置場，要便收市。欲少市，則平其估以節費；欲多市，則優其價以招人。買賣既和，貧富俱便。有餘者，趨加饒易售之利；不足者，免轉求貴賃之資。比之抑徵，固不同等。幸有舊制，足可遵行，何必捨易而即難，棄利而從害？臣誠暗滯，未見其宜。伏望戒敕度支，令依舊例和市，承前既有恒用，以後不得闕供，稍峻隄防，使知懔懼，妄作但不施用，歲計必免愆違。陛下若以軍廐之中，馬畜漸衆，度支所營藁芻，才可供給當年，或慮水旱不虞，别須蓄積爲備，今屬歲稔，亦是其時。但要收斂有方，不宜科配致擾。若度支併市，延齡必復辭難，須有區分，使之均濟。望委京兆尹勾當，别和市草五百萬束，以充貯備。其所和市，並隨要便官自置場，每場貯錢，旋付價直，時估之外，仍稍優饒，交易往來，一依市利。勿令官吏催遣，道路遮邀，但不抑人，自當趨利。其市草價值，並於年支留府錢數内，以給用不盡者充。每市滿十萬束，一度聞奏，便以府司郵遞車牛，并更雇脚相添，轉徙場所般載，送付苑中輸納。如蒙聖恩允許，臣即依此宣行。既免擾人，又不增費，以資儲蓄，足禦凶災。度支謹守恒規，亦自不闕常用。臣等商度，將爲合宜。謹録奏聞，伏聽進止。

論左降官準赦合量移事狀

右。竄謫之徒，皆在遐僻。或迫於衰暮，顧景思還；或困於瘴癘，翹心望徙。既關霈澤，許以量移，企躍之情，遠想可見。若準所司舊例，須俟州府録申，盤勘檢尋，動踰年歲，上稽恤宥之旨，下虧慶賴之心。臣等商量，恐須釐革。望令所司，據承貞元六年恩赦，檢勘已量移未量移官，及貞元六年恩後左降官等，除遷改、亡歿之外，具名銜及貶責事由、年月，速報中書門下，不須更待州府申請。臣等據所司報到，則便進擬，不出歲內，冀悉霑恩。未審可否？謹録奏聞，伏聽進止。

再奏量移官狀

右。伏以國之令典，先德後刑。所後者法當舒遲，故決罪不得馳驛行下；所先者體宜疾速，故赦書日以五百里爲程。誠以聖王之心，務弘慶惠，必迴翔於行罰，而企躍於舒恩。不加罰於典法之外，不虧恩於德令之内，則受責者莫得興怨，荷貸者咸思自新。所謂威之斯懲，宥之斯感，懲以致理，感以致和。致理則尊，致和則愛，爲人父母，必在兼行。陛下德配上玄，澤流下土，頃因郊祀，普降鴻恩，凡是貶責之人，並許量移近處。臣等任叨輔翼，職在宣行，尋具奏聞，請便進擬。聖心精一，務欲均齊，令待所司檢尋，一時類例處分。其左降官内，或罪非可棄，才有足甄，亦許别狀商量，不拘常例奬用。臣等據所司檢勘，左降官及流人送名到者，都比擬量移及别追用，分爲三狀，前月十二日封進。其流人量移狀，已蒙印出行下訖，餘兩狀至今未奉進止。竊以赦書宣布，僅欲半年，若更淹遲，恐乖事體。又諸州刺史及臺省官等，繼有事故，頗多缺員，睿旨精於選求，至今常不充備。以眚掩德，見非古人；録用棄瑕，允歸聖造。願廣含弘之美，庶增誘掖之途。謹奉狀陳聞，伏聽進止。

三進量移官狀

右。希顔奉宣進止：『舊例，左降官每準恩赦量移，不過三百五百里。今度進擬，稍似超越，又多是近兵馬處及當路州縣。事非穩便，宜更商量。』

伏以罰宜從輕，赦宜從重，所以昭仁恕之道，廣德澤之恩也。夫位尊者，其惠不可以不重；言大者，其實不可以不豐。位尊而惠輕，則體非宜；言大而實寡，則人失望。陛下躬行盛禮，渙發德音，念謫居之荒遐，哀負累之沉棄，俾移近處，將合新恩。赦令初行，室家相慶，惠亦至矣，言亦大矣！竊料竄逐窮僻，喜聞霈澤降臨，固必破産以飾行裝，計日而俟休命。荏苒淹息，復經半年，儻又所移之官，還與舊任鄰近，竊恐乖陛下垂愍之意，虧制書行慶之恩，口惠重而事實輕，非所以揚鴻休而布大信也。謹按承前格令，左降官非元敕令長任者，每至考滿，即申所司量其舊資，便與改敘；縱或未有遷轉，亦即任其歸還。逮於開元末，李林甫固權專恣，凡所斥黜，類多非辜，慮其却迴，或復冤訴，遂奏左降官考滿未別改轉者，且給俸料，不須即停。外示優矜，實欲羈係，從此已後，遂爲恒規，一經貶官，便同長往，迴望舊里，永無還期。縱遇非常之恩，許令移遠就近，雖名改轉，不越幽遐。或自西徂東，或從大適小，時俗之語，謂之橫移。馴致忌尅之風，積成天寶之亂，展轉流弊，以至於今。天下咸病此法深苛，而不能改從舊典者，良以猜嫌之慮，易惑上心，將謂負譴之人，悉包樂禍之意，已經黜責，遂欲隄防。故高論則痛嫉林甫之陰邪，而密網則習行林甫之弊法，憸邪爲蠹，乃至於斯。

然則左降永絶於歸還，量移不離於僻遠，蓋是姦臣詭計，殊非國典舊章。且貶黜之中，情狀各異，犯有輕重，責有淺深，固非盡是回邪，皆須備慮。王者之道，待人以誠，有責怒而無猜嫌，有懲沮而無怨忌。斥遠以儆其不恪，甄恕以勉其自新；不儆則浸及威刑，不勉則復加黜削。雖屢進退，俱非愛憎，行法乃暫使左遷，念材而漸加進敘。人知復用，誰不增修？何憂乎亂常，何患乎蓄憾！如或以其貶黜，便謂姦兇，恒處防閑之中，長從擯棄之例，則是悔過者無由自補，藴才者終不見伸。凡人之情，窮則思變，含悽貪亂，或起於兹。雖則何患能爲，亦足感傷和氣，謂非帝王開懷含垢之大體，聖哲誘人遷善之良圖也。

臣等昨進擬商度，非不精詳，既審事宜，亦尋舊例，參求折衷，兼務齊平。大約所擬之官，各移近地一道，郡邑稍優於舊任，官資序進於本銜，並無降差，亦不超越。其有累經移改，已至關畿，則但以大州增其常秩。所冀人皆受賜，施不失平，上副鴻恩，下塞延望，纔將得所，殊匪爲優。今若裁限所移，不過三五百里，則有改職而疆域不離於本道，遷居而風土反惡於舊州，徒有徙家之勞，是增移配之擾。又當今郡府，多有軍兵，所在封疆，少無館驛，應合量移之例，約有二百許人，道路須計其遠邇之差，州縣則較其高下之等。若必選非當路，復不近兵，則恐類例失倫，署置偏併，示人疑慮，體又非弘。幸希聖聰，更賜裁審。其擬官狀並未敢改革，謹重封進，伏聽進止。

請邊城貯備米粟等狀

右。兵之所屯，食最爲急。若無儲蓄，是棄封疆。自昔敗亂之由，多因饋餉不足。臣以任當體國，職合分憂，奏減河運脚錢，用充軍鎮和糴。幸蒙聖恩允許，又屬頻歲順成，二年之間，沿邊諸軍，共計收糴米粟一百八十餘萬石。準元敕各委當道節度，及監軍中使、度支、知巡院官同勾當檢納。仍以貯備軍糧爲名，非緣城守乏絶，及不承別敕處分，並不得輒有費用。若能堅守此制，有用隨即却填，則是邊城當貯十五萬人一歲之糧〔一〕，以爲急難之備，永無懸絶，足固軍情。去歲版築五原，大興師旅，所司素無備擬，臨事支計缺然，齎送悉貸此糧，乃得軍行辦集。過事之後，準敕合填，迨今二年，竟不支遣。加以諸鎮軍食，例皆闕供，及其告急上聞，宣旨下迫，則又請貸貯粟，以充將士月糧。既務廢隳，且無愧畏，所未匱竭，其能幾何？夫栽植至難，毁拔至易，古人以植楊爲喻，能不爲之歎惜哉！況水旱流行，固宜有備；戎狄爲患，可不爲虞？將欲安邊，先宜積穀。今當歲稔，令益軍儲，反罄聚蓄之資，用供朝夕之費，儻遇災難，則如之何？惟陛下詳思後圖，不貽他日所悔，臣之願也，疆場之幸也。不勝區區慮患之意，謹冒昧以聞！謹奏。

校勘記

〔一〕『當』，影宋本作『常』。

陸贄集卷二十一

中書奏議五

論裴延齡姦蠹書一首

十一月三日，具官臣某，惶恐頓首，獻書皇帝陛下：臣聞君子小人，用捨不並，國家否泰，恒必由之。君子道長，小人道消，於是上下交而萬物通，此所以爲泰也。小人道長，君子道消，於是上下不交而萬物不通，此所以爲否也。夫小人於蔽明害理，如目之有眯，耳之有充，嘉穀之有蟊，梁木之有蠹也。眯離婁之目，則天地四方之位不分矣；充子野之耳，則雷霆蠅黽之聲莫辨矣；雖后稷之穡，禾易長畝，而蟊傷其本，則零瘁而不植矣；雖公輸之巧，臺成九層，而蠹空其中，則圮折而不支矣。是以古先聖哲之立言垂訓，必殷勤切至，以小人爲戒者，豈將有意讎而沮之哉！誠以其蔽主之明，害時之理，致禍之源博，傷善之釁深，所以有國有家者，不得不去耳。其在《周易》則曰『大君有命，開國承家』、『小人勿用，必亂邦也』。在《尚書》則曰『除惡務本』、『去邪勿疑』。在《毛詩》則曰『無縱詭隨，以謹無良』、『曾是掊克』、『斂怨以爲德』、『盜言孔甘，亂是用餤』、『讒人罔極，交亂四國』。在《論語》則曰『惡利口之覆邦家者』。在《春秋》則曰『聚斂積實，不知紀極』、『毀信廢忠，崇飾惡言，靖譖庸回，服讒蒐慝。天下之人，謂之四凶〔一〕』。在《禮記》則曰『小人行險以僥幸』、『長國家而務財用者，必自小人矣。小人使爲國家，而災害並至，雖有善人，無如之何』。臣頃因讀書，常憤此類，不圖聖代，目睹斯人！

户部侍郎裴延齡者，其性邪，其行險，其口利，其志凶，其矯妄不疑，其敗亂無耻，以聚斂爲長策，以詭妄爲嘉謀，以掊克斂怨爲匪躬，以靖譖服讒爲盡節，總典籍之所惡，以爲智術，冒聖哲之所戒，以爲行能，可謂堯代之共工，魯邦之少卯。伏惟陛下協放勳文思之德，而鑑其方鳩僝功，體仲尼天縱之明，而辨其順非堅僞，則天討斯得，聖化允孚，小往大來，孰不欣幸！ 跡其姦蠹，日長月滋，陰秘者固未盡彰，敗露者猶難悉數。今請粗舉數事，用明欺罔大端，悉非隱微，皆可覆驗。陛下若意其負謗，則誠宜亟爲辨明；陛下若知其無良，又安可曲加容掩？ 願擇左右親信，兼與舉朝公卿，據臣所言，閲實其事。儻延齡罪惡無狀，即臣之奏議是誣，宜申典刑，以制虚妄，俾四海法朝廷之理，兆人戴陛下之明。得失之間，其體甚大，不當復有疑慮，使辨之不早，以竟失天下之望也。

前歲秋首，班宏喪亡，特詔延齡，繼司邦賦，數月之内，遽衒功能，奏稱：『勾獲隱欺，計錢二十萬貫，請貯別庫，以爲羨財，供御所須，永無匱乏。』陛下欣然信納，因謂委任得人。 既賴贏餘之資，稍弘心意之欲，興作浸廣，宣索漸多。延齡務實前言，且希睿旨，不敢告闕，不敢辭難。勾獲既是虛言，無以應命；供辦皆承嚴約，苟在及期。遂乃搜求市鄽，豪奪入獻；追捕夫匠，迫脅就功。以敕索爲名，而不酬其直；以和雇爲稱，而不償其傭。都城之中，列肆爲之晝閉；興役之所，百工比於幽囚。聚詛連群，遮訴盈路，持綱者莫敢致詰，巡察者莫敢爲言。時有致詰爲言，翻謂黨邪醜直。天子轂下，囂聲沸騰，四方觀瞻，何所取則？蕩心於上，斂怨於人，欺天陷君，遠邇危懼，此其罪之大者也。

總制邦用，度支是司；出納貨財，太府攸職。凡是太府出納，皆禀度支文符，太府依符以奉行，度支憑按以勘覆，互相關鍵，用絕姦欺。其出納之數，則每旬申聞；其見在之數，則每月計奏。皆經度支勾覆，又有御史監臨，旬旬相承，月月相繼，明若指掌，端如貫珠，財貨少多，無容隱漏。延齡務行邪諂，公肆誣欺，遂奏云：『左藏庫司，多有失落，近因檢閲，使置簿書，乃於糞土之中，收得銀十三萬兩，其疋段雜貨，百萬有餘，皆是文帳脱遺，並同已棄之物。今所收獲，即是羨餘。悉合移入雜庫，以供別敕支用者。』其時特宣進止，悉依所奏施行。太府少卿韋少華抗表上陳，殊不引伏，確稱『每月申奏，皆是見在數中，請令推尋，足驗姦計』。兩司既相論執，理須辨鞫是非，臣等具以奏聞，請定三司詳覆。若左藏庫遺漏不謬，隱匿固合抵刑；如度支舉奏是虛，誣誑亦宜得罪。陛下既不許差三司按問，又不令檢奏辨明。度支言太府隱漏至多，而少華所任如舊，太府論度支姦欺頗甚，而延齡見信不渝。枉直兩存，法度都弛。以在庫之物，爲收獲之功；以常賦之財，爲羨餘之費。罔上無畏，示人不慚。此又罪之大者也。

國之府庫，用置貨財。物合入官，則納於其内；事合給用，則出乎其中。所納無非法之財，所出無不道之用，坦然明白，何曲何私？而延齡險猾售姦，詭譎求媚，遂於左藏之内，分建六庫之名，意在别貯贏餘，以奉人主私欲。曾不知王者之體，天下爲家，國不足則取之於人，人不足乃資之於國，在國爲官物，在人爲私財，何謂贏餘，復須别貯？是必巧詐以變移官物，暴法以苛斂私財，捨此二途，其將焉取？陛下方務崇信，不加檢裁，延齡既怙寵私，益復放肆，遂録積久逋欠，妄云察獲姦贓，總計緡錢八百餘萬。聽其言則利益雖大，考其事則虚誕自彰：或是水火漂焚，或緣旱澇傷敗；或因兵亂散失，或遭寇賊奪攘；或准法免徵，或經恩合放；或人户逃逸，無處追尋；或綱典拘囚，不克填納；或没入店宅，歲久摧殘；或收獲舟船，年深破壞。類皆如此，難以殫論。在人者並無可科徵，屬官者悉不任貨賣，但存名額，虚掛簿書。大抵錢穀之司，皆耻財物減少，所以相承積累，不肯滌除，每當計奏之時，常充應在之數。延齡苟稱察獲，遂請徵收，恢張利門，誘動天聽。貽誚侮於方岳，賈愁怨於烝黎，於兹累年，一無所得，其爲疏妄，亦曰殆哉！陛下姑欲保持，曾無詰問；延齡謂能蔽惑，不復懼思。姦威既沮於四方，憸態復行於内府。由是蹂躪官屬，傾倒貨財，移東就西，便爲課績，取此適彼，遂號羨餘，愚弄朝廷，有同兒戲。諸州輸送布帛，度支不務準平，抑制市人，賤通估價，計其所折，即更下徵，重困疲甿，展轉流弊，既彰忍害，且示不誠。及其支送邊州，用充和糴，則於本價之外，例增一倍有餘。布帛不殊，貴賤有異。剥徵罔下，既以折估爲名；抑配傷人，又以出估爲利。事多矛盾，交駭物情。窮邊穡夫，痛憤切於骨髓；下土編户，寃叫徹於蒼旻。而延齡以冒取折估爲公忠，苟得出估爲贏利，所謂失人心而聚財賄，亦何異割支體以徇口腹哉！殊不寤支體分披，口安能食？人心離析，財豈能存？此又罪之大者也。

平原遠鎮，扼制蕃戎；五原要衝，控帶靈、夏。芟夷榛薉，翦逐豺狼，崎嶇繕完，功力纔畢。地猶夐絶，勢頗孤危，新集之兵，志猶未固。尤資贍恤，俾漸安居，頻敕度支，令貯軍糧。常使平原有一年之蓄，鹽州積半年之儲，循環轉輸，不得闕數。近者二鎮告急，俱稱絶糧。陛下召延齡令赴中書，遣希顔宣旨質問，延齡確言饋餉不絶，儲蓄殊多，歲内以來，必無闕乏。希顔懼其推互，邀令草狀自陳，狀亦如言，略無疑畏。陛下覽其所奏，翻謂軍吏不誠，遂遣中官馳往檢覆。道路無轉運之跡，軍城無旬日之儲，將卒嗷嗷，幾將不守。有如是之顛沛，有如是之欺謾，按驗既明，恩勞靡替，其爲蠱媚，曠代罕聞！此又罪之大者也。

國之憲度，會府是司，位列諸郎，猶應辰象，任居六事，實代天工，内總轄於庶官，外敷化於列郡，舉措繫生靈之命，得失關理亂之源，爲人軌儀，安可容易！未有大官弛縱，而能使群吏服從；朝典陵遲，而欲禁天下暴慢。是以天寶將季，楊國忠爲吏部尚書，亟於私庭，詮集選士，果令逆豎，得以爲詞。史策書之，足爲國耻。而延齡放情亂紀，又甚國忠。懈於夙興，多闕會朝之禮；徇其鄙次，大隳省署之儀。徙郎曹於里閭，視公事於私第。盡室飫宮厨之膳，填街持簿領之書。復有諸部參辭，四方申請，決遣資其判署，去就俟其指撝。延齡或聚客大誇，不令白事；或縱酒憑怒，莫敢入言。至有迫切而來，逾旬未省；輸納之後，累月不歸。資糧罄於滯淹，筋力困於朝集。晨趨夕散，十百爲群；里中喧闐，常若闤闠。衢巷列屠沽之肆，邑居成逆旅之津。離次慢官，虐人斁法，求之今古，鮮有其倫。此又罪之大者也。

總領財賦，號爲殷繁。自必識究變通，智權輕重，大不失體，細能析微，濟之以均平，莅之以勤肅，近無滯事，遠無壅情，綱條之下無亂繩，鑑照之內無隱匿，然後人不困而公用足，威不厲而姦吏懲。苟或未然，則非稱職。況延齡以素本僻戾之質，而加之以狂躁滿盈，既懵且驕，事何由理？遂以國家大計，委於胥吏末流。當給者無賄而不支，應徵者受賕而縱免。紀綱大壞，貨賂公行，苟操利權，實竊邦柄。近者度支小吏，屢爲府縣所繩，鞫其姦贓，無不狼藉。通結動連於節將，交私匪止於苞苴。威福潛移，乃至於是，職司失序，固亦可知。此又罪之大者也。

風教之大，禮讓爲先，禮讓之行，朝廷爲首。朝廷者，萬方之所宗仰，群士之所楷模，觀而效焉，必有甚者。是以朝廷好禮，則俗尚敬恭；朝廷尊讓，則時恥貪競；朝廷有失容之慢，則凌暴之弊播於人；朝廷有動色之爭，則攻鬭之禍流於下。聖王知其然也，故選建賢德以爲公卿，使人具瞻，不諭而化。昔周之方盛，多士盈朝，時靡有爭，用能俾乂，故其《詩》曰：『慎爾出話，敬爾威儀，無不柔嘉。』又曰：『有來雍雍，至止肅肅。相維辟公，天子穆穆。』言群臣相與事上，敬而能和，言語動作，靡有不善也。周德既衰，小人在位，務相侵侮，以至危亡，故其《詩》曰：『方茂爾惡，相爾矛矣。』又曰：『既之陰汝，反予來嚇。』又曰：『涼曰不可，覆背善詈。』言小人得志，惡怒是憑，肆其褊心，以相詬病也。陛下勤修儀式以靖四方，慎選庶官以貞百度，內選則股肱耳目，外選則垣翰藩維，濟濟師師，咸欽至化，庶相感率，馴致大和。而度支憑寵作威，恃權縱暴，侵刻軍鎮，匱闕資糧。將帥每使申論，延齡率加毀訾，或指誣隱盜，或謗訐陰私，或數其出處賤微，或億其心志邪悖，詞皆醜媟，事悉加誣。匹夫見凌，猶或生患，況將帥素加委遇，多著勳庸？縱有踰分取求，但宜執理裁處，苟當其所，孰敢不從？豈可對彼偏裨，恣行侵辱，使其慚靦於麾下，憤恥於朝廷！惟口起羞，諒非細故，爲國聚讐，實由斯人。而又虐害群司，幸其闕敗，蔑彼彝典，逞於兇懷，氣吞等夷，隸蓄郎吏。時有履道而不爲屈撓，守官而莫肯由從，遭其詆訶，事則尤劇，或辱兼祖、父，或毀及家門，皆名教所不忍聞，敘述所不堪紀。其爲構陷，抑復多端，故示兇威，使人懾憚，人之狂險，乃至於斯！上虧大猷，下扇流俗，怱怵禮義之府，巇污清明之朝。此又罪之大者也。

度支舊管牛驢三千餘頭，車八百餘乘，循環載負，供饋邊軍，既有番遞之倫，永無科配之擾。延齡苟逞近效，不務遠圖，廢其葺修，減其芻秣，車破畜耗，略無孑遺。每須載運軍資，則令府縣差雇，或有卒承別旨，須赴促期，遂令街市之間，虜奪公私雜畜。披猖頗甚，費損尤多，吏因生姦，人不堪命。所減者則奏以爲利，所費者則隱而不論，破實徇虛，多如此類。度支應給宫内及諸司使芻藁薪炭等，除税草之外，餘並市供，所用既多，恒須貯備。舊例每至秋穫之後，冬收之時，散開諸場，逐便和市，免費高價，復資貧人，公私之間，頗謂兼濟。延齡悉隳舊制，但飾姦情，旋計芻薪價錢，以爲節減剩利。及乎春夏之際，藁秸已殫，霖潦之中，樵蘇不繼，軍厩輟莝，官厨待然，告闕頻煩於聖聽，徵催絡繹於省署，崎嶇求買，何暇計量！麋損官錢，不啻累倍，聯蹇狼狽，率以爲常。此則睿鑑之所明知，物情之所深駭。事之舛繆，觸緒皆然，臣愚以爲若斯之流，不過歲費國家百萬緡錢，及事體非宜耳。其爲罪惡，未足傾危，事之可憂，不在於此。是以不復詳舉，以煩聽覽也。至如矯詭之態，誣罔之辭，遇事輒行，應口便發，靡日不有，靡時不爲，自非狀迹尤彰，足致其禍者，又難以備陳也。

延齡有詐僞亂邦之罪七，而重之以耗斁闕遺，愚智共知，士庶同憤。以陛下英明鑑照，物無遁情，固非延齡所能蔽虧而莫之辨也。或者聖旨以其甚招嫉怨而謂之孤貞，可託腹心；以其好進讒諛而謂之盡誠，可寄耳目；以其縱暴無畏而謂之强直，可肅姦欺；以其大言不疑而謂之智能，可富財用。將欲排衆議而收其獨行，假殊寵而冀其大成。倘陛下誠有意乎在兹，臣竊以爲過矣。夫君天下者，必以天下之心爲心，而不私其心；以天下之耳目爲耳目，而不私其耳目：故能通天下之志，盡天下之情。夫以天下之心爲心，則我之好惡，乃天下之好惡也。是以惡者無謬，好者不邪，安在私託腹心以售其側媚也？以天下之耳目爲耳目，則天下之聰明，皆我之聰明也。是以明無不鑑，聰無不聞，安在偏寄耳目以招其蔽惑也？夫布腹心而用耳目，舜與紂俱用之矣。舜之意務求己之過，以與天下同欲，而無所偏私。由是天下臣庶，莫不歸心，忠讜既聞，玄德逾邁。故《虞書》云：『臣作朕股肱耳目。』又云：『明四目，達四聰。』言廣大也。紂之意務求人之過，以與天下違欲，而溺於偏私。由是天下臣庶，莫不離心，險詖既行，昏德彌熾。故《商書》云：『崇信姦回。』《大雅》云：『流言以對，寇攘式内。』言邪僻也。與天下同欲者，謂之聖帝；與天下違欲者，謂之獨夫。其所以布腹心而任耳目之意不殊，然於美惡成敗，若此相遠，豈非求過之情有異，任人之道不同哉！太宗嘗問侍臣：『何者爲明君？何者爲暗主？』魏徵對曰：『君之所以明者，兼聽也；其所以暗者，偏信也。』又曰：『秦之胡亥偏信趙高，肆其姦欺，卒至顛覆。』徵之此説，理致甚明，簡册備書，足爲鑑戒。趙高指鹿爲馬，愚弄厥君，歷代流傳，莫不痛憤。陛下每覽前史，詳考興亡，固亦切齒於斯人，傷心於其主。臣謂鹿之與馬，物類猶同，豈若延齡掩有而爲無，指無而爲有！陛下若不以時省察，得無使後代嗟誚，又甚趙高者乎？斯愚臣所以焦慮疚懷，以陛下爲過者，良有所以也。

夫理天下者，以義爲本，以利爲末，以人爲本，以財爲末。本盛則其末自舉，末大則其本必傾。自古及今，德義立而利用不豐，人庶安而財貨不給，因以喪邦失位者，未之有也。故曰：『不患寡而患不均，不患貧而患不安。』『有德必有人，有人必有土，有土必有財。』『百姓足，君孰與不足？』蓋謂此也。自古及今，德義不立，而利用克宣，人庶不安，而財貨可保，因以興邦固位者，亦未之有焉。故曰：『財散則人聚，財聚則人散。』『與其有聚斂之臣，寧有盜臣。』『無令侵削兆庶，以爲天子取怨於下。其有若此者，行罰無赦。』蓋爲此也。殷紂以貪冒失人而亡，周武以散發得人而昌。則紂之多藏，適所以爲害己者之資耳，尚何賴於財賄哉！太宗亦云：『務蓄積而不恤人，甚非國家之計。隋氏不道，聚斂無厭，所實洛口諸倉，卒爲李密所利。』此則前代已行之明效，聖祖垂裕之格言，是而不懲，何以爲理？

陛下初膺寶曆，志翦群兇，師旅繁興，徵求寖廣，榷算侵剥，下無聊生。是以涇原叛徒，乘人怨咨，白晝犯闕，都邑甿庶，恬然不驚，反與賊衆相從，比肩而入宫殿。雖蚩蚩之性，靡所不爲，然亦由德澤未浹於人，而暴令驅迫，以至於是也。於時内府之積，尚如丘山，竟資兇渠，以餌貪卒，此時陛下躬覩之矣。是乃失人而聚貨，夫何利之有焉！

車駕既幸奉天，逆泚旋肆圍逼，一壘之内，萬衆所屯，窘如涸流，庶物空匱。嘗欲發一健步出視賊軍，其人懇以苦寒爲辭，跪奏乞一襦褲，陛下爲之求覓不致，竟憫默而遣之。又嘗宫壺之中，服用有闕，聖旨方以戎事之急，不忍重煩於人，乃剥親王飾帶之金，賣以給直。是時行從將吏，赴難師徒，倉黄奔馳，咸未冬服，漸屬凝沍，且無薪烝，饑凍内攻，矢石外迫，晝則荷戈奮迅，夜則映堞呻吟，凌風飈，冒霜霰，踰四旬而衆無攜貳，卒能走强賊，全危城者，陛下豈有嚴刑重賞使之然耶？唯以不厚其身，不藏其資，與衆庶同其憂患，與士伍共其有無，乃能使捐軀命而扞寇讎，餒之不離，凍之不憾，臨危而不易其守，見死而不去其君。所謂『聖人感人心而天下和平』，此其效也。

及乎重圍既解，諸道稍通，賦税漸臻，貢獻繼至，乃於行宫外廡之下，復列瓊林、大盈之司，未嘗功勞，遽私賄玩，甚沮惟新之望，頗攜死義之心，於是輿誦興譏，而軍士始怨矣。財聚人散，不其然歟！

旋屬盩賊内攻，翠華南狩，奉天所積財貨，悉復殲於亂軍。既遷岷梁，日不暇給，獨憑大順，遂復皇都。是知天子者，以得人爲資，以蓄義爲富。人苟歸附，何患蔑資？義苟修崇，何憂不富？豈在貯之内府，方爲己有哉！故藏於天下者，天子之富也；藏於境内者，諸侯之富也；藏於囷倉篋匵者，農夫商賈之富也。奈何以天子之貴，海内之富，而猥行諸侯之棄德，蹙守農商之鄙業哉！

陛下若謂厚取可以恢武功，則建中之取，既無成矣；若謂多積可以爲己有，則建中之積，又不在矣；若謂徇欲不足傷理化，則建中之失，傷已甚矣；若謂斂怨不足致危亡，則建中之亂，危亦至矣。然而遽能靖滔天之禍，成中興之功者，良以陛下有側身修勵之志，有罪己悔懼之詞，罷息誅求，敦尚節儉，涣發大號，與人更新。故靈祇嘉陛下之誠，臣庶感陛下之意，釋憾迴慮，化危爲安。陛下亦當爲宗廟社稷，建不傾不拔之永圖；爲子孫黎元，垂可久可大之休業；懲前事徇欲之失，復日新盛德之言。豈宜更縱憸邪，復行刻暴，事之追悔，其可再乎！

臣又竊慮陛下納彼盗言，墮其姦計，以爲搏噬拏攫，怨集有司；積聚豐盈，利歸君上。是又大繆，所宜慎思！夫人主昏明，繫於所任。咎繇、夔、契之道長，而虞舜享濬哲之名；皇甫、聚、楀之孽行，而周厲嬰顛覆之禍。自古何嘗有小人柄用，而災禍不及邦國者乎？譬猶操兵以刃人，天下不委罪於兵，而委罪於所操之主；蓄蠱以殃物，天下不歸咎於蠱，而歸咎於所蓄之家。理有必然，不可不察。

臣竊慮陛下以延齡之進，獨出聖衷，延齡之言，多順宸旨，今若以罪置辟，則似爲衆所擠，故欲保持，用彰堅斷。若然者，陛下與人終始之意則善矣，其於改過不吝，去邪勿疑之道，或未盡善焉。夫人之難知，著自淳古；試可乃已，載於《典》、《謨》。陛下意其賢而任之，知其惡而棄之，此理之常，於何不可？倘陛下猶未知惡，但疑見擠，固有象恭挾詐之人，亦有黨邪害直之士，所資考覈，兩絶欺誣。陛下以延齡爲能，愚臣以延齡爲罪，能必有跡，罪必有端，陛下胡不指明其所效之能，以表忠賢，按驗其所論之罪，以考虚實，與衆同辨，示人不私？若能跡可稱，而罪端無據，則是黨邪害直之驗也，陛下當繩其傷善，以勵事君。罪端有徵，而能跡無實，則是象恭挾詐之驗也，陛下當糾其包禍，以戒亂邦。如此則上之於下，釋嫌構之疑；下之於上，絶偏惑之議。何必忠邪無辨，枉直莫分？薰蕕同藏，其臭終勝，此則小人道長之象也。實時運否泰安危之所繫，豈但有虧聖德，不利善人而已乎？

陛下若以必與己同者爲忠良，自我作者無改變，如此則上之所欲莫不諂，上之所失莫不從，水火相濟不爲非，金礪相須不爲是，耻過怍非不足戒，捨己從人不足稱。惟意是行，則匡輔或幾乎息矣；匡輔息，則理不可致。仲尼所謂『一言喪邦』者，在於『予之言而莫予違』也。事關興亡，固不可忽。希旨順默，浸已成風，獎之使言，猶懼不既，若又阻抑，誰當貢誠？伏恐未亮斯言，請以一事爲證：只如延齡凶妄，流布寰區，上自公卿近臣，下逮輿臺賤品，諠諠談議，億萬爲徒，能以上言，其人有幾？陛下試令親信博採輿詞，參校比來所聞，足鑑人間情僞。臣以卑鄙，任當台衡，既極崇高，又承渥澤。豈不知觀時附會，足保舊恩；隨衆沉浮，免貽厚責；謝病黜退，獲知幾之名；黨姦苟容，無見嫉之患！何急自苦，獨當豺狼，上違歡情，下餌讒口？良由内顧庸昧，一無所堪，夙蒙眷知，唯在誠直，綢繆帳扆，一紀於兹。聖慈既以此見容，愚臣亦以此自負。從陛下歷播遷之鮠隗，覩陛下致興復之艱難，至今追思，猶爲心悸，所以畏覆車而駭懼，慮毁室而悲鳴，蓋情激於衷，雖欲罷而不能自默也。因事陳執，雖已頻繁，天聽尚高，未垂諒察，輒申悃款，以極愚誠。憂深故語煩，懇迫故詞切。以微臣自固之謀則過，爲陛下慮患之計則忠。糜軀奉君，非所敢避，沽名衒直，亦不忍爲。願迴睿聽，爲國熟慮，社稷是賴，豈唯微臣！不勝荷恩報德之誠，謹昧死奉書以聞。臣誠惶誠恐，頓首再拜！

校勘記

〔一〕「天下之人，謂之四凶」，《十三經注疏》本《論語正義》作「天下之民，謂之窮奇」。

論朝官闕員及刺史等改轉倫序狀

右。臣聞於《經》曰：『濟濟多士，文王以寧。』又曰：『無曠庶官，天工人其代之。』蓋謂士不可不多，官不可不備。敦付物以能之義，闡恭己無爲之風，此理道得失之所由也。夫聖人之於愛才，不唯仄席求思而已，乃復引進以崇其術業，歷試以發其器能，旌善以重其言，優禄以全其操。歲月積久，聲實並豐，列之於朝則王室尊，分之於士則藩鎮重。故《詩》序太平之君子，能長育人才；《書》比梓人之理材，既勤樸斲，惟施丹雘；《禮》著造士；《易》尚養賢。蓋以人皆含靈，惟所誘致。如玉之在璞，抵擲則瓦石，追琢則圭璋；如水之發源，壅閼則污泥，疏浚則川沼。是以書籍所載，歷代同途。祚屬殷昌，必時多儁乂；運鍾衰季，則朝乏英髦。當在衰季之時，咸謂無人足任，及其雄才御宇，淑德應期，賢能相從，森若林會，然則興王之良佐，皆是季代之棄才。在季而愚，當興而智，乃知季代非獨遺賢而不用，其於養育獎勸之道，亦有所不至焉。故曰人皆含靈，唯其誘致。漢高禀大度，故其時多魁傑不羈之材；漢武好英風，故其時富瓌詭立名之士；漢宣精吏能，故其時萃循良核實之能。迨乎哀、平、桓、靈，昵比小人，疏遠君子，故其時近習操國柄，嬖戚擅朝權。是知人之才性，與時升降，好之則至，獎之則崇，抑之則衰，斥之則絶，此人才消長之所由也。

臣每於中夜，竊自深惟，朝之乏人，其患有七：不澄源而防末流，一也；不考實而務博訪，二也；求精太過，三也；嫉惡太甚，四也；程試乖方，五也；取舍違理，六也；循故事而不擇可否，七也。

夫多少相繆，非嘉量不平；輕重相欺，非懸衡不定。用之苟不得其道，則主者實病，而權量無尤。故按名責實者，選吏之權量也。宰相者，主權量之用也。宰相之主吏，猶司府之主財，主吏在序進賢能，主財在平頒秩俸。假使用財失節，則司之者可以改易，而秩俸不可以不頒；主吏乖方，則宰之者可以變更，而賢能不可以不進。其行甚易，其理甚明。頃者命官，頗異於是，常以除吏多少，準量宰相重輕。宰相承寵私，則援引雖濫而必進；宰相見疏忌，則擬議雖當而罕俞。是使群材仕進之窮通，唯繫輔臣恩澤之薄厚，求諸理道，未謂合宜。夫與奪者，人主之利權；名位者，天下之公器。不以公器徇喜心，不以利權肆忿志，不以寡妨衆，不以人廢官，或其[一]阻執事而擁群材，所謂不澄源而防末流之患也。

《經》曰：『無以小謀亂大作，無以嬖人嫉莊士。』蓋務大者不拘於小累，謀小者不達於大猷。嬖者或行異於莊，莊者必性殊於嬖。理勢相激，宜其不同。進賢援能，諒君子之事；遏惡揚善，非小人所能。君子以愛才爲心，小人以傷善爲利。愛而引之則近黨，傷而沮之則似公。近黨則不辨而遽疑，似公則不覈而縣信，是以大道每隳於橫議，良才常困於中傷。失士啓讒，多由於此，所謂不考實而務博訪之患也。

夫人之器局，有圓方大小之殊；官之典司，有難易閑劇之別。名稱有虛實之異，課績有升降之差。將使官不失才，才不失序，在乎制法以司契，擇人而秉鈞。制之不得厥中，則其法可更，而其契不可亂也；擇之不當所任，則其人可去，而其秉不可奪也；如或事多錯雜，任靡適從，而但役智以求精，勞神而救弊，則所救愈失，所求愈麤。故《書》曰：『元首明哉，股肱良哉，庶事康哉。元首叢脞哉，股肱墮哉，庶事隳哉。』頃之輔臣，鮮克勝任，過蒙容養，苟備職員，致勞睿思，巨細經慮。每有闕官須補，或緣將命藉才，宰司慎擇上聞，必極當時妙選。聖情未愜，復命別求，執奏既不見從，則又降擇其次。如是至於再，至於三，所選漸高，所得轉下。或斷於獨見，罔徇僉諧；或擢自旁求，不稽公議。權衡失柄，進取多門，等差不倫，聲實相反。此所謂求精太過之患也。

臣聞燿乘之珠，不能無纇；連城之璧，不能無瑕。矧伊有情，寧免愆吝！仲尼至聖也，猶以五十學《易》，無大過爲言；顔子殆庶也，尚稱不遠而復，無祇悔爲美。況自賢人以降，孰能不有過失哉！珠玉不以瑕纇而不珍，髦彦不以過失而不用，故玄元之教曰：『常善救人，則無棄人。』文宣亦云：『赦小過，舉賢才。』齊桓不以射鉤而致嫌，故能成九合之功；秦穆不以一眚而掩德，故能復九敗之辱。前史序項籍之所以失天下，曰：『於人之功無所記，於人之過無所遺。』管仲論鮑叔牙不可屬國曰：『聞人過，終身不忘。』然則棄瑕録用者，霸王之道；記過遺才者，衰亂之源。夫登進以懋庸，黜退以懲過，二者迭用，理如循環。進而有過則示懲，懲而改修則復進，既不廢法，亦無棄人。雖纖芥必懲，而才用不匱，故能使黜退者克勵以求復，登進者警飭以恪居，上無滯疑，下無蓄怨，俾人於變，以致時雍。陛下英聖統天，威莊肅物，好善既切，計過亦深。一抵譴責之中，永居嫌忌之地。夫以天下士人，皆求宦名，獲登朝班，千百無一，其於修身勵行，聚學樹官，非數十年間，勢不能致。而以一言忤犯，一事過差，遂從棄捐，没代不復，則人才不能不乏，風俗不能不偷。此所謂嫉惡太甚之患也。

臣聞『君子約言，小人先言』；『君子之道闇然而日章，小人之道的然而日亡』。孔子曰：『始吾於人也，聽其言而信其行；今吾於人也，聽其言而觀其行。』又曰：『舉直錯諸枉，則民服；舉枉錯諸直，則民不服。』然則舉錯不可以不審，言行不可以不稽。呐呐寡言者未必愚，喋喋利口者未必智，鄙樸忤逆者未必悖，承順愜可者未必忠，故明主不以辭盡人，不以意選士。凡制爵禄，與衆共之，先論其材，乃授以職，所舉必試之以事，所言必考之於成，然後苟妄不行，而貞實在位矣。如或好善而不擇所用，悦言而不驗所行，進退隨愛憎之情，離合繫異同之趣，是猶捨繩墨而意裁曲直，棄權衡而手揣重輕，雖甚精微，不能無謬。此所謂程試乖方之患也。

天之生物，爲用罕兼，性有所長，必有所短，材有所合，亦有所睽。曲成則品物不遺，求備則觸類皆棄。是以巧梓順輪桷之用，故枉直無廢材；良御適險易之宜，故駑驥無失性。物既若此，人亦宜然，其於行能，固不兼具。前志所謂千年一聖，五百年一賢者，才難，不其然乎？夫唯聖人，方體全德，賢之爲目，猶有未周。且以未周之才，彌五百年而有一，造次求備，曷由得人？若夫一至之能，偏稟之性，則中人以上，迭有所長。苟區別得宜，付授當器，各適其性，各宣其能，及乎合以成功，亦與全才無異。但在明鑑大度，御之有道而已。帝王之盛，莫盛唐、虞；臣佐之盛，莫盛稷、禹。稷、禹之比，無非大賢，然猶各任所能，不務兼備。故《尚書》序堯、舜命官之美，自稷、禹、咎、益以降，凡二十二人，所命典司，不踰一職。用能平九土，播百穀，敷五教，序五刑，禮樂興和，蠻夷率服，洎鳥獸魚鼈，亦罔不寧。蓋由舉得其人，任得其所，鑑擇職授，審之於初，不求責於力分之外，不沮撓於局守之內。是以事極其理，人盡其材，君垂拱於上，臣濟美於下，功焯當代，名施無窮。及其失也，則升降任情，首末異趣，使人不量其器，與人不由其誠。以一言稱愜爲能，而不核虛實；以一事違忤爲咎，而不考忠邪。其稱愜，則付任逾涯，不思其所不及；其違忤，則責望過當，不恕其所不能。是以職司之內無成功，君臣之際無定分。此所謂取捨違理之患也。

今之議者多曰：『內外庶官，久於其任。』又曰：『官無其人則闕之。』是皆誦老生之常談，而不推時變，守舊典之糟粕，而不本事情，徒眩聰明，以撓理化。古者人風既朴，官號未多，但别愚賢，匪論資序，不責人以朝夕之效，不計事於尺寸之差，不以小善而褒升，不以一眚而罪斥。故《虞書》『三載考績，三考黜陟幽明』，是則必俟九年方有進退。然其所進者，或自側微而納於百揆，雖久於任，復何病哉！漢制：部刺史秩六百石，郡守秩二千石。刺史高第者，即遷爲郡守，郡守高第者，即入爲九卿，從九卿即遷爲亞相、相國。是乃從六百石吏而至台輔，其間所歷者三四轉耳。久在其任，亦未失宜。近代建官漸多，列級逾密。今縣邑有七等之異，州府有九等之差，同謂省郎，即有前中後行郎中、員外五等之殊；並稱諫官，則有諫議大夫、補闕、拾遺三等之别。洎諸臺寺，率類於斯，悉有常資，各須循守。若依唐、虞故事，咸以九載爲期，是宜高位常苦於乏人，下寮每嗟於白首。三代爲理，損益不同，豈必樂於變易哉？蓋時勢有不得已也。至如鯀陻洪水，績用靡成，猶終九年，然後殛竄。後代設有如鯀之比者，豈復能九年而始行罰乎？臣固知其必不能也。行罰欲速，而進官欲遲，以此爲稽古之方，是猶却行而求及前人也。

頃者臣因奏事，論及内外序遷，陛下乃言：『舊列居官歲月皆久，朕外祖曾作秘書少監，一任經十餘年。』董晋將順睿情，遂奏云：『臣於大曆中，曾任祠部、司勳二郎中，各經六考。』陛下之意，頗爲宜然。以臣蠢愚，實有偏見。凡徵舊例，須辨是非，是者不必渝，非者不必守。況於舊例之内，自有舛駁之異哉！先聖之初，權臣用事，其於除授，類多徇情，有一月屢遷，有積年不轉。迨至中歲，君臣構嫌，姑務優柔，百事凝滯，其於選授，尤所艱難。始以頗僻失平，繼以疑阻成否，至使彝倫闕敘，庶位多淹。是皆可懲，曷足爲法？

夫覈才取吏，有三術焉：一曰拔擢以旌其異能，二曰黜罷以糾其失職，三曰序進以謹其守常。如此則高課者驟升，無庸者亟退。其餘績非出類，守不敗官，則循以常資，約以定限。故得殊才不滯，庶品有倫。參酌古今，此爲中道。而議者暗於通理，一概但曰宜久其任，得非誦老生之常談，而不推時變者乎？夫列位分官，緝熙帝載，匪唯應務，兼亦養才。是以職事雖有小大閑劇之殊，而俱不可曠缺者，蓋備於時而用耳。故《記》曰：『天子以騶虞爲節，樂官備也。』唯經邦贊國之任，則非有盛德不可以居。故《記》曰：『設四輔及三公，不必備，惟其人。』議者昧於明徵，一概但曰官無其人則闕，得非守舊典之糟粕，而不本事情者乎？

今内外群官，考深合轉，陛下或言其已有次第，須且借留，或謂其未著功勞，何用數改。是乃循默者既以無聞而不進，著課者又有成績而見淹。雖能否或差，而沉滯無異。人之從宦，積小成高，至於内列朝行，外登郡守，其於更歷，多已長年。孜孜慎修，計日思進，而又淹逾考限，亟易星霜，顧懷生涯，能不興歎？殊異登延之義，且乖勸勵之方。

夫長吏數遷，固非理道，居官過久，亦有弊生。何者？世俗常情，樂新厭舊。有始卒者，其唯聖人；降及中才，罕能無變。其始也砥礪之心必切，其久也因循之意必萌。加以盈無不虧，張無不弛，天地神化，且難常全，人之所爲，安得皆當？是以分分而度，至丈必差；銖銖而稱，至鈞必謬。莅職既久，寧無咎愆？或爲姦吏所持，或坐深文所糾，偶以一跌，盡隳前功，至使理行不終，能名中缺。豈非上失其制，而推致以及於斯乎？故聖人愛人之才，慮事之弊，採其英華而使之，當其茂暢而奬之，不滯人於已成之功，不致人於必敗之地。是以鋭不挫而力不匱，官有業而事有終，此理之中庸，故書以爲法。遷轉甚速，則人心苟而職業不固；甚遲，則人心怠而事守浸衰。然則甚速與甚遲，其弊一也。陛下俯徇浮議，謂協典謨，久次當進者，既曰務欲且留，缺員須補者，復曰官不必備。則才彦何由進益？理化孰與交修？此所謂循故事而不擇可否之患也。

伏惟陛下憂勤務理，夢想思賢，體陶唐、有虞聰明之德以敷求，法太宗、天后英邁之風以拔擢。然而得人之盛，尚愧前朝；底乂之功，未光當代。良以七患未去，三術未行，而又睿察太深，宸嚴太峻，常人才器，曷副天心？故雖獲超升，亦驟從黜廢，人物殘瘁，抑斯之由。而議者莫究致弊之端，但思革弊之策，反以廣於進用爲情故，以梗於除授爲精詳，以避謗爲奉公之誠，以摘瑕爲選士之要。乃至稱毁紛糅，美惡混并。凡有遷升，必遭掎摭。聖德廣納，不時發明，小人多言，益敢陰詐，以是眩惑，目無全人。進用之意轉疑，汲引之途漸隘，舊齒既凋敗幾盡，下位或滯淹罕升。故令官序失倫，人才不長，資望漸薄，砥勵浸微，高卑等衰，殆不相續。

臣以竊位，屬當序才，懼曠庶官，亟黷宸扆。昧識不足以周物，微誠不足以動天，徒勤進善之心，轉積妨賢之罪，慚惶交慮，焚灼盈懷。凡除吏者，非謗刺之所生，必怨咎之所聚，宰臣獲戾，多起於兹。屢屢上干，何所爲利？但以待罪鈞轄，職思其憂，兼迫於感恩願效之誠，不得不冒昧言之耳。其於裁擇用捨，惟陛下圖之。謹奏。

校勘記

〔一〕『其』下，底本有夾注云：『此處有脱誤。』

陸贄集卷二十二

中書奏議六

均節賦税恤百姓第一條論兩税之弊須有釐革

國朝著令，賦役之法有三：一曰租，二曰調，三曰庸。古者一井之地，九夫共之，公田在中，藉而不税。私田不善則非吏，公田不善則非民。事頗纖微，難於防檢，春秋之際，已不能行。故國家襲其要而去其煩，丁男一人，授田百畝，但歲納租税二石而已。言以公田假人，而收其租入，故謂之租。古者任土之宜，以奠賦法。國家就因往制，簡而一之，每丁各隨鄉土所出，歲輸若絹若綾若絁共二丈，綿三兩。其無蠶桑之處，則輸布二丈五尺，麻三斤。以其據丁户調而取之，故謂之調。古者用人之力，歲不過三日，後代多事，其增十之。國家斟酌物宜，立爲中制，每丁一歲定役二旬，若不役則收其庸，日準三尺。以其出絹而當庸直，故謂之庸。此三道者，皆宗本前哲之規模，參考歷代之利害，其取法也遠，其立意也深，其斂財也均，其域人也固，其裁規也簡，其備慮也周。有田則有租，有家則有調，有身則有庸。天下爲家，法制均一，雖欲轉徙，莫容其姦，故人無摇心，而事有定制。以之厚生，則不隄防而家業可久；以之成務，則不校閲而衆寡可知；以之爲理，則法不煩而教化行；以之成賦，則下不困而上用足。三代創制，百王是程。雖維御損益之術小殊，而其義則一也。

天寶季歲，羯胡亂華，海内波摇，兆庶雲擾，版圖隳於避地，賦法壞於奉軍。建中之初，再造百度，執事者知弊之宜革，而所作兼失其源；知簡之可從，而所操不得其要。舊患雖減，新沴復滋，救跛成痿，展轉增劇。凡欲拯其積弊，須窮致弊之由。時弊則但理其時，法弊則全革其法，而又揆新校舊，慮遠圖難。規略未詳悉，固不果行；利害非相懸，固不苟變。所爲必當，其悔乃亡。若好革而不知原始要終，斯皆以弊易弊者也。至如賦役舊法，乃是聖祖典章，行之百年，人以爲便。兵興之後，供億不恒，乘急誅求，漸隳經制，此所謂時之弊，非法弊也。時有弊而未理，法無弊而已更，掃庸調之成規，創兩税之新制，立意且爽，彌綸又疏，竭耗編甿，日日滋甚。

夫作法裕於人，未有不得人者也；作法裕於財，未有不失人者也。陛下初膺寶位，思致理平，誕發德音，哀痛流弊，念徵役之頻重，憫烝黎之困窮，分命使臣，敷揚惠化。誠宜損上益下，嗇用節財，窒侈欲以盪其貪風，息冗費以紓其厚斂。而乃搜擿郡邑，劾驗簿書，每州各取大曆中一年科率錢穀數最多者，便爲兩税定額。此乃採非法之權令以爲經制，總無名之暴賦以立恒規，是務取財，豈云恤隱？作法而不以裕人拯病爲本，得非立意且爽者乎？

夫財之所生，必因人力，工而能勤則豐富，拙而兼惰則窶空。是以先王之制賦入也，必以丁夫爲本，無求於力分之外，無貸於力分之内。故不以務穡增其税，不以輟稼減其租，則播種多；不以殖産厚其征，不以流寓免其調，則地著固；不以飭勵重其役，不以窳怠蠲其庸，則功力勤。如是，然後能使人安其居，盡其力，相觀而化，時靡遁心，雖有惰游不率之人，亦已懲矣。兩税之立，則異於斯，唯以資産爲宗，不以丁身爲本。資産少者，則其税少；資産多者，則其税多。曾不悟資産之中，事情不一：有藏於襟懷囊篋，物雖貴而人莫能窺；有積於場圃囤倉，直雖輕而衆以爲富；有流通蕃息之貨，數雖寡而計日收贏；有廬舍器用之資，價雖高而終歲無利。如此之比，其流實繁。一概計估算緡，宜其失平長僞。由是務輕費而樂轉徙者，恒脱於徭税；敦本業而樹居産者，每困於徵求。此乃誘之爲姦，驅之避役，力用不得不弛，風俗不得不訛，閭井不得不殘，賦入不得不闕。復以創制之首，不務齊平，但令本道本州，各依舊額徵税。軍興已久，事例不常，供應有煩簡之殊，牧守有能否之異，所在徭賦，輕重相懸。既成新規，須懲積弊，化之所在，足使無偏，減重分輕，是將均濟。而乃急於聚斂，懼或蠲除，不量物力所堪，唯以舊額爲準。舊重之處，流亡益多；舊輕之鄉，歸附益衆。有流亡，則已重者攤徵轉重；有歸附，則已輕者散出轉輕。高下相傾，勢何能止？又以謀始之際，不立科條，分遣使臣，凡十餘輩，專行其意，各制一隅。遂使人殊見，道異法，低昂不類，緩急不倫。逮至復命於朝，竟無類會裁處，其於踳駁，胡可勝言？利害相形，事尤非便。作法而不以究微防患爲慮，得非彌綸又疏者乎？

立意且爽，彌綸又疏，凡厥疲人，已嬰其弊。就加保育，猶懼不支，況復亟繚棼絲，重傷宿痏，其爲擾病，抑又甚焉。請爲陛下舉其尤者六七端，則人之困窮固可知矣。大曆中，紀綱廢弛，百事從權，至於率税多少，皆在牧守裁制。邦賦既無定限，官私懼有闕供，每至徵配之初，例必廣張名數，以備不時之命，且爲施惠之資。應用有餘，則遂減放。增損既由郡邑，消息易協物宜，故法雖久刓，而人未甚瘁。及總雜徵虚數，以爲兩税恒規，悉登地官，咸繫經費，計奏一定，有加無除。此則人益困窮，其事一也。本懲賦斂繁重，所以變舊從新。新法既行，已重於舊。旋屬征討，國用不充，復以供軍爲名，每貫加徵二百。當道或增戎旅，又許量事取資，詔敕皆謂權宜，悉令事畢停罷。息兵已久，加税如初。此則人益困窮，其事二也。定税之數，皆計緡錢，納税之時，多配綾絹。往者納絹一匹，當錢三千二三百文，今者納絹一匹，當錢一千五六百文。往輸其一者，今過於二矣。雖官非增賦，而私已倍輸。此則人益困窮，其事三也。諸州税物，送至上都，度支頒給群司，例皆增長本價，而又繆稱折估，抑使剥徵。姦吏因緣，得行侵奪，所獲殊寡，所擾殊多。此則人益困窮，其事四也。税法之重若是，既於已極之中，而復有奉進宣索之繁，尚在其外。方岳頗拘於成例，莫敢闕供；朝典又束以彝章，不許別税。綺麗之飾，紈素之饒，非從地生，非自天降，若不出編户之筋力膏髓，將安所取哉？於是有巧避微文，曲成睿旨，變徵役以召雇之目，換科配以和市之名，廣其課而狹償其庸，精其入而麤計其直。

以召雇爲目，而捕之不得不來；以和市爲名，而迫之不得不出。其爲妨抑，特甚常徭。此則人益困窮，其事五也。大曆中，非法賦斂，急備供軍，折估、宣索、進奉之類者，既並收入兩税矣。今於兩税之外，非法之事復又並存。此則人益困窮，其事六也。建中定税之始，諸道已不均齊，其後或吏理失宜，或兵賦偏重，或癘疾鍾害，或水旱荐災，田里荒蕪，户口減耗。牧守苟避於殿責，罕盡申聞；所司姑務於取求，莫肯矜恤。遂於逃死闕乏税額，累加見在疲甿；一室已空，四鄰繼盡，漸行增廣，何由自存？此則人益困窮，其事七也。

自至德迄於大曆，二十年餘，兵亂相乘，海内罷弊。幸遇陛下，紹應實運，憂濟生靈，誕敷聖謨，痛矯前弊，重愛人節用之旨，宣輕徭薄賦之名。率土烝黎，感涕相賀，延頸企踵，咸以爲太平可期。既而制失其中，斂從其重，頗乖始望，已沮群心。因之以兵甲，而煩暴之取轉加；繼之以獻求，而静約之風浸靡。臣所知者，纔梗概耳，而人益困窮之事，已有七焉，臣所不知，何啻於此！陛下倘追思大曆中所聞人間疾苦，而又有此七事重增於前，則人之無聊，不問可悉。昔魯哀公問於有若曰：『年饑，用不足，如之何？』有若對曰：『盍徹乎！』哀公曰：『二，吾猶不足，如之何其徹也？』有若曰：『百姓足，君孰與不足？百姓不足，君孰與足？』孔子曰：『有國有家者，不患寡而患不均，不患貧而患不安。蓋均而無怨，節而無貧，和而無寡，安而無傾。』漢文恤患救災，則命郡國無來獻。是以人爲本，以財爲末，人安則財贍，本固則邦寧。今百姓艱窮，非止不足；税額類例，非止不均；求取繁多，非止來獻：誠可哀憫，亦可憂危！

此而不圖，何者爲急？聖情重慎，每戒作爲，伏知貴欲因循，不敢盡求釐革，且去其太甚，亦足小休。望令所司與宰臣參量，據每年支用色目中，有不急者、無益者，罷廢之；有過制者、廣費者，減節之。遂以罷減之資，迴給要切之用。其百姓税錢，因軍興每貫加徵二伯者，下詔停之，用復其言，俾人知信。下之化上，不令而行。諸道權宜加徵，亦當自請蠲放。如是，則困窮之中十緩其二三矣。供御之物，各有典司；任土之宜，各有常貢。過此以往，復何所須？假欲崇飾燕居，儲備賜與，天子之貴，寧憂乏財！但敕有司，何求不給？豈必旁延進獻，别徇營求！減德示私，傷風敗法，因依縱擾，爲害最深。陛下臨御之初，已弘清浄之化，下無曲獻，上絶私求，近歲以來，稍渝前旨。今但滌除流誤，振起聖猷，則淳風再興，賄道中寢，雖有貪饕之輩，曷由復肆侵漁？州郡羨財，亦將焉往？若不上輸王府，理須下紓疲人。如是，則困窮之中十又緩其四五矣。所定税物估價，合依當處月平。百姓輸納之時，累經州縣簡閲，事或涉於姦冒，過則不在户人，重重剥徵，理甚無謂。望令所司，應諸州府送税物到京，但與色樣相符，不得虚稱折估。如濫惡尤甚，給用不充，唯罪元納官司，亦勿更徵百姓。根本既自端静，枝葉無因動摇。如是，則困窮之中十又緩其二三矣。然後據每年見供賦税之處，詳諭詔旨，咸俾均平。每道各令知兩税判官一人赴京，與度支類會參定，通計户數，以配税錢，輕重之間，大約可準。而又量土地之沃瘠，計物産之多少，倫比諸州，定爲兩等。州等下者，其每户配錢之數少；州等高者，其每户配錢之數多。多少已差，悉令折衷。仍委觀察使，更於當管所配錢數之内，均融處置，務盡事宜。就於一管之中，輕重不得偏併。雖或未盡齊一，决當不甚低昂。既免擾人，且不變法。粗均勞逸，足救凋殘。非但徵賦易供，亦冀逋逃漸息。俟稍寧阜，更擇所宜。

均節賦税恤百姓第二條 請兩税以布帛爲額不計錢數

夫國家之制賦税也，必先導以厚生之業，而後取其什一焉。其所取也，量人之力，任土之宜，非力之所出則不征，非土之所有則不貢，謂之通法，歷代常行。大凡生於天地之間，而五材之用爲急。五材者，金、木、水、火、土也。水、火不資於作爲，金、木自産於山澤，唯土爰播植，非力不成，衣食之源，皆出於此。故可以勉人功，定賦入者，唯布、麻、繒、纊與百穀焉。先王懼物之貴賤失平，而人之交易難準，又立貨泉之法，以節輕重之宜，斂散弛張，必由於是。蓋御財之大柄，爲國之利權，守之在官，不以任下。然則穀帛者，人之所爲也；錢貨者，官之所爲也。人之所爲者，故租税取焉；官之所爲者，故賦斂捨焉。此又事理著明者也。是以國朝著令，稽古作程，所取於人，不踰其分。租出穀，庸出絹，調雜出繒、纊、布、麻，非此族也，不在賦法。列聖遺典，粲然可徵，曷嘗有禁人鑄錢，而以錢爲賦者也？

今之兩税，獨異舊章，違任土之通方，效算緡之末法，不稽事理，不揆人功，但估資産爲差，便以錢穀定税，臨時折徵雜物，每歲色目頗殊。唯計求得之利宜，靡論供辦之難易，所徵非所業，所業非所徵，遂或增價以買其所無，減價以賣其所有，一增一減，耗損已多。且百姓所營，唯在耕織，人力之作爲有限，物價之貴賤無恒。而乃定税計錢，折錢納物，是將有限之産，以奉無恒之輸。納物賤則供税之所出漸多，多則人力不給；納物貴則收税之所入漸少，少則國用不充。公私二途，常不兼濟，以此爲法，未之前聞！往者初定兩税之時，百姓納税一匹，折錢三千二三百文，大率萬錢爲絹三匹。價計稍貴，數則不多。及乎頒給軍裝，計數而不計價，此所謂税入少而國用不充者也。近者百姓納絹一匹，折錢一千五六百文，大率萬錢爲絹六匹。價既轉賤，數則漸加，向之蠶織不殊，而所輸尚欲過倍，此所謂供税多而人力不給者也。今欲不甚改法，而粗救災害者，在乎約循典制，而以時變損益之。臣謂宜令所司勘會諸州府初納兩税年絹布定估，比類當今時價，加賤減貴，酌取其中。總計合税之錢，折爲布帛之數，仍依庸調舊制，各隨鄉土所宜。某州某年定出税布若干端，某州某年定出税絹若干匹，其有絁、綿、雜貨，亦隨所出定名，勿更計錢，以爲税數。如此則土有常制，人有常輸，衆皆知上令之不遷，於是一其心而專其業。應出布、麻者，則務於紡績；供綿、絹者，則事於蠶桑。日作月營，自然便習，各修家技，皆足供官。無求人假手之勞，無賤鬻貴買之費，無暴徵急辦之弊，無易常改作之煩。物甚賤而人之所出不加，物甚貴而官之所入不減，是以家給而國足，事均而法行。此直稍循令典之舊規，固非創制之可疑者也。然蚩蚩之俗，罕究事情，好騁異端，妄行沮議。臣請假爲問答，以備討論，陛下誠有意乎憐愍蒼生，將務救恤，但垂聽覽，必有可行。議者若曰：『每歲經費所資，大抵皆約錢數，若令以布帛爲額，是令支計無憑。』答曰：『國初約法已來，常賦率由布帛，輸一甲子，制用不愆，何獨當今則難支計？ 且經費之大，其流有三：軍食一也，軍衣二也，內外官月俸及諸色資課三也。 軍衣固在於布帛，軍食又取於地租，其計錢爲數者，獨月俸資課而已。 制祿唯不計錢，故三代以食人衆寡爲差，兩漢以石數多少爲秩。 蓋以錢者，官府之權貨；祿者，吏屬之常資。 以常徇權，則豐約之度不得恒於家；以權爲常，則輕重之柄不得專於國。 故先王制祿以食，而平貨以錢，然後國有權而家有節矣。 況今饋餉方廣，倉儲未豐，盡復古規，或慮不足。 若但據群官月俸之等，隨百役資課之差，各依錢數少多，折爲布帛定數，某官月給俸絹若干匹，某役月給資布若干端。 所給色目精麤，有司明立條例，便爲恒制，更不計錢。 物甚賤而官之所給不加，物甚貴而私之所稟不減，官私有準，何利如之？ 生人大端，衣食爲切，有職田以供食，有俸絹以供衣，從事之家，固足自給，以兹制事，誰曰不然？ 夫然，則國之用財多是布帛，定以爲賦，復何所傷？』議者若曰：『吏祿軍裝，雖頒布粟，至於以時斂糴，用權物價重輕，是必須錢，於何取給？』答曰：『古之聖人，所以取山澤之蘊材，作泉布之寶貨，國專其利，而不與人共之者，蓋爲此也。 物賤由乎錢少，少則重，重則加鑄而散之使輕；物貴由乎錢多，多則輕，輕則作法而斂之使重。 是乃物之貴賤，繫於錢之多少；錢之多少，在於官之盈縮。 官失其守，反求於人，人不得鑄錢，而限令供稅，是使貧者破産，而假資於富有之室，富者蓄貨，而竊行於輕重之權，下困齊人，上虧利柄，今之所病，諒在於斯。 誠宜廣即山殖貨之功，峻用銅爲器之禁，苟制持得所，則錢不乏矣。有糶鹽以入其直，有榷酒以納其資，苟消息合宜，則錢可收矣。錢可收，固可以斂輕爲重；錢不乏，固可以散重爲輕。弛張在官，何所不可？慮無所給，是未知方。』議者若曰：『自定兩税以來，恒使計錢納物，物價漸賤，所納漸多。出給之時，又增虚估，廣求羡利，以贍庫錢。歲計月支，猶患不足。今若定供布帛，出納以平，軍國之資，無乃有闕？』答曰：『自天寶以後，師旅數起，法度消亡，肅宗撥滔天之災，而急於功賞；先帝邁含垢之德，而緩於糾繩。由是用頗殷繁，俗亦靡弊。公賦已重，別獻繼興；別獻既行，私賂競長。誅求刻剥，日長月滋，積累以至於大曆之間，所謂取之極甚者也。今既總收極甚之數，定爲兩税矣；所定別獻之類，復在數外矣；間緣軍用不給，已嘗加徵矣；近屬折納價錢，則又多獲矣。比於大曆極甚之數，殆將再益其倍焉。復幸年穀屢豐，兵車少息；而用常不足，其故何哉？蓋以事逐情生，費從事廣，物有劑而用無節，夫安得不乏乎？苟能黜其情，約其用，非但可以布帛爲税，雖更減其税亦可也；苟務逞其情，侈其用，非但行今重税之不足，雖更加其税，亦不足也。夫地力之生物有大數，人力之成物有大限，取之有度，用之有節，則常足；取之無度，用之無節，則常不足。生物之豐敗由天，用物之多少由人。是以聖王立程，量入爲出，雖遇災難，下無困窮。理化既衰，則乃反是，量出爲入，不恤所無。故魯哀公問『年饑，用不足，如之何』，有若對以『盍徹』。桀用天下而不足，湯用七十里而有餘。是乃用之盈虚，在節與不節耳。不節則雖盈必竭，能節則雖虚必盈。衛文公承滅國之餘，建新徙之業，革車不過三十乘，豈不甚殆哉！而能衣大布，冠大帛，約己率下，通商務農，卒以富强，見稱載籍。漢文帝接秦、項積久傷夷之弊，繼高、呂革創多事之時，家國虚殘，日不暇給。而能躬儉節用，静事息人，服弋綈，履革舄，却駿馬而不御，罷露臺而不修，屢賜田租，以厚烝庶，遂使户口蕃息，百物阜殷。乃至鄉曲宴遊，乘牝牸者不得赴會；子孫生長，或有積數十歲不識市鄽；御府之錢，貫朽而不可校；太倉之粟，紅腐而不可食。國富於上，人安於下，生享遐福，没垂令名，人到於今，稱其仁賢，可謂盛矣！太宗文皇帝收合板蕩，再造寰區，武德年中，革車屢動，繼之災歉，人多流離。貞觀之初，薦屬霜旱，自關輔綿及三河之地，米價騰貴，斗易一縑，道路之間，餧殍相藉。太宗敦行儉約，撫養困窮，視人如傷，勞徠不倦，百姓有鬻男女者，出御府金帛贖還其家，嚴禁貪殘，慎節徭賦，弛不急之用，省無事之官，黜損乘輿，斥出宫女。太宗嘗有氣疾，百官以大内卑濕，請營一閣以居，尚憚煩勞，竟不之許。是以至誠上感，淳化下敷，四方大和，百穀連稔。貞觀八年以後，米斗至四五錢，俗阜化行，人知義讓，行旅萬里，或不齎糧。故人到於今談帝王之盛，則必先太宗之聖功；論理道之崇，則必慕貞觀之故事。此三君道，其經始豈不艱窘哉？皆以嗇用愛人，竟獲豐福。是所謂能節雖虚必盈之效也。

秦始皇據崤、函之固，藉雄富之業，專力農戰，廣收材豪，故能芟滅暴强，宰制天下。功成志滿，自謂有太山之安，貪欲熾然，以爲六合莫予違也。於是發閭左之戍，徵太半之賦，進諫者謂之宣謗，恤隱者謂之收恩，故徵發未終，而宗社已泯。漢武帝遇時運理平之會，承文、景勤儉之積，内廣興作，外張甲兵，侈汰無窮，遂至殫竭。大搜財貨，算及舟車，遠近騷然，幾至顛覆。賴武帝英姿大度，付任以能，納諫無疑，改過不悋，下哀痛之詔，罷征伐之勞，封丞相爲富民侯，以示休息，邦本摇而復定，帝祚危而再安。隋氏因周室平齊之資，府庫充實，開皇之際，理尚清廉，是時公私豐饒，議者以比漢之文、景。煬帝嗣位，肆行驕奢，竭耗生靈，不知止息，海内怨叛，以至於亡。此三君者，其所憑藉豈不豐厚哉！此皆以縱欲殘人，竟致蹙喪。是所謂不節則雖盈必竭之效也。

秦、隋不悟而遂滅，漢武中悔而獲存。乃知懲與不懲，覺與不覺，其於得失相遠，復有存滅之殊，安可不思！安可不懼！今人窮日甚，國用歲加，不時節量，其勢必蹙，而議者但憂財利之不足，罔慮安危之不持。若然者，則太宗、漢文之德曷見稱？秦皇、隋煬之敗靡足戒，唯欲是逞，復何規哉！幸屬休明，將期致理，急聚斂而忽於勤恤，固非聖代之所宜言也。

均節賦税恤百姓第三條 論長吏以增户加税闢田爲課績

夫欲施教化，立度程，必先域人，使之地著。古之王者，設井田之法，以安其業；立五宗之制，以綴其恩。猶懼其未也，又教之族墳墓，敬桑梓，將以固人之志，定人之居，俾皆重遷，然可爲理。厥後又督之以出鄉遊墮之禁，糾之以版圖比閲之方，雖訓導漸微，而檢制猶密。歷代因襲，以爲彝章，其理也必謹於隄防，其亂也必慢於經界。斯道崇替，與時興衰。人主失之，則不可御寰區，守長失之，則不可釐郡邑。理人之要，莫急於兹，頃因兵興，典制弛廢，户版之紀綱罔緝，土斷之條約不明，恣人浮流，莫克禁止。縱之則湊集，整之則驚離，恒懷倖心，靡固本業。是以賦税不一，教令不行。長人者又罕能推忠恕易地之情，體至公徇國之意，迭行小惠，競誘姦甿，以傾奪鄰境爲智能，以招萃逋逃爲理化。捨彼適此者，既謂新收而獲宥；倏忽往來者，又以復業而見優。唯懷土安居，首末不遷者，則使之日重，斂之日加。是令地著之人，恒代惰游服役，則何異驅之轉徙，教之澆訛？此由牧宰不克弘通，各私所部之過也。及夫廉使奏課，會府考功，但守常規，不稽時變。其所以爲長吏之能者，大約在於四科：一曰户口增加，二曰田野墾闢，三曰税錢長數，四曰徵辦先期。此四者，誠吏職之所崇。然立法齊人，久無不弊。法之所沮，則人飾巧而苟避其網；法之所勸，則人興僞以曲附其文。理之者若不知維御損益之宜，則巧僞萌生，恒因沮勸而滋矣。

夫課吏之法，所貴户口增加者，豈不以撫字得所，人益阜蕃乎？今或詭情以誘其姦浮，苛法以析其親族，苟益户數，務登賞條。所誘者將議薄征，已遽驚散；所析者不勝重税，又漸流亡。州縣破傷，多起於此。長吏相效以爲績，安忍莫懲；齊人相扇以成風，規避轉甚。不究實而務增户口，有如是之病焉。所貴田野墾闢者，豈不以訓導有術，人皆樂業乎？今或牽率黎烝，播植荒廢，約以年限，免其地租。苟農夫不增，而墾田欲廣，新畝雖闢，舊畬反蕪。人利免租，頗亦從令，年限纔滿，復爲污萊，有益煩勞，無增稼穡。不度力而務辟田野，有如是之病焉。

所貴税錢長數者，豈不以既庶而富，人可加賦乎？今或重困疲羸，力求附益，捶骨瀝髓，隳家取財，苟媚聚斂之司，以爲仕進之路。不恤人而務長税數，有如是之病焉。所貴徵辦先期者，豈不以物力優贍，人皆樂輸乎？今或肆毒作威，殘人逞欲，事有常限，因而促之，不量時宜，唯尚强濟，絲不容織，粟不暇舂，矧伊貧虚，能不奔迸？不恕物而務先徵辦，有如是之病焉。然則引人逋逃，蹙人艱窘，唯兹四病，亦有助焉。此由考覈不切事情，而泛循舊轍之過也。

且夫户口增加，田野墾闢，税錢長數，徵辦先期，若不以實事驗之，則真僞莫得而辨，將驗之以實，則租賦須加。所加既出於人，固有受其損者，此州若增客户，彼郡必減居人，增處邀賞而税數有加，減處懼罪而税數不降。倘國家所設考課之法，必欲崇於聚斂，則如斯可矣，將有意乎富俗而務理，豈不剌謬歟？當今之要，在於厚人而薄財，損上以益下。下苟利矣，上必安焉，則少損者，所以招大益也。人既厚矣，財必贍焉，則暫薄者，所以成永厚也。臣愚謂宜申命有司，詳定考績，往貴於加者，今務於減焉。假如一州之中，所税舊有定額，凡管幾許百姓，復作幾等差科，每等有若干户人，每户出若干税物，各令條舉，都數年别一申使司，使司詳覆有憑，然後録報户部。若當管之内，人益阜殷，所定税額有餘，任其據户均減，率計減數多少，以爲考課等差。其當管税物，通比校，每户十分減三分者爲上課，十分減二分者次焉，十分減一分者又次焉。如或人多流亡，加税見户，比校殿罰，法亦如之。其百姓所出田租，則各以去年應輸之數，便爲定額，每歲據徵，更不勘責檢巡。增闢者勿益其租，廢耕者不降其數，足以誘導墾植，且免妨奪農功，事簡體弘，人必悅勸。每至定户之際，但據雜産校量，田既自有恒租，不宜更入兩稅。如此則吏無苟且，俗變澆浮，不督課而人自樂耕，不防閑而衆皆安土。斯亦當今富人固本之要術，在陛下舉而行之。

均節賦稅恤百姓第四條 論稅期限迫促

建官立國，所以養人也；賦人取財，所以資國也。明君不厚其所資而害其所養，故必先人事而借其暇力，先家給而斂其餘財。遂人所營，恤人所乏，借必以度，斂必以時，有度則忘勞，得時則易給。是以官事無闕，人力不殫，公私相全，上下交愛。古之得衆者，其率用此歟！法制或虧，本末倒置，但務取人以資國，不思立國以養人，非獨徭賦繁多，夐無蠲貸；至於徵收迫促，亦不矜量。蠶事方興，已輸縑稅；農功未艾，遽斂穀租。上司之繩責既嚴，下吏之威暴愈促，有者急賣而耗其半直，無者求假而費其倍酬。所繫遲速之間，不過月旬之異，一寬稅限，歲歲相承，遲無所妨，速不爲益，何急敦逼，重傷疲人！頃緣定稅之初，期約未甚詳衷，旋屬征役多故，復令先限量徵，近雖優延，尚未均濟。望委轉運使與諸道觀察使商議，更詳定徵稅期限聞奏。各隨當土風俗所便，時候所宜，務於紓人，俾得辦集。所謂惠而不費者，則此類也。

均節賦税恤百姓第五條請以税茶錢置義倉以備水旱

臣聞仁君在上，則海内無餧殍之人，豈必耕而餇之，爨而食之哉！蓋以慮得其宜，制得其道，致人於歉乏之外，設備於災沴之前，是以年雖大殺，衆不恇懼。夫水旱爲敗，堯、湯被之矣，陰陽相寇，聖何禦哉！所貴堯、湯之盛者，在於遭患能濟耳。凡厥哲后，皆謹循之。故《王制》記虞、夏、殷、周四代之法，乃云：『國無九年之蓄曰不足，無六年之蓄曰急，無三年之蓄曰國非其國也。』《周官》司徒之屬亦云：『掌鄉里之委積，以恤艱阨；縣鄙之委積，以待凶荒。』王制既衰，雜以權術。魏用平糴之法，漢置常平之倉，利兼公私，頗以爲便。隋氏立制，始創社倉，終於開皇，人不饑饉。貞觀初，戴胄建積穀備災之議，太宗悦焉，因命有司，詳立條制，所在貯粟，號爲義倉。豐則斂藏，歉則散給，歷高宗之代五六十載，人賴其資。國步中艱，斯制亦弛。開元之際，漸復修崇。是知儲積備災，聖王之急務也。《語》曰：『百姓足，君孰與不足？百姓不足，君孰與足？』此言君養人以成國，人戴君以成生，上下相成，事如一體。然則古稱九年、六年之蓄者，蓋率土臣庶，通爲之計耳，固非獨豐公庾，不及編氓。《記》所謂『雖有凶旱水溢，人無菜色』，良以此也。後代失典籍備慮之旨，忘先王子愛之心，所蓄糧儲，唯計廩庾。犬彘厭人之食，而不知檢；溝壑委人之骨，而不能恤。亂興於下，禍延於上，雖有公粟，豈得而食諸？

故立國而不先養人，國固不立矣；養人而不先足食，人固不養矣；足食而不先備災，食固不足矣。爲官而備者，人必不贍；爲人而備者，官必不窮。是故論德昏明，在乎所務本末。務本則其末自遂，務末則其本兼亡，國本於人，安得不務？頃以寇戎爲梗，師旅亟興，惠恤之方，多所未暇，每遇陰陽愆候，年不順成，官司所儲，祗給軍食。支計苟有所闕，猶須更取於人，人之凶荒，豈遑賑救？人小乏則求取息利，人大乏則賣鬻田廬。幸逢有年，纔償逋債，斂獲始畢，糇糧已空，執契擔囊，行復貸假，重重計息，食每不充。倘遇荐饑，遂至顛沛，室家相棄，骨肉分離，乞爲奴僕，猶莫之售，或行丐鄽里，或縊死道途。天災流行，四方代有，率計被其害者，每歲常不下一二十州。以陛下爲人父母之心，若垂省憂，固足傷惻！幸有可救之道，焉可捨而不念哉？

今賦役已繁，人力已竭，窮歲汲汲，永無贏餘，課之聚糧，終不能致，將樹儲蓄根本，必藉官司助成。陛下誠能爲人備災，過聽愚計，不害經費，可垂永圖。近者有司奏請税茶，歲約得五十萬貫，元敕令貯户部，用救百姓凶饑，今以蓄糧，適副前旨。望令轉運使總計諸道户口多少、每年所得税茶錢，使均融分配，各令當道巡院主掌。每至穀麥熟時，即與觀察使計會，散就管内州縣和糴，便於當處置倉收納，每州令録事參軍專知。仍定觀察判官一人，與和糴巡院官同勾當。亦以義倉爲名，除賑給百姓已外，一切不得貸便支用。如歸當大稔，事至傷農，則優與價錢，廣其糴數；穀若稍貴，糴亦便停。所糴少多，與年上下，準平穀價，恒使得中。每遇災荒，即以賑給，小歉則隨事借貸，大饑則録奏分頒，許從便宜，務使周濟，循環斂散，遂以爲常。

如此則蓄財息債者，不能耗吾人；聚穀幸災者，無以牟大利。富不至侈，貧不至饑，農不至傷，糴不至貴。一舉事而衆美具，可不務乎？俟人小休，漸勸私積，平糴之法斯在，社倉之制兼行，不出十年之中，必盈三歲之蓄，弘長不已，升平可期。使一代黎人，永無餒乏，此堯、湯所以見稱於千古也。願陛下遵之慕之，繼之齊之。苟能存誠，蔑有不至。

均節賦税恤百姓第六條 論兼并之家私斂重於公税

國之紀綱，在於制度，商農工賈，各有所專，凡在食禄之家，不得與人争利。此王者所以節財力，勵廉隅，是古今之所同，不可得而變革者也。

代理則其道存而不犯，代亂則其制委而不行。其道存則貴賤有章，豐殺有度，車服田宅，莫敢僭踰，雖積貨財，無所施設。是以咸安其分，罕徇貪求。藏不偏多，故物不偏罄；用不偏厚，故人不偏窮。聖王能使禮讓興行，而財用均足，則此道也。其制委則法度不守，教化不從。唯貨是崇，唯力是騁，貨力苟備，無欲不成。租販兼并，下錮齊人之業；奉養豐麗，上侔王者之尊。户蓄群黎，隸役同輩，既濟嗜欲，不虞憲章，肆其貪婪，曷有紀極？天下之物有限，富室之積無涯。養一人而費百人之資，則百人之食不得不乏；富一家而傾千家之産，則千家之業不得不空。舉類推之，則海内空乏之流，亦已多矣。故前代致有風俗訛靡，氓庶困窮，由此弊也。

今兹之弊，則又甚焉。夫物之不可掩藏，而易以閲視者，莫著乎田宅。臣請又措其宅而勿議，且舉占田一事以言之。古先哲王疆理天下，百畝之地，號曰一夫，蓋以一夫授田，不得過於百畝也。欲使人無廢業，田無曠耕，人力田疇，二者適足，是以貧弱不至竭涸，富厚不至奢淫，法立事均，斯謂制度。今制度弛紊，疆理隳壞，恣人相吞，無復畔限。富者兼地數萬畝，貧者無容足之居，依託强豪，以爲私屬，貸其種食，賃其田廬，終年服勞，無日休息，罄輸所假，常患不充。有田之家，坐食租税，貧富懸絶，乃至於斯，厚斂促徵，皆甚公賦。今京畿之内，每田一畝，官税五升，而私家收租，殆有畝至一石者，是二十倍於官税也。降及中等，租猶半之，是十倍於官税也。夫以土地王者之所有，耕稼農夫之所爲，而兼并之徒，居然受利。官取其一，私取其十，穡人安得足食？公廩安得廣儲？風俗安得不貪？財貨安得不壅？昔之爲理者，所以明制度而謹經界，豈虚設哉！

斯道浸亡，爲日已久，頓欲修整，行之實難，革弊化人，事當有漸。望令百官集議，參酌古今之宜，凡所占田，約爲條限，裁減租價，務利貧人。法貴必行，不在深刻。裕其制以便俗，嚴其令以懲違，微損有餘，稍優不足，損不失富，優可賑窮，此乃古者安富恤窮之善經，不可捨也。

右。臣前月十一日延英奏對，因敘賦税煩重，百姓困窮，伏奉恩旨，令具條疏聞奏。今具舉其甚者，謹件如前。

臣聞於《書》曰：『無輕人事，惟艱；無安厥位，惟危。』此理之所以興也。又曰：『厥後嗣王，生則逸，不知稼穡之艱難。』此亂之所由始也。以陛下天縱聖哲，事更憂危，夙夜孜孜，志求致理。往年論及百姓，必爲悽然動容，每言『朕於蒼生，肢體亦無所惜』。臣久叨近侍，亟奉德音，竊謂一代黔黎，必躋富壽之域。昨奏人間疾苦，十分纔及二三，聖情已甚驚疑，皆謂臣言過當。然則愁怨之事，何由上聞？煦育之恩，何由下布？典籍所戒，信而有徵，一虧聖猷，實可深惜！臣又聞於《書》曰：『非知之艱，行之唯艱。』竊謂陛下所以驚疑於微臣之言者，但聞之未熟耳。此乃股肱耳目之任，仰負於陛下，誠所謂知之非艱，尚未足深累聖德也。今則既知之矣，願陛下勿復艱於所行，居安思危，億兆幸甚！謹奏。

陸贄集輯補

賦

聖人苑中射落飛雁賦以題爲韻次用

於穆我皇，受天明命，與乾坤而合德，配唐、虞而齊盛。成功斯著，射中九霄之禽；文教已宣，道應千年之聖。想彼禽矣，雝雝可珍，配玉帛於前禮，齊山木於至人。棲必擇處，翔無失倫。候律南徂，洞庭之芳草猶碧；順時北向，上林之繁花已春。苟應弦以啓聖，同殺身以成仁。爾乃雲收遠天，水落上苑，風蕭蕭而勁夕，日杳杳而低晚。於是聖人悅年豐，修武功，有直斯矢，有弨其弓，因肅殺之候，遊苑囿之中。

彼雁于飛，斜當禁掖，帶輕雲之微素，映遥天之晴碧。雖逢蒙之絶藝，莫敢措心；固離婁之明眸，其纔能覿。我弓斯張，我矢斯射，算分數之遠近，則舍拔而應鏑。質毛紛其已墜，弦聲振猶未釋，聞之者足蹈手舞，覩之者目駭心惕。彼貫心稱妙，穿葉無怍，一則三年而後發，一則百步以爲約。豈如料必中於飛動，騁絶技於寥廓！雁以遠而矢發，矢既發而雁落。

異哉！莫高者天，戾天者飛。彼搏空之逸翰，尚無所違；矧荒服之逆命，曷不咸歸！則知皇聖有作，夷夏無間，鄙楚莊之戲猿，笑晋平之失鷃。固將威九垓而清八荒〔一〕，豈直落翔雲之一雁！

校勘記

〔一〕『垓』，《文巷英華》作『垓』。

東郊朝日賦以國家行仲春之令爲韻

日爲炎精，君實陽德，明至乃照臨下土，德盛則光彼四國。天垂象，聖作則。候春分之節，時則罔愆；順《周官》之儀，事乃不忒。於是載青旗，儼翠華，蓋留殘月，旗拂朝霞，咸濟濟以皇皇，備禮容於邦家。天子躬整服以待曙，心既誠而望賒。倏而罷嚴，更闢禁城，五輅齊駕，八鸞啓行。風出郊而草偃，澤先路而塵清。卷餘靄於林薄，動神光於旆旌。初破鏡而半掩，忽成輪而上征。杲耀榮光，分輝於千品萬類；煙熅瑞色，均燭於四夷八紘。一人端冕以仰拜，百辟奉璋而竭誠。故曰天爲父，日爲兄。和氣旁通，帝德與日德俱遠；清光相對，帝心與日心齊明。時也春事既用，夾鐘律中，登觀臺而瑞集，覩芳甸而農衆。東爲陽位，故出拜於國東；仲居時中，乃展禮於春仲。

既而盛禮畢陳，錫鑾回輪。家有磬室，巷無居人。備禮服之燦燦，殷游車之轔轔。人望如草，我澤如春。惟天德與聖壽，配朝日而長新。伊兹禮之可持，歷前代而修之。漢拜庭中，成煩褻之細事；魏朝歲首，失禮經於舊時。國家欽若天命，率由時令，矯前王之失德，修古典而施敬。俾伯夷之掌禮，伻軒后以作聖。恭承命於春卿，遂觀光而興詠。

傷望思臺賦

桃野之右，蒼茫古原，草木春慘，風煙晝昏。攬予轡以躊躇，見立表而斯存。乃漢武戾嗣剿命地也，然後築臺以慰遺魂。吁！自古有死，胡可勝論？苟失理以横斃，雖千祀而猶冤。當武帝之季年，德不勝而耄及。浮誕之士疊至，詭怪之巫繼集。忠見疑而莫售，讒因隙而競入。忘嗜欲之生疾，意巫詛而是因。將搜蠱以滌災，縱庸瑣之奸臣。言何微而莫讎〔一〕，冤雖毒而奚伸？構儲后以掛殃，矧具寮與齊人！旋激怒而誅充，竟奔湖而滅身。異哉漢后！因姦邪之是誘，俾冢嗣而罹咎。彼傷魂之冥冥，故築臺其何有？嗟爾戾嗣！盍入明以見志，遽興戈而自棄？諒君父之是叛，雖竄身其焉置？

嗚呼！一失其理，孝慈兩墜，不其傷哉！夫邪不自生，釁亦有託。信其讒興，利則妖作。恣鬼神之愆變，實人事之紛錯。故子不語於怪亂，道亦貴乎淡泊，蓋爲此也。水滔滔而不歸，日杳杳而西馳。時徑往兮莫追，人共盡兮臺隳，榛焉莽焉，俾永代而傷悲！

校勘記

〔一〕『言』，《文苑英華》作『嫌』；『讎』，《淵鑑類函》作『别』。

月臨鏡湖賦以風静湖滿輕波不動爲韻

月配陽，含虚而明；湖止水，體柔而平。光無不臨，故麗天並耀；清可以鑑，因取鏡表名。月包陰以成象，水禀月而爲精。兩氣相合，實不入而疑入；二美交映，伊本清而又清。色皎潔而秋天愈静，波演漾而霄風乍輕。類泗濱之磬見，疑合浦之珠明。至明洞幽，至清無垢，同玄澤無遠不遍，等達人以虚而受。滿不可恃，望之足戒以虧盈；形或未分，鑑之則辨其妍醜。輕靄不起，纖塵莫過。沉璧彩而爲鏡，碎金輝以成波。皓質未判，空聞田鶴之唳；香風乍度，暗傳蓮女之歌。萬象皆總，湛清光而不動；極望靡窮，凝虚皓而如空。照同心千里之外，洞游鱗百丈之中。棹影乍浮，如上天邊之漢；桂華不定，多因蘋末之風。白晝誠窮，殘夜將短，臨遠峰而欲落，沉餘景而猶滿。月之德也朗而迴，水之性也柔而静，照有餘暉，光無匿影。滿而將缺，顧兔自殊於太陽；導之則流，無禽豈同於舊井。原夫德無不應，理必相符，湖以柔而藏月，月因朗而彰湖。不私其明，明則有裕；無逆於物，物乃不孤。異投珠而按劍，等藏冰而耀壺。惟水月之叶美，與君子而同塗。

冬至日陪位聽太和樂賦以文德光宅天敬萬壽爲韻

樂自上古兮和洽是聞，日至南極兮陰陽肇分。名太和而順氣，取初陽而配君。則知天授聖而正曆，聖應天而放勳。惟至也去陰就陽，惟樂也偃武修文。八佾初陳，雜鸞鳳而容裔；九奏既華，降佳氣之氤氳。爾其順元辰，體乾德，赫容衛之森肅，儼宸位之恭默。班禮樂於千品，陳贄幣於萬國。濟濟皇皇，威容孔彰。望北辰以列位，指南山而獻觴。慶雲協符，榮觀臺之加麗；太陽臨照，熖魏闕而增光。於是太常導干羽而前曰：八音自設，千古靡隔，所以賞諸侯之功，暢聖君之澤。失其度則沾滯寢興，適其儀則上下咸格。清浄順氣而不擾，和樂自心而來宅。可以導情欲，可以滌煩劇。既而筍簴齊列，笙竽互傳，偕肅肅而合雅，亦啾啾而同玄。備以四夷，識四海之無外；成於九土，知九德之咸宣。崇易簡，豈同於濮水；務德化，寧比於鈞天！既損之而又損，蓋斯焉而取焉。故所以移風易俗，發號施令，周天地而不流，匝寰宇而無競。斥鄭、魏而不御，暢柔和而全正。群黎足蹈而手舞，百僚儀肅而心敬。則知一人作則，萬邦維憲。來遠人以干舞，播聲頌而吹萬。則鄭之細、晉之思，不可以勸；湯之放、武之伐，而猶有怨。豈比我照二儀，形九有，舒太和之至德，居盛陽之元首！咸有典而有則，固可大而可久。明明我后，於斯萬壽！

登春臺賦 以晴眺春野氣和感深爲韻

春發生以煦物，臺居高而處明。俯而望焉，舒郁郁之和氣；登可樂也，暢怡怡之遠情。觸類斯感，衆芳俱榮。風出谷以天霽，雲歸山而景晴。俛視平皋，傍臨遠嶠，窮漢苑以周覽，匝秦城而迴眺。林巒彩翠，浮佳氣於遥天；宫觀參差，麗飛甍於夕照。望莫若兮望遠，感何深兮感春。登其臺則歷階而至極，應乎律故陰滲而陽伸。令行斯順，澤布惟均。視雖微而必審，思何遠而不親？懿夫情之誘人，人罔或舍；時之感物，物莫能假。臺有春而必望，春何情而不寫！條風始至，散灼灼之紅桃；穀雨初收，潤萋萋之緑野。天何言哉生衆彙，人有靈兮感元氣，既望春而可樂，亦升高而足貴。賞同沂水，聊舞雩以詠歌；登異觀臺，寧覘蜡而增欷。周望既極，含情則多，媚遲日之未下，愛清風之屢過。日眇眇以心遠，野悠悠而氣和，可以樂芳時之景物，壯皇室之山河。豈比夫羈士登樓而作賦，碩人在軸而爲歌者哉！春無物而不滋，臺無遠而不覽。豈老氏之或論，伊潘生之所感。稽其趣時之規遠，創意之義深，春非臺而何樂？臺非春而罔尋！故望春者惟臺是履，登臺者惟春是臨。繄在物之可用，必從時之所任。儻自下而可託，庶升高而至今。

鴻漸賦 以鴻漸路適之爲韻

深不測者道，大無疆者空。空非羽而何適？道匪人兮孰通？通於道者，是謂君子；適於空者，莫如鴻漸。故聖人託象以明義，務勤以飭躬，將自邇而圖遠，必因卑而致崇。始其素卵新化，青春戲融，一之日乳哺衡陽之曲，二之日翱翔彭蠡之中。且爰居以樂水，亦從正而養蒙。毳毛其成，洞庭之芳草初緑；弱羽云就，武陵之繁華已紅。而見其進，未知其終。美夫姿淑偉麗，飛鳴有檢；動靡求棲，遊皆遠險。思奮志於寥廓，且藻容於菱芡。昇不越次，先冒履木之危；進而得中，孚及於磐之漸。漸如何其，往有攸措。方去渚而戾止，俄躋陵而遐顧。風水遥輔於羽毛，煙雲未通於道路。嗈嗈相召，驚月夜而亂趨；肅肅連行，拂天池而徑度。信梁燕之莫儔，豈谷鶯之足慕！亦猶九層起於累土，千里始於投迹。琢玉者日就其功，爲學者月將其益。皆自微以成著，固何求而不適！異夫出陸搏空，驤首矯翮，順寒暑以攸往，亘山川而罔隔。以言乎鳥也，尚不忘進；以言乎人也，如何勿思！思者所以志道，進者所以修辭。誠既往而莫返，冀將來而可追。蒙亦有望於斯漸，敢不肅然而勉之！

詩

曉過南宮聞太常清樂

南宮聞古樂，拂曙聽初鶯。煙靄遥迷處，絲桐暗辨名。節隨新律改，聲帶緒風輕。合雅將移俗，同和自感情。遠音兼曉漏，餘響過春城。九奏明初日，寥寥天地清。

禁中春松

陰陰清禁裏，蒼翠滿春松。雨露恩偏近，陽和色更一作正濃。高枝分曉日一作月，虚吹一作靈韻雜宵鐘。香助鑪煙遠，形疑蓋影重。願符千載一作歲壽，不羨五株封。儻一作長、一作幸得迴天眷，全勝老碧峰。

賦得御園芳草

陰陰御園裏，瑶草日光長。靃靡含煙霧，依稀帶夕陽。雨餘荑更密，風暖蕙初香。擁仗緣馳道，乘輿入建章。濕煙搖不散，細影亂無行。恒恐韶光晚，何人辨早芳！

逸句

繞堦流瀌瀌，來砌樹陰陰。任江淮尉題廳，見《語林》。

附録

四庫全書總目提要

《翰苑集》二十二卷。唐陸贄撰。贄事蹟具《唐書》本傳。案《藝文志》載贄《議論表疏集》十二卷，又《翰苑集》十卷，韋處厚纂。陳振孫《書録解題》載《陸宣公集》二十二卷，中分《翰苑》、《牓子》爲二集。其目亦與史志相同。惟晁公武《讀書志》所載，乃祇有《奏議》十二卷，且稱：『舊有《牓子集》五卷，《議論集》三卷，《翰苑集》十卷。元祐中蘇軾乞校正進呈，改從今名。疑是裒諸集成此書。』與史志名目全不相合。今考尤袤《遂初堂書目》所列，實作《翰苑集》。而錢曾《讀書敏求記》載所見宋槧大字本二十二卷者，亦作《翰苑集》。則自南宋以後，已合《議論》、《表疏》爲一集，而總題以『翰苑』之名。公武所見乃元祐本，恐非全册。而今世刊行贄集，亦有題作《陸宣公奏議》者，則又沿《讀書志》而失之者也。宋祁作贄傳贊，稱其論諫數十百篇，譏陳時病，皆本仁義，炳炳如丹青，而惜德宗之不能盡用。故《新唐書》例不録排偶之作，獨取贄文十餘篇，以爲後世法。司馬光作《資治通鑑》，尤重贄議論，採奏疏三十九篇。其後蘇軾亦乞以贄文校正進讀。蓋其文雖多出於一時匡救規切之語，而於古今來政治得失之故，無不深切著明，有足爲萬世龜鑑者，故歷代寶重焉。贄尚有詩文別集十五卷，久佚不傳。《全唐詩》所録，僅存試帖詩三首及《語林》所載逸句。然經世有用之言，悉具是書。其所以爲贄重者，固不必在雕章繪句之末矣。

舊唐書陸贄傳

陸贄字敬輿，蘇州嘉興人。父侃，溧陽令，以贄貴，贈禮部尚書。贄少孤，特立不群，頗勤儒學。年十八登進士第，以博學宏詞登科，授華州鄭縣尉。罷秩，東歸省母，路由壽州，刺史張鎰有時名，贄往謁之。鎰初不甚知，留三日，再見與語，遂大稱賞，請結忘年之契。及辭，遺贄錢百萬，曰：『願備太夫人一日之膳。』贄不納，唯受新茶一串而已，曰：『敢不承君厚意。』又以書判拔萃，選授渭南縣主簿，遷監察御史。德宗在東宮時，素知贄名，乃召爲翰林學士，轉祠部員外郎。贄性忠藎，既居近密，感人主重知，思有以效報，故政或有缺，巨細必陳，由是顧待益厚。

建中四年，朱泚謀逆，從駕幸奉天。時天下叛亂，機務填委，徵發指蹤，千端萬緒，一日之内，詔書數百。贄揮翰起草，思如泉注，初若不經思慮，既成之後，莫不曲盡事情，中於機會。胥吏簡札不暇，同舍皆伏其能。轉考功郎中，依前充職。嘗啓德宗曰：『今盜遍天下，輿駕播遷，陛下宜痛自引過，以感動人心。昔成湯以罪己勃興，楚昭以善言復國。陛下誠能不吝改過，以言謝天下，使書詔無忌，臣雖愚陋，可以仰副聖情，庶令反側之徒，革心向化。』德宗然之。故奉天所下書詔，雖武夫悍卒，無不揮涕感激，多贄所爲也。

其年冬，議欲以新歲改元，而卜祝之流，皆以國家數鍾百六，凡事宜有變革，以應時數。上謂贄曰：『往年群臣請上尊號「聖神文武」四字，今緣寇難，諸事並宜改更，衆欲朕舊號之中更加一兩字，其事何如？』贄奏曰：『尊號之興，本非古制。行於安泰之日，已累謙沖；襲乎喪亂之時，尤傷事體。今者鑾輿播越，未復宫闈，宗社震驚，尚愆禋祀，中區多梗，大憝猶存。此乃人情向背之秋，天意去就之際，陛下宜深自懲勵，收攬群心，痛自貶損，以謝靈譴，不可近從末議，重益美名。』帝曰：『卿所奏陳，雖理體甚切，然時運必須小有改變，亦不可執滯，卿更思量。』贄曰：『古之人君稱號，或稱皇、稱帝，或稱王，但一字而已；至暴秦，乃兼皇、帝二字，後代因之；及昏僻之君，乃有聖劉、天元之號。是知人主輕重，不在自稱，崇其號無補於徽猷，損其名不傷其德美。然而損之有謙光稽古之善，崇之獲矜能納諂之譏，得失不侔，居然可辨。況今時遭迍否，事屬傾危，尤宜懼思，以自貶抑。必也俯稽術數，須有變更，與其增美稱而失人心，不若黜舊號以祇天戒。天時人事，理必相符，人既好謙，天亦助順。陛下誠能斷自宸鑑，焕發德音，引咎降名，深示刻責。惟謙與順，一舉而二美從之。』德宗從之，但改興元年號而已。

初，德宗倉皇出幸，府藏委棄，凝冽之際，士衆多寒，服御之外，無尺縑丈帛；及賊泚解圍，諸藩貢奉繼至，乃於奉天行在貯貢物於廊下，仍題曰瓊林、大盈二庫名。贄諫曰：

瓊林、大盈，自古悉無其制，傳諸耆舊之説，皆云創自開元。貴臣貪權，飾巧求媚，乃言：『郡邑貢賦所用，盍各區分？賦税當委於有司，以給經用；貢獻宜歸於天子，以奉私求。』玄宗悦之，新是二庫，蕩心侈欲，萌柢於兹，迨乎失邦，終以餌寇。《記》曰：『貨悖而入，必悖而出。』豈其效歟！

陛下嗣位之初，務遵理道，敦行儉約，斥遠貪饕。雖内庫舊藏，未歸太府，而諸方曲獻，不入禁闈，清風肅然，海内丕變。近以寇逆亂常，鑾輿外幸，既屬憂危之運，宜增儆勵之誠。臣昨奉使軍營，出經行殿，忽睹右廊之下，牓列二庫之名，懼然若驚，不識所以。何者？天衢尚梗，師旅方殷，痛心呻吟之聲，噢咻未息；忠勤戰守之效，賞賚未行。諸道貢珍，遽私别庫，萬目所視，孰能忍情？竊揣軍情，或生觖望，或忿形謗讟，或醜肆謳謡，頗含思亂之情，亦有悔忠之意。是知甿俗昏鄙，識昧高卑，不可以尊極臨，而可以誠義感。

頃者六師初降，百物無儲，外扞兇徒，内防危堞，晝夜不息，殆將五旬，凍餓交侵，死傷相枕，畢命同力，竟夷大艱。良以陛下不厚其身，不私其欲，絶甘以同卒伍，輟食以啖功勞。無猛制人而不攜，懷所感也；無厚賞士而不怨，悉所無也。今者攻圍已解，衣食已豐，而謗讟方興，軍情稍沮，豈不以勇夫常性，嗜貨矜功，其患難既與之同憂，而好樂不與之同利，苟異恬默，能無怨咨！此理之常，故不足怪。《記》曰：『財散則民聚。』豈其效歟！陛下天資英聖，見善必遷，是將化蓄怨爲銜恩，反過差爲至當，促殄遺寇，永垂鴻名，大聖應機，固當不俟終日。

上嘉納之，令去其題署。

興元元年，李懷光異志已萌，欲激怒諸軍，上表論諸軍衣糧薄，神策衣糧厚，厚薄不均，難以驅戰，意在撓沮進軍。李晟密奏，恐其有變，上憂之，遣贄使懷光軍宣諭。使還，贄奏事曰：

賊泚稽誅，保聚宮苑，勢窮援絶，引日偷生。懷光總仗順之軍，乘制勝之氣，鼓行芟翦，易若摧枯，而乃寇奔不追，師老不用，諸帥每欲進取，懷光輒沮其謀。據兹事情，殊不可解。陛下意在全護，委曲聽從，觀其所爲，亦未知感。若不別爲規略，漸相制持，唯以姑息求安，終恐變故難測。此誠事機危迫之秋也，故不可以尋常容易處之。

今李晟奏請移軍，適遇臣銜命宣慰，懷光偶論此事，臣遂泛問所宜，懷光乃云：『李晟既欲別行，某亦都不要藉。』臣猶慮有翻覆，因美其軍强盛，懷光大自矜夸，轉有輕晟之意。臣又從容問云：『昨發離行在之日，未知有此商量，今日從此却迴，或恐聖旨顧問，事之可否，决定何如？』懷光已肆輕言，不可中變，遂云：『恩命許去，事亦無妨。』要約再三，非不詳審，雖欲追悔，固難爲詞。伏望即以李晟表出付中書，敕下依奏，別賜懷光手詔，示以移軍事由。其手詔大意云：『昨得李晟奏，請移軍城東以分賊勢。朕緣未知利害，本欲委卿商量，適會陸贄從彼宣慰迴，云見卿論敘軍情，語及於此，仍言許去，事迹無妨，遂敕本軍允其所請。卿宜授以謀略，分路夾攻，務使叶齊，尅平寇孽。』如此詞婉而直，理當而明，雖蓄異端，何由起怨？

臣初奉使諭旨，本緣糧料不均，偶屬移軍，事相諧會。又幸懷光詭對，且無阻絶之言，機宜合并，若有幽贊，一失其使，後何可追，幸垂裁察！

德宗初望懷光迴意破賊，故晟屢奏移軍不許；及贄縷陳懷光反狀，乃可晟之奏，遂移軍東渭橋。而鄜坊節度李建徽、神策行營陽惠元猶在咸陽，贄慮懷光併建徽等軍，又奏曰：

懷光當管師徒，足以獨制兇寇，逗留未進，抑有他由。所患太强，不資傍助。比者又遣李晟、李建徽、陽惠元三節度之衆附麗其營，無益成功，只憂生事。何則？四軍懸壘，群帥異心，論勢力則懸絶高卑，據職名則不相統屬。懷光輕晟等兵微位下，而忿其制不從心，晟等疑懷光養寇蓄姦，而怨其事多陵己，端居則互防飛謗，欲戰則遞恐分功，齟齬不和，嫌釁遂構，俾之同處，必不兩全。强者惡積而後亡，弱者勢危而先覆，覆亡之禍，翹足可期。舊寇未平，新患方起，憂歎所切，實堪疚心。太上消慝於未萌，其次救失於始兆，況乎事情已露，禍難垂成，委而不謀，何以制亂？李晟見機慮變，先請移軍就東，建徽、惠元勢轉孤弱，爲其吞噬，理在必然。他日雖有良圖，亦恐不能自拔，拯其危急，唯在此時。今因李晟願行，便遣合軍同往，託言晟兵素少，慮爲賊泚所邀，藉此兩軍迭爲犄角，仍先諭旨，密使促裝，詔書至營，即日進路，懷光意雖不欲，然亦計無所施。是謂先人有奪人之心，疾雷不及掩耳者也。

夫制軍馭將，所貴見情，離合疾徐，各有宜適。當離者合之則召亂，當合者離之則寡功，當疾而徐則失機，當徐而疾則漏策。得其要，契其時，然後舉無敗謀，措無危勢。而今者屯兵而不肯爲用，聚將而罔能叶心，自爲鯨鯢，變在朝夕。留之不足以相制，徒長厲階；析之各競於擅能，或成勳績。事有必應，斷無可疑。德宗曰：『卿之所料極善。然李晟移軍，懷光心已惆悵，若更遣建徽、惠元就東，則使得爲詞。且俟旬時。』晟至東渭橋，不旬日，懷光果奪兩節度兵，建徽單騎遁而獲免，惠元中路被執，害之。報至行在，人情大恐。翌日，移幸山南。贄練達兵機，率如此類。

二月，從幸梁州，轉諫議大夫，依前充學士。先是，鳳翔衙將李楚琳乘涇師之亂，殺節度使張鎰，歸款朱泚；及奉天解圍，楚琳遣使貢奉，時方艱阻，不獲已，命爲鳳翔節度使。然德宗忿其弑逆，心不能容，纔至漢中，欲令渾瑊代爲節度。贄諫曰：『楚琳之罪，固不容誅，但以乘輿未復，大憝猶存，勤王之師，悉在畿内，急宣速告，晷刻是争。商嶺則道迂且遥，駱谷復爲賊所扼，僅通王命，唯在褒斜，此路若又阻艱，南北便成隔絶。以諸鎮危疑之勢，居二逆誘脅之中，恟恟群情，各懷向背。賊勝則往，我勝則來，其間事機，不容差跌。儻楚琳發憾，公肆猖狂，南塞要衝，東延巨猾，則我咽喉梗而心膂分矣，其勢豈不病哉！』上釋然開悟，乃善待楚琳使，優詔安慰其心。德宗至梁，欲以谷口已北從臣賜號曰『奉天定難功臣』，谷口已南隨扈者曰『元從功臣』，不選朝官内官，一例俱賜。贄奏曰：『破賊扞難，武臣之效。至如宫闈近侍，班列員僚，但馳走從行而已，忽與介胄奮命之士俱號功臣，伏恐武臣憤惋。』乃止。

李晟既收京城，遣中使宣付翰林院具録先散失宮人名字，令草詔賜渾瑊，遣於奉天尋訪，以得爲限，仍量與資糧送赴行在。贄不時奉詔，進狀論之曰：

頃以理道乖錯，禍亂荐鍾，陛下思咎懼災，裕人罪己，屢降大號，誓將更新。天下之人，垂涕相賀，懲忿釋怨，煦仁戴明，畢力同心，共平多難。止土崩於絶岸，收版蕩於横流，殄寇清都，不失舊物。實由陛下至誠動於天地，深悔感於神人，故得百靈降康，兆庶歸德。苟不如此，自古何嘗有捐棄宮闕，失守宗祧，繼逆於赴難之師，再遷於蒙塵之日，不逾半歲，而復興大業者乎！

今渠魁始平，法駕將返，近自郊甸，遠周寰瀛，百役疲瘵之甿，重戰傷殘之卒，皆忍死扶病，傾耳聳肩，想聞德聲，翹望聖澤。陛下固當感上天悔禍之眷，荷列祖垂裕之休，念將士鋒刃之殃，愍黎元塗炭之酷，以致寇爲戒，以居上爲危，以務理爲憂，以復宮爲急。損之又損，尚懼汰侈之易滋，艱之惟艱，猶患戒慎之難久。謀始盡善，克終已稀，始而不謀，終則何有？夫以内人爲號，蓋是中壼末流，天子之尊，富有宮掖，如此等輩，固繁有徒，但恐傷多，豈憂乏使。翦除元惡，曾未浹辰，奔賀往來，道途如織，何必自虧君德，首訪婦人，又令資裝速赴行在。萬目閲視，衆口流傳，恐非所以答慶賴之心，副惟新之望也。

夫事有先後，義有重輕，重者宜先，輕者宜後。武王克殷，有未及下車而爲之者，有下車而爲之者，蓋美其不失先後之宜也。自翠華播越，萬姓靡依，清廟震驚，三時乏祀，當今所務，莫大於斯。誠宜速遣大臣，馳傳先往，迎復神主，修整郊壇，展禋享之儀，申告謝之意。然後弔恤死義，慰犒有功，綏輯黎烝，優問耆耋，安定反側，寛宥脅從，宣暢鬱堙，褒奬忠直，官失職之士，復廢業之人，是皆宜先，不可後也。至如崇飾服器，繕緝殿臺，備耳目之娛，選巾櫛之侍，是皆宜後，不可先也。

散失内人，已經累月，既當離亂之際，必爲將士所私。其人若稍有知，不求當自陳獻；其人若甚無識，求之適使憂虞。自因寇亂喪亡，頗有大於此者，一聞搜索，懷懼必多，餘孽尚繁，群情未一，因而善撫，猶恐危疑，若又懼之，於何不有？昔人所以掩絶纓而飲盜馬者，豈必忘其情愛，蓋知爲君之體然也。以小妨大，明者不爲，天下固多褻人，何必獨在於此！所令撰賜渾瑊詔書，未敢順旨。

帝遂不降詔，但遣使而已。

德宗還京，轉中書舍人，學士如故。初，贄受張鎰知，得居内職；及鎰爲盧杞所排，贄常憂惴；及杞貶黜，始敢上書言事。德宗好文，益深顧遇。奉天解圍後，德宗言及違離宗廟，嗚咽流涕曰：『致寇之由，實朕之過。』贄亦流涕而對曰：『臣思致今日之患者，群臣之罪也。』贄意蓋爲盧杞、趙贊等也。上欲掩杞之失，則曰：『雖朕德薄，致兹禍亂，亦運數前定，事不由人。』贄又極言杞等罪狀，上雖貌從，心頗不説。吴通微兄弟俱在翰林，亦承德宗寵遇，文章才器不追贄，而能交結權倖，共短贄於上前。故劉從一、姜公輔自卑品，蒼黄之中皆登輔相；而贄爲朋黨所擠，同職害其能，加以言事激切，動失上之歡心，故久之不爲輔相。其於議論應對，明練理體，敷陳剖判，下筆如神，當時名流，無不推挹。貞元初，李抱真入朝，從容奏曰：『陛下幸奉天、山南時，赦書至山東，宣諭之時，士卒無不感泣，臣即時見人情如此，知賊不足平也。』

時贄母韋氏在江東，上遣中使迎至京師，搢紳榮之。俄丁母憂，東歸洛陽，寓居嵩山豐樂寺。藩鎮賻贈及別陳餉遺，一無所取；與韋皋布衣時相善，唯西川致遺，奏而受之。贄父初葬蘇州，至是欲合葬，上遣中使護其柩車至洛，其禮遇如此。免喪，權知兵部侍郎，依前充學士。中謝日，贄伏地而泣，德宗爲之改容敘慰。恩遇既隆，中外屬意爲輔弼，而宰相竇參素忌贄，贄亦短參之所爲，言參黷貨，由是與參不平。七年，罷學士，正拜兵部侍郎，知貢舉。時崔元翰、梁肅文藝冠時，贄輸心於肅，肅與元翰推薦藝實之士，升第之日，雖衆望不愜，然一歲選士，纔十四五，數年之内，居臺省清近者十餘人。

八年四月，竇參得罪，以贄爲中書侍郎、門下同平章事。贄久爲邪黨所擠，困而得位，意在不負恩獎，悉心報國，以天下事爲己任。上即位之初，用楊炎、盧杞秉政，樹立朋黨，排擯良善，卒致天下沸騰，鑾輿奔播。懲是之失，貞元已後，雖立輔臣，至於小官除擬，上必再三詳問，久之方下。及贄知政事，請許臺省長官自薦屬官，仍保任之，事有曠敗，兼坐舉主。上許之，俄又宣旨曰：『外議云：「諸司所舉，多引用親黨，兼通賂遺，不得實才。」此法行之非便，今後卿等宜自選擇，勿用諸司延薦。』贄論奏曰：

臣實頑鄙，一無所堪，猥蒙任使，待罪宰相。雖懷竊位之懼，且乏知人之明，自揣庸虛，終難上報。唯知廣求才之路，使賢者各以彙征；啓至公之門，令職司皆得自達。既蒙允許，即宜宣行。南宮舉人，纔至十數，或非臺省舊吏，則是使府佐僚，累經薦延，多歷事任。論其資望，既不愧於班行；考其行能，又未聞於闕敗。遽以騰口，上煩聖聰，道之難行，亦可知矣。

陛下勤求理道，務徇物情，因謂舉薦非宜，復委宰臣揀擇。其爲崇任輔弼，博採輿詞，可謂聖德之盛者。然於委任責成之道，聽言考實之方，閑邪存誠，猶恐有闕。陛下既納臣言而用之，旋聞横議而止之，於臣謀不責成，於横議不考實，此乃謀失者得以辭其罪，議曲者得以肆其誣。率是而行，觸類而長，固無必定之計，亦無必實之言。計不定則理道難成，言不實則小人得志，國家之病，常必由之。昔齊桓公問管仲害霸之事，對曰：『得賢不能任，害霸也；用而不能終，害霸也；與賢人謀事而與小人議之，害霸也。』爲小人者，不必悉懷險詖，故覆邦家。蓋以其意性回邪，趣向狹促，以沮議爲出衆，以自異爲不群，趨近利而昧遠圖，效小信而傷大道，況又言行難保，恣其非心者乎！

伏以宰輔，常制不過數人，人之所知，固有限極，不能遍諳諸士，備閲群才。若令悉命群官，理須展轉詢訪，是則變公舉爲私薦，易明敭爲暗投。儻如議者之言，所舉多有情故，舉於君上，且未絕私，薦於宰臣，安肯無詐？失人之弊，必又甚焉。所以承前命官，罕有不涉私謗，雖則秉鈞不一，或自行情，亦由私訪所親，轉爲所賣。其弊非遠，聖鑒明知。今又將徇浮言，專任宰臣除吏，宰臣不遍諳識，踵前須訪於人。若訪親朋，則是悔其覆車，不易故轍；若訪於朝列，則是求其私薦，不如公舉之愈也。二者利害，惟陛下更詳擇焉。恐不如委任長官，慎揀僚屬，所揀既少，所求亦精，得賢有鑒識之名，失實當暗謬之責。人之常性，莫不愛身，况於臺省長官，皆是當朝華選，孰肯徇私妄舉，以傷名取責者耶！所謂臺省長官，即僕射、尚書、左右丞、侍郎及御史大夫、中丞是也。陛下比擇輔相，多亦出於其中。今之宰臣，則往日臺省長官也，今之臺省長官，乃將來之宰臣也，但是職名暫異，固非行業頓殊。豈有爲長官之時不能舉一二屬吏，居宰臣之位則可擇千百具僚，物議悠悠，其惑斯甚。

夫求才貴廣，考課貴精。求廣在於各舉所知，長吏之薦擇是也；貴精在於按名責實，宰臣之序進是也。往者則天太后踐祚臨朝，欲收人心，尤務拔擢，弘委任之意，開汲引之門，進用不疑，求訪無倦，非但人得薦士，亦許自舉其才。所薦必行，所舉輒試，其於選士之道，豈不傷於容易哉！而課責既嚴，進退皆速，不肖者旋黜，才能者驟升，是以當代謂知人之明，累朝賴多士之用。此乃近於求才貴廣，考課貴精之效也。

陛下誕膺寶曆，思致理平，雖好賢之心，有愈於前哲，而得人之盛，未迨於往時。蓋由賞鑑獨任於聖聰，搜擇頗難於公舉，仍啓登延之路，罕施練覈之方。遂使先進者漸益凋訛，後來者不相接續，施一令則謗沮互起，用一人則瘡痏立成。此乃失於選才太精，制法不一之患也。則天舉用之法，傷易而得人；陛下愼揀之規，太精而失士。陛下選任宰相，必異於庶官；精擇長官，必愈於末品。及至宰相獻規，長吏薦士，陛下即但納横議，不稽始謀。是乃任以重者輕其言，待以輕者重其事，且又不辨所毁之虚實，不校所試之短長。人之多言，何所不至，是將使人無所措其手足，豈獨選任之道失其端而已乎！

上雖嘉其所陳，長官薦士之詔，竟追寢之。

國朝舊制，吏部選人，每年調集，自乾元已後，屬宿兵於野，歲或凶荒，遂三年一置選。由是選人停擁，其數猥多，文書不接，真僞難辨，吏緣爲姦，注授乖濫，而有十年不得調者。贄奏吏部分内外官員爲三分，計闕集人，每年置選，故選司之弊，十去七八，天下稱之。

贄與賈耽、盧邁、趙憬同知政事，百司有所申覆，皆更讓不言可否。舊例，宰臣當旬秉筆決事，每十日一易，贄請準故事，令秉筆者以應之。又以河、隴陷蕃已來，西北邊常以重兵守備，謂之防秋，皆河南、江淮諸鎮之軍也，更番往來，疲於戍役。贄以中原之兵，不習邊事，及扞虜戰賊，多有敗衂，又苦邊將名目太多，諸軍統制不一，緩急無以應敵，乃上疏論其事曰：

臣歷觀前代書史，皆謂鎮撫四夷，宰相之任，不揆闇劣，屢敢上言。誠以備邊禦戎，國家之重事；理兵足食，備禦之大經。兵不治則無可用之師，食不足則無可固之地；理兵在制置得所，足食在斂導有方。陛下幸聽愚言，先務積穀，人無加賦，官不費財，坐致邊儲，數逾百萬。諸鎮收糴，今已向終，分貯軍城，用防艱急，縱有寇戎之患，必無乏絶之憂。守此成規，以爲永制，常收冗費，益贍邊農，則更經二年，可積十萬人三歲之糧矣。足食之原粗立，理兵之術未精，敢議籌量，庶備採擇。

伏以戎狄爲患，自古有之，其於制禦之方，得失之論，備存史籍，可得而言。大抵尊即序者，則曰非德無以化要荒，曾莫知威不立，則德不能馴也。樂武威者，則曰非兵無以服凶獷，曾莫知德不修，則兵不可恃也。務和親者，則曰要結可以睦鄰好，曾莫知我結之而彼復解也。美長城者，則曰設險可以固邦國而扞寇讎，曾莫知力不足，兵不堪，則險之不能有也。尚薄伐者，則曰驅遏可以禁侵暴而省征徭，曾莫知兵不鋭，壘不完，則遏之不能勝，驅之不能去也。議邊之要，略盡於斯，雖互相譏評，然各有偏駁。聽一家之説，則例理可徵；考歷代所行，則成敗異效。是由執常理以御其不常之勢，徇所見而昧於所遇之時。

夫中夏有盛衰，夷狄有强弱，事機有利害，措置有安危，故無必安之規，亦無長勝之法。夏后以序戎而聖化茂，古公以避狄而王業興；周城朔方而獫狁攘，秦築臨洮而宗社覆；漢武討匈奴而貽悔，太宗征突厥而致安；文、景約和親而不能弭患於當年，宣、元弘撫納而足以保寧於累葉。蓋以中夏之盛衰異勢，夷狄之强弱異時，事機之利害異情，措置之安危異便。知其事而不度其時則敗，附其時而不失其稱則成，形變不同，胡可專一。

夫以中國强盛，夷狄衰微，而能屈膝稱臣，歸心受制，拒之則阻其嚮化，威之則類於殺降，安得不存而撫之，即而序之也？又如中國强盛，夷狄衰微，而尚棄信姦盟，蔑恩肆毒，諭之不變，責之不懲，安得不取亂推亡，息人固境也？其有遇中國喪亡之弊，當夷狄强盛之時，圖之則彼釁未萌，禦之則我力不足，安得不卑詞降禮，約好通和，啖之以親，紓其交禍？縱不必信，且無大侵，雖非禦戎之善經，蓋時事亦有不得已也。儻或夷夏之勢，强弱適同，撫之不寧，威之不靖，力足以自保，不足以出攻，得不設險以固軍，訓師以待寇，來則薄伐以遏其深入，去則攘斥而戒於遠追？雖非安邊之令圖，蓋勢力亦有不得不然也。故夏之即序，周之于攘，太宗之翦亂，皆乘其時而善用其勢也；古公之避狄，文、景之和親，神堯之降禮，皆順其時而不失其稱也；秦皇之長城，漢武之窮討，皆知其事而不度其時者也。向若遇孔熾之勢，行即序之方，則見侮而不從矣；乘可取之資，懷畏避之志，則失機而養寇矣；有攘却之力，用和親之謀，則示弱而勞費矣；當降屈之時，務翦伐之略，則召禍而危殆矣。故曰：知其事而不度其時則敗，附其時而不失其稱則成。是無必定之規，亦無長勝之法，得失著效，不其然歟！至於察安危之大情，計成敗之大數，百代之不變易者，蓋有之矣。其要在於失人肆慾則必蹶，任人從衆則必全，此乃古今所同，而物理之所壹也。

國家自禄山構亂、河隴用兵以來，肅宗中興，撤邊備以靖中邦，借外威以寧內難，於是吐蕃乘釁，吞噬無厭，回紇矜功，憑陵亦甚。中國不遑振旅，四十餘年。使傷耗遺甿，竭力蠶織，西輸賄幣，北償馬資，尚不足塞其煩言，滿其驕志；復乃遠徵士馬，列戍疆陲，猶不能遏其奔衝，止其侵侮。小入則驅略黎庶，深入則震驚邦畿。時有議安邊策者，多務於所難而忽於所易，勉於所短而略於所長。遂使所易所長者，行之而其要不精；所難所短者，圖之而其功靡就。憂患未弭，職斯之由。

夫制敵行師，必量事勢，勢有難易，事有先後。力大而敵脆，則先其所難，是謂奪人之心，暫勞而永逸者也；力寡而敵堅，則先其所易，是謂固國之本，觀釁而後動者也。頃屬多故，人勞未瘳，而欲廣發師徒，深踐寇境，復其侵地，攻其堅城，前有勝負未必之虞，後有饋運不繼之患。倘或撓敗，適所以啓戎心而挫國威，以此爲安邊之謀，可謂不量事勢而務於所難矣！

天之授者，有分事，無全功；地之産者，有物宜，無兼利。是以五方之俗，長短各殊。長者不可踰，短者不可企，勉所短而敵其所長必殆，用所長而乘其所短必安。强者乃以水草爲邑居，以射獵供飲茹，多馬而尤便馳突，輕生而不耻敗亡，此戎狄之所長也。戎狄之所長，乃中國之所短；而欲益兵蒐乘，角力争驅，交鋒原野之間，决命尋常之内，以此爲禦寇之術，可謂勉所短而校其所長矣！務所難，勉所短，勞費百倍，終於無成。雖果成之，不挫則廢，豈不以越天授而違地産，虧時勢以反物宜者哉！

將欲去危就安，息費從省，在慎守所易，精用所長而已。若乃擇將吏以撫寧衆庶，修紀律以訓齊師徒，耀德以佐威，能邇以柔遠，禁侵抄之暴以彰吾信，抑攻取之議以安戎心，彼求和則善待而勿與結盟，彼爲寇則嚴備而不務報復，此當今之所易也。賤力而貴智，惡殺而好生，輕利而重人，忍小以全大，安其居而後動，俟其時而後行。是以修封疆，守要害，塹蹊隧，壘軍營，謹禁防，明斥候，務農以足食，練卒以蓄威，非萬全不謀，非百尅不鬭。寇小至則張聲勢以遏其入，寇大至則謀其人以邀其歸，據險以乘之，多方以誤之。使其勇無所加，衆無所用，掠則靡獲，攻則不能，進有腹背受敵之虞，退有首尾難救之患。所謂乘其弊，不戰而屈人之兵，此中國之所長也。我之所長，乃戎狄之所短；我之所易，乃戎狄之所難。以長制短，則用力寡而見功多；以易敵難，則財不匱而事速就。捨此不務，而反爲所乘，斯謂倒持戈矛，以鐏授寇者也。今則皆務之矣，猶且守封未固，寇戎未懲者，其病在於謀無定用，衆無適從。所任不必才，才者不必任；所聞不必實，實者不必聞；所信不必誠，誠者不必信；所行不必當，當者未必行。故令措置乖方，課責虧度，財匱於兵衆，力分於將多，怨生於不均，機失於遥制。

臣請爲陛下粗陳六者之失，惟明主慎聽而熟察之：

臣聞工欲善其事，必先利其器；武欲勝其敵，必先練其兵。練兵之中，所用復異。用之於救急，則權以紓難；用之於暫敵，則緩以應機。故事有便宜，而不拘常制；謀有奇詭，而不徇衆情。進退死生，唯將所命，此所謂攻討之兵也。用之於屯戍，則事資可久，勢異從權，非物理所愜不寧，非人情所欲不固。夫人情者，利焉則勸，習焉則安，保親戚則樂生，顧家業則忘死，故可以理術馭，不可以法制驅，此所謂鎮守之兵也。夫欲備封疆，禦戎狄，非一朝一夕之事，固當選鎮守之兵以置焉。古之善選置者，必量其性習，辨其土宜，察其伎能，知其欲惡。用其力而不違其性，齊其俗而不易其宜，引其善而不責其所不能，禁其非而不處其所不欲。而又類其部伍，安其室家，然後能使之樂其居，定其志，奮其氣勢，結其恩情。撫之以惠，則感而不驕；臨之以威，則肅而不怨。靡督課而人自爲用，弛禁防而衆自不攜。故出則足兵，居則足食，守則固，戰則强，其術無他，便於人情而已矣。今者散徵士卒，分戍邊陲，更代往來，以爲守備。是則不量性習，不辨土宜，邀其所不能，强其所不欲。求廣其數而不考其用，將致其力而不察其情，斯可以爲羽衛之儀，而無益於備禦之實也。何者？窮邊之地，千里蕭條，寒風裂膚，驚沙慘目。與豺狼爲鄰伍，以戰鬭爲嬉遊，晝則荷戈而耕，夜則倚烽而覘，日有剽害之慮，永無休暇之娱，地惡人勤，於斯爲甚。自非生於其域，習於其風，幼而覩焉，長而安焉，不見樂土而遷焉，則罕能寧其居而狎其敵也。關東之地，百物阜殷，從軍之徒，尤被優養。慣於温飽，狎於歡康，比諸邊隅，若異天地。聞絶塞荒陬之苦，則辛酸動容；聆强蕃勁虜之名，則懾駭奪氣。而乃使之去親族，捨園廬，甘其所辛酸，抗其所懾駭，將冀爲用，不亦疏乎！矧又有休代之期，無統帥之馭，資奉若驕子，姑息如倩人，進不邀之以成功，退不處之以嚴憲。其來也咸負得色，其止也莫有固心，屈指計歸，張頤待飼。儌倖者猶患還期之賒緩，常念戎醜之充斥，王師挫傷，則將乘其亂離，布路東潰，情志且爾，得之奚爲？平居則殫耗資儲以奉浮冗之衆，臨難則拔棄城鎮以摇遠近之心，其弊豈惟無益哉！固亦將有所撓也。復有抵犯刑禁，謫徙軍城，意欲增户實邊，兼令展效自贖。既是無良之類，且加懷土之情，思亂幸災，又甚戍卒。適足煩於防衛，諒無望於功庸，雖前代時或行之，固非良算之可遵者也。復有擁旄之帥，身不臨邊，但分偏師，俾守疆埸。大抵軍中壯鋭，元戎例選自隨，委其疲羸，乃配諸鎮。節將既居内地，精兵祇備紀綱，遂令守要禦衝，常在寡弱之輩。寇戎每至，乃勢不支，入壘者纔足閉關，在野者悉遭劫執，恣其芟蹂，盡其搜驅。比及都府聞知，虜已克獲旋返。且安邊之本，所切在兵，理兵若斯，可謂措置乖方矣。

夫賞以存勸，罰以示懲，勸以懋有庸，懲以威不恪。故賞罰之於馭衆也，猶繩墨之於曲直，權衡之揣重輕，輗軏之所以行車，銜勒之所以服馬也。馭衆而不用賞罰，則善惡相混而能否莫殊；用之而不當功過，則姦妄寵榮而忠實擯抑。夫如是，若聰明可衒，律度無章，則用與不用，其弊一也。自頃權移於下，柄失於朝，將之號令既鮮克行之於軍，國之典章又不能施之於將，務相遵養，苟度歲時。欲賞一有功，翻慮無功者反側；欲罰一有罪，復慮同惡者憂虞。罪以隱忍而不彰，功以嫌疑而不賞，姑息之道，乃至於斯。故使忘身效節者獲誚於等夷，率衆先登者取怨於士卒，僨軍蹙國者不懷於愧畏，緩救失期者自以爲智能。褒貶既闕而不行，稱毀復紛然相亂，人雖欲善，誰爲言之？況又公忠者直己而不求於人，反罹困厄；敗撓者行私而苟媚於衆，例獲優崇。此義士所以痛心，勇夫所以解體也。又有遇敵而所守不固，陳謀而其效靡成，將帥則以資糧不足爲詞，有司復以供給無闕爲解。既相執證，理合辨明，朝廷每爲含糊，未嘗窮究曲直。措理者吞聲而靡訴，誣善者罔上而不慚，馭衆若斯，可謂課責虧度矣。

課責虧度，措置乖方，將不得竭其材，卒不得盡其力，屯集雖衆，戰陣莫前。虜每越境横行，若涉無人之地，遞相推倚，無敢誰何，虚張賊勢上聞，則曰兵少不敵。朝廷莫之省察，惟務徵發益師，無裨備禦之功，重增供億之弊。閭井日耗，徵求日繁，以編户傾家破産之資，兼有司榷鹽税酒之利，總其所入，半以事邊，制用若斯，可謂財匱於兵衆矣。

今四夷之最强盛爲中國之甚患者，莫大於吐蕃，舉國勝兵之徒，纔當中國十數大郡而已。其於内虞外備，亦與中國不殊，所能寇邊，數則蓋寡。且又器非犀利，甲不堅完，識迷韜鈐，藝乏趫敏。動則中國畏其衆而不敢抗，静則中國憚其强而不敢侵，厥理何哉？良以中國之節制多門，蕃醜之統帥專一故也。夫統帥專則人心不分，人心不分則號令不貳，號令不貳則進退可齊，進退可齊則疾徐如意，疾徐如意則機會靡愆，機會靡愆則氣勢自壯。斯乃以少爲衆，以弱爲强，變化翕辟，在於反掌之内。是猶臂之使指，心之制形，若所任得人，則何敵之有？ 夫節制多門則人心不一，人心不一則號令不行，號令不行則進退難必，進退難必則疾徐失宜，疾徐失宜則機會不及，機會不及則氣勢自衰。 斯乃勇廢爲尩，衆散爲弱，逗撓離析，兆乎戰陣之前。 是猶一國三公，十羊九牧，欲令齊肅，其可得乎？ 開元、天寶之間，控禦西北兩蕃，唯朔方、河西、隴右三節度而已，猶慮權分勢散，或使兼而領之。 中興已來，未遑外討，僑隸四鎮於安定，權附隴右於扶風，所當西北兩蕃，亦朔方、涇原、隴右、河東節度而已，關東戍卒，至則屬焉。 雖委任未盡得人，而措置尚存典制。 自頃逆泚誘涇、隴之衆叛，懷光污朔方之軍，割裂誅鋤，所餘無幾；而又分朔方之地，建牙擁節者，凡三使焉。 其餘鎮軍，數且四十，皆承特詔委寄，各降中貴監臨，人得抗衡，莫相禀屬。 每俟邊書告急，方令計會用兵，既無軍法下臨，唯以客禮相待。 是乃從容拯溺，揖讓救焚，冀無阽危，固亦難矣！ 夫兵，以氣勢爲用者也。 氣聚則盛，散則消；勢合則威，析則弱。 今之邊備，勢弱氣消，建軍若斯，可謂力分於將多矣。

理戎之要，最在均齊，故軍法無貴賤之差，軍實無多少之異，是將所以同其志而盡其力也。 如或誘其志意，勉其藝能，則當閲其材，程其勇，校其劣逸，度其安危，明申練覈優劣之科，以爲衣食等級之制。 使能者企及，否者息心，雖有薄厚之殊，而無觖望之釁。 蓋所謂日省月試，餼禀均事，如權衡之無情於物，萬人莫不安其分而服其平也。 今者窮邊之地，長鎮之兵，皆百戰傷夷之餘，終年勤苦之劇，角其所能則練習，度其所處則孤危，考其服役則勞，察其臨敵則勇；然衣糧所給，唯止當身，例爲妻子所分，常有凍餒之色。而關東戍卒，歲月踐更，不安危城，不習戎備，怯於應敵，懈於服勞；然衣糧所頒，厚逾數等，繼以茶藥之饋，益以蔬醬之資，豐約相形，懸絶斯甚。又有素非禁旅，本是邊軍，將校詭爲媚詞，因請遥隸神策，不離舊所，唯改虚名，其於稟賜之饒，遂有三倍之益。此儔類所以忿恨，忠良所以憂嗟，疲人所以流亡，經費所以褊匱。夫事業未異，而給養有殊，人情之所不能甘也，况乎矯佞行而稟賜厚，績藝劣而衣食優，苟未忘懷，能無愠怒？不爲戎首，則已可嘉，而欲使其叶力同心，以攘寇難，雖有韓、白、孫、吴之將，臣知其必不能焉。養士若斯，可謂怨生於不均矣。

凡欲選任將帥，必先考察行能，然後指以所授之方，語以所委之事，令其自揣可否，自陳規模。須某色甲兵，借某人參佐，要若干士馬，用若干資糧，某處置軍，某時成績，始終要領，悉俾經綸，於是觀其計謀，校其聲實。若謂材無足取，言不可行，則當退之於初，不宜貽慮於其後也；若謂志氣足任，方略可施，則當要之於終，不宜掣肘於其間也。夫如是，則疑者不使，使者不疑，勞神於選才，端拱於委任。既委其事，既足其求，然後可以覈其否臧，行其賞罰。受賞者不以爲濫，當罰者無得而辭，付授之柄既專，苟且之心自息。是以古之遣將帥者，君親推轂而命之曰：『自閫以外，將軍裁之。』又賜鈇鉞，示令專斷。故軍容不入國，國容不入軍，將在軍，君命有所不受。誠謂機宜不可以遠決，號令不可以兩從，未有委任不專，而望其剋敵成功者也。自頃邊軍去就，裁斷多出宸衷，選置戎臣，先求易制，多其部以分其力，輕其任以弱其心，雖有所懲，亦有所失。遂令分閫責成之義廢，死綏任咎之志衰，一則聽命，二亦聽命，爽於軍情亦聽命，乖於事宜亦聽命。若所置將帥，必取於承順無違，則如斯可矣；若有意平凶靖難，則不可。夫兩境相接，兩軍相持，事機之來，間不容息，蓄謀而俟，猶恐失之，臨時始謀，固已疏矣。况乎千里之遠，九重之深，陳述之難明，聽覽之不一，欲其事無遺策，雖聖者亦有所不能焉。設使謀慮能周，其如權變無及！戎虜馳突，迅如風飆，驛書上聞，旬月方報。守土者以兵寡不敢抗敵，分鎮者以無詔不肯出師，逗留之間，寇已奔逼，託於救援未至，各且閉壘自全。牧馬屯牛，鞠爲椎剽；穡夫樵婦，罄作俘囚。雖詔諸鎮發兵，唯以虛聲應援，互相瞻顧，莫敢遮邀，賊既縱掠退歸，此乃陳功告捷。其敗喪則減百而爲一，其捃獲則張百而成千。將帥既幸於總制在朝，不憂於罪累；陛下又以爲大權由己，不究事情。用師若斯，可謂機失於遥制矣。

理兵而措置乖方，馭將而賞罰虧度，制用而財匱，建兵而力分，養士而怨生，用師而機失，此六者，疆場之蠹賊，軍旅之膏肓也。蠹賊不除，而但滋之以糞溉，膏肓不療，而唯啗之以滑甘，適足以養其害，速其災，欲求稼穡豐登，膚革充美，固不可得也。

臣愚請宜罷諸道將士番替防秋之制，率因舊數而三分之：其一分委本道節度使募少壯願住邊城者以徙焉；其一分則本道但供衣糧，委關内、河東諸軍州募蕃漢子弟願傳邊軍者以給焉；又一分亦令本道但出衣糧，加給應募之人，以資新徙之業。又令度支散於諸道和市耕牛，兼雇召工人，就諸軍城繕造器具。募人至者，每家給耕牛一頭，又給田農水火之器，皆令充備。初到之歲，與家口二人糧，并賜種子，勸之播植，待經一稔，俾自給家。若有餘糧，官爲收糴，各酬倍價，務奬營田。既息踐更徵發之煩，且無幸災苟免之弊。寇至則人自爲戰，時至則家自力農。是乃兵不得不强，食不得不足，與夫倏來忽往，豈可同等而論哉！

臣又謂宜擇文武能臣一人爲隴右元帥，應涇、隴、鳳翔、長武城、山南西道等節度管内兵馬，悉以屬焉；又擇一人爲朔方元帥，應鄜坊、邠寧、靈夏等節度管内兵馬，悉以屬焉；又擇一人爲河東元帥，河東、振武等節度管内兵馬，悉以屬焉。三帥各選臨邊要會之州以爲理所，見置節度有非要者，隨所便近而併之。唯元帥得置統軍，餘並停罷。其三帥部内太原、鳳翔等府及諸郡户口稍多者，慎揀良吏以爲尹守，外奉師律，内課農桑，俾爲軍糧，以壯戎府。理兵之宜既得，選帥之授既明，然後減姦濫虚浮之費以豐財，定衣糧等級之制以和衆，弘委任之道以宣其用，懸賞罰之典以考其成。而又慎守中國之所長，謹行當今之所易，則八利可致，六失可除，如是而戎狄不威懷，疆埸不寧謐者，未之有也；諸侯軌道，庶類服從，如是而教令不行，天下不理者，亦未之有也。以陛下之英鑑，民心之思安，四方之小休，兩寇之方静，加以頻年豐稔，所在積糧，此皆天贊國家，可以立制垂統之時也。時不久居，事不常兼，已過而追，雖悔無及。明主者，不以言爲罪，不以人廢言，罄陳狂愚，惟所省擇。

德宗極深嘉納，優詔褒奬之。

贄在中書，政不便於時者，多所條奏，德宗雖不能皆可，而心頗重之。初，竇參既貶郴州，節度使劉士寧餉參絹數千匹，湖南觀察使李巽與參有隙，具事奏聞，德宗不悦。會右庶子姜公輔於上前聞奏，稱『竇參嘗語臣云「陛下怒臣未已」』，德宗怒，再貶參，竟殺之。時議云公輔奏竇參語得之於贄，云參之死，贄有力焉。又素惡于公異、于邵，既輔政而逐之，談者亦以爲阨。

户部侍郎、判度支裴延齡，姦宄用事，天下嫉之如讎，以得幸於天子，無敢言者，贄獨以身當之，屢於延英面陳其不可，累上疏極言其弊。延齡日加譖毁。十年十二月，除太子賓客，罷知政事。贄性畏慎，及策免私居，朝謁之外，不通賓客，無所過從。十一年春，旱，邊軍芻粟不給，具事論訴，延齡言贄與張滂、李充等摇動軍情，語在《延齡傳》。德宗怒，將誅贄等四人，會諫議大夫陽城等極言論奏，乃貶贄爲忠州别駕。

贄初入翰林，特承德宗異顧，歌詩戲狎，朝夕陪遊。及出居艱阻之中，雖有宰臣，而謀猷參決，多出於贄，故當時目爲『内相』。從幸山南，道途艱險，扈從不及，與帝相失，一夕不至，上喻軍士曰：『得贄者賞千金。』翌日贄謁見，上喜形顔色，其寵待如此。既與二吴不協，漸加浸潤，恩禮稍薄；及通玄敗，上知誣枉，遂復見用。贄以受人主殊遇，不敢愛身，事有不可，極言無隱。朋友規之，以爲太峻，贄曰：『吾上不負天子，下不負吾所學，不恤其他。』精於吏事，斟酌決斷，不失錙銖。嘗以『詞詔所出，中書舍人之職，軍興之際，促迫應務，權令學士代之；朝野乂寧，合歸職分，其命將相制詔，却付中書行遣』。又言：『學士私臣，玄宗初令待詔，止於唱和文章而已。』物議是之。德宗以贄指斥通徵、通玄，故不可其奏。

贄在忠州十年，常閉關靜處，人不識其面，復避謗不著書。家居瘴鄉，人多癘疫，乃抄撮方書，爲《陸氏集驗方》五十卷行於代。初，贄秉政，貶駕部員外郎李吉甫爲明州長史，量移忠州刺史。贄在忠州，與吉甫相遇，昆弟、門人咸爲贄憂，而吉甫忻然厚禮，都不銜前事，以宰相禮事之，猶恐其未信不安，日與贄相狎，若平生交契者。贄初猶慚懼，後乃深交。時論以吉甫爲長者。後有薛延者，代吉甫爲刺史，延朝辭日，德宗令宣旨慰安。而韋皋累上表請以贄代己。順宗即位，與陽城、鄭餘慶同詔徵還。詔未至而贄卒，時年五十二，贈兵部尚書，謚曰宣。

子簡禮，登進士第，累辟使府。

史臣曰：近代論陸宣公，比漢之賈誼，而高邁之行，剛正之節，經國成務之要，激切仗義之心，初蒙天子重知，末塗淪躓，皆相類也；而誼止中大夫，贄及台鉉，不爲不遇矣。昔公孫鞅挾三策説秦王，淳于髡以隱語見齊君，從古以還，正言不易，昔周昭戒急論議，正爲此也。贄居珥筆之列，調飪之地，欲以片心除衆弊，獨手遏群邪，君上不亮其誠，群小共攻其短，欲無放逐，其可得乎！《詩》稱『其維哲人，告之話言』，又有『誨爾』、『聽我』之恨，此皆賢人君子歎言不見用也。故堯咨禹拜，千載一時，攜手提耳，豈容易哉！

贊曰：良臣悟主，我有嘉猷。多僻之君，爲善不周。忠言救失，啓沃曰讎。勿貽天問，蒼昊悠悠。

新唐書傳贊

贊曰：德宗之不亡，顧不幸哉！在危難時聽贄謀，及已平，追仇藎言，怫然以讒倖逐猶棄梗。至延齡輩，則寵任磐桓，不移如山，昏佞之相濟也。世言贄白罷翰林，以爲與吴通玄兄弟争寵，竇參之死，贄漏其言，非也。夫君子小人不兩進，邪諂得君則正士危，何可訾耶？觀贄論諫數十百篇，譏陳時病，皆本仁義，可爲後世法，炳炳如丹，帝所用纔十一。唐祚不競，惜哉！

唐陸宣公年譜

清·丁晏編

《唐陸宣公奏議》，宋紹興二年嵊縣主簿某氏注，爲刊本之最古者，凡十五卷，不載制誥，僅奏議六十二篇，注甚簡略。《天一閣書目》云『有箋注，不著姓名』，即此本也。今所傳《陸宣公集》二十二卷，制誥、奏議合刊，爲世通行之本。《新唐書·藝文志》『陸贄《議論表疏集》十二卷，又《翰苑集》十卷韋處厚纂』，與今卷數正合。今所行者，未知即韋氏本否？《新志》類書有陸贄《備舉文言》二十卷，今已不傳。權文公《翰苑集序》：《制誥集》十卷、《奏草》七卷、《中書奏議》七卷，又有詩文賦、《别集》十五卷。今僅存《登春臺》、《東郊朝日》、《月臨鏡湖》、《冬至日陪位聽太和樂》、《聖人苑中射落飛雁》、《傷望思臺》、《鴻漸》七賦，《曉過南宫聞樂》、《禁中春松》、《御園芳草》三詩，《别集》亦不傳。其傳於今者，碩畫昌言，具存簡册，卓然經世之文也。《新書》本傳稱贄説使者五術、八計、三科、四賦、六德、五要之事，今不見於集中，意尚有遺佚歟！

嘗歎宣公先識之明，炯若蓍蔡。《論關中事宜狀》，憂及將帥之中，或竊發郊畿，驚犯宫闕。未幾，而朱泚之變，卒如公言。公在咸陽上言，慮李懷光併李建徽、陽惠元軍。不旬日，而懷光果奪兩節度兵，竟如公之所料。昔人以公方漢之賈誼，謂才本王佐，學爲帝師，豈虚也哉！公爲相不滿三載，又爲僉壬忌嫉，任用不專；其專任得君之時，反在倉皇戎馬之際。方其奉天出狩，言聽計從，一旦相失，帝爲驚泣，任之如此其重也！及乎大難既夷，柄用未久，疑貳滋生，瀕於死地，棄之如此其輕也！然而任之則安，棄之則危，遇與不遇，唐之興衰係焉，於公何加損哉！公之事迹載《新》、《舊唐書》，然年月時事，《新書》頗略，舊史爲詳。兹特排比紀年，備載論撰，分綴下方，以諗後之讀公集者。

唐玄宗天寶十三載，甲午。一歲。

《舊書》本傳：『字敬輿，蘇州嘉興人。父倕，溧陽令。』權德輿《序》：『吴郡蘇人。』

天寶十四載，乙未。　二歲。

《舊傳》：『少孤，特立不群，頗勤儒學。』

肅宗至德元載，丙申。　三歲。

至德二載，丁酉。　四歲。

乾元元年，戊戌。　五歲。

乾元二年，己亥。　六歲。

上元元年，庚子。　七歲。

上元二年，辛丑。　八歲。

寶應元年，壬寅。　九歲。

代宗廣德元年，癸卯。　十歲。

廣德二年，甲辰。　十一歲。

二月，立雍王适爲皇太子。

永泰元年，乙巳。　十二歲。

大曆元年，丙午。　十三歲。

大曆二年，丁未。　十四歲。

大曆三年，戊申。　十五歲。

大曆四年，己酉。　十六歲。

大曆五年，庚戌。　十七歲。

大曆六年，辛亥。　十八歲。

《舊傳》：『年十八登進士第，以「博學宏詞」登科，授華州鄭縣尉。』《語林》：『仕江淮尉，題廳云：「繞階流瀌瀌，來砌樹陰陰。」』

大曆七年，壬子。　十九歲。

盧龍將吏殺其節度使希彩，以衙將朱泚代之。

大曆八年，癸丑。　二十歲。

夏，城奉天，以備蕃寇。

大曆九年，甲寅。　二十一歲。

大曆十年，乙卯。　二十二歲。

朱泚入朝，因請留防。秋，以其弟滔代之。朱泚出屯奉天。

大曆十一年，丙辰。　二十三歲。

《舊傳》：『罷秩，東歸省母，路由壽州，刺史張鎰有時名，贄往謁之。鎰初不甚知，留三日，再見與語，遂大稱賞，請結忘年之契。及辭，遺贄錢百萬，曰：「願備太夫人一日之膳。」贄不納，唯受新茶一串而已。』『又以書判拔萃，選授渭南縣主簿，遷監察御史。』

案，《舊書·張鎰傳》：『李靈耀反於汴州，加侍御史、沿淮鎮守使。尋遷壽州刺史，使如故。』《本紀》，靈耀反在大曆十一年。是年鎰刺壽州，宣公往謁，當在此時。

大曆十二年，丁巳。　二十四歲。

大曆十三年，戊午。　二十五歲。

大曆十四年，己未。　二十六歲。

夏五月，辛酉，帝崩，太子适即位。

德宗建中元年，庚申。　二十七歲。

以朱泚爲涇原節度使，築奉天城。術士桑道茂言：『陛下不出數年，暫有離宮之厄，臣望奉天有天子氣，宜高大其城，以備非常。』

權德輿《序》：『由祠部員外，轉考功郎中。』《舊傳》：『德宗在東宮時，素知贄名，乃召爲翰林學士，轉祠部員外郎。贄性忠藎，既居近密，感人主重知，思有以效報，故政或有缺，巨細必陳，繇是顧待益厚。』又云：『贄初入翰林，特承德宗異顧，歌詩戲狎，朝夕陪遊。』《新書》：『德宗立，遣黜陟使庚何等十一人行天下。贄説使者，請以五術省風俗，八計聽吏治，三科登儁乂，四賦經財實，六德保罷瘵，五要簡官事。五術曰：聽謠誦審其哀樂，納市賈觀其好惡，訊簿書考其爭訟，覽車服等其儉奢，省作業察其趣舍。八計曰：視户口豐耗以稽撫字，視墾田盈縮以稽本末，視賦役薄厚以稽廉冒，視按籍煩簡以稽聽斷，視囚繫盈虚以稽決滯，視姦盜有無以稽禁禦，視選舉衆寡以稽風化，視學校興廢以稽教導。三科曰：茂異、賢良、幹蠱。四賦曰：閲稼以奠税，度産以衰征，料丁壯以計庸，占商賈以均利。六德曰：敬老，慈幼，救疾，恤孤，賑貧窮，任失業。五要曰：廢兵之冗食，蠲法之橈人，省官之不急，去物之無用，罷事之非要。時皆韙其言。』

建中二年，辛酉。　二十八歲。

夏，汾陽忠武王郭子儀薨。

平章事盧杞譖左僕射楊炎，賜死。

加李希烈同平章事。

十一月，《册蜀王妃文》、《册杞王妃文》。

建中三年，壬戌。　二十九歲。

朱滔敗李惟岳於束鹿，惟岳將王武俊殺惟岳以降。

馬燧敗田悦於洹水，遂圍魏州。

朱滔、王武俊反，發兵救田悦，寇趙州，詔李懷光討之。

詔朱泚入朝，以張鎰爲鳳翔節度使。

詔李希烈討李納，希烈潛與賊通。

滔、悦、武俊、納、希烈皆稱王。李希烈自稱天下都元帥。

建中四年，癸亥。　三十歲。

春，李希烈陷汝州，詔遣顔真卿宣慰之。

夏，初税間架，除陌錢法。

冬十月，涇原兵作亂入京城，上幸奉天。亂兵立朱泚爲秦帝，尋改國號漢。

鳳翔將李楚琳殺其帥張鎰。

朱泚攻奉天，都虞候渾瑊禦之。朔方帥李懷光破賊於醴泉，泚乃退。

貶盧杞爲新州司馬。

李希烈陷襄城，取汴、宋。

司農卿段秀實謀誅朱泚，不克，死。

將軍高重捷及泚兵戰，死。

以蕭復、劉從一、姜公輔同平章事。

《舊傳》：『朱泚謀逆，從駕幸奉天。時天下叛亂，機務填委，徵發指蹤，千端萬緒，一日之内，詔書數百。贄揮翰起草，思如泉注，初若不經思慮，既成之後，莫不曲盡事情，中於機會，胥吏簡札不暇，同舍皆伏其能。轉考功郎中，依前充職。嘗啓德宗曰：「今盜徧天下，興駕播遷，陛下宜痛自引過，以感動人心。昔成湯以罪己勃興，楚昭以善言復國。陛下誠能不悋改過，以言謝天下，使書詔無忌，臣雖愚陋，可以仰副聖情，庶令反側之徒，革心向化。」故奉天所下書詔，雖武夫悍卒，無不揮涕感激，多贄所爲也。』又云：『及出居艱阻之中，雖有宰臣，而謀猷參決，多出於贄，故當時目爲内相。』

權德輿《序》：『公自行在帶本職，拜諫議大夫、中書舍人，精敏小心，未嘗有過，艱難扈從，行在輒隨，啓沃謀猷，特所親信，有時譿語，不以公卿指名，但呼陸九而已。初幸梁、洋，棧道危狹，從官前後相失。上夜次山館，召公不至，泫然號於禁旅曰：「得陸贄者賞千金。」頃之，公至，太子親王皆賀。』

十一月二十三日，《賜將士名奉天定難功臣詔》。

《蕭復劉從一姜公輔平章事制》。案，《新紀》在是年十月丁巳。

《普王荆襄江西道兵馬都元帥制》。案，《新紀》：建中四年，舒王謨爲荆襄、江西、沔鄂節度諸軍行營兵馬都元帥，徙封普王。

《渾瑊京畿金商節度使制》。《新書·瑊傳》：『帝狩奉天，授行在都虞候，京畿、渭北節度使。』

《慰問四鎮北庭將吏敕書》，『近以賊臣朱泚背恩，驚犯宫闕，贊普又遣師旅，助討姦兇』，遣太常少卿沈房宣諭。案，《新書·吐蕃傳》：朱泚之亂，吐蕃請助討賊，詔太常少卿沈房爲安西、北庭宣慰使。

《論兩河及淮西利害狀》。《新書》本傳『會馬燧討賊河北，久不决，請濟師。李希烈寇襄城。詔問策安出，贄言』云云。《通鑑》：『時兩河用兵，久不决，賦役日滋，贄以兵窮民困，恐生内變，乃上奏。』

《論關中事宜狀》。《通鑑》：論關中形勢，上不能用。

《論叙遷幸之由狀》

《奉天論奏當今所切務狀》

《奉天論前所答奏未施行狀》

《奉天請數對群臣兼許令論事狀》。《通鑑》：贄以人君臨下，以誠信爲本，當優容以開言路，乃上疏。

《奉天論尊號加字狀》。《舊書》：『其年冬，議欲以新歲改元，而卜祝之流，皆以國家數鍾百六，凡事宜有變革……上謂贄曰：「往年群臣請上尊號『聖神文武』四字……衆欲朕舊號之中，更加一兩字。」贄奏：「尊號本非古制。」』

《重論尊號狀》。《新書》：帝言當小有變革，贄上言。

《奉天論赦書事條狀》。《新書》：『會興元赦令方具，帝以稿付贄，使商討其詳。』贄上狀。

《奉天論擬與翰林學士改轉狀》

《奉天請罷瓊林大盈二庫狀》。《新書》：時貢奉稍至，行在置夾廡，署瓊林、大盈二庫，別藏貢物，贄諫。帝悟，即撤其署。

《奉天薦袁高等狀》。薦高及楊頊、裴諝、孫晟、周皓、裴胄、崔造、殷亮、李舟、何士幹、姚南仲、陸淳、沈既濟等。

興元元年，甲子。　三十一歲。

贈段秀實太尉，謚忠烈。

王武俊、田悦、李納上表謝罪。

加李懷光太尉，賜鐵券。懷光叛，與朱泚合。

二月，丁卯，上幸梁州。

夏，田承嗣子緒，殺田悦而代之。

王武俊等去王號，與昭義李抱真及馬燧擊破朱滔於涇城。

六月，神策將李晟克長安，收復京師，朱泚走死涇州。

秋七月，車駕還長安。

李希烈稱大楚皇帝，殺宣慰使顏真卿。

《舊紀》：十二月，辛卯，以諫議大夫陸贄爲中書舍人，依前翰林學士。

《舊傳》：『二月，從幸梁州，轉諫議大夫，依前充學士。』『德宗還京，轉中書舍人，學士如故。初，贄受張鎰知，得居内職；及鎰爲盧杞所排，贄常憂惴；及杞敗黜，始敢上書言事。德宗好文，益深顧遇。奉天解圍後，德宗言及違離宗廟，嗚咽流涕曰：「致寇之由，實朕之過。」』『上欲掩杞之失』，『贄又極言杞等罪狀，上雖貌從，心頗不悦』，『贄爲朋黨所擠，同職害其能，加以言事激切，動失上之歡心，故久之不爲輔相。其於議論應對，明練理體，敷陳剖判，下筆如神，當時名流，無不推挹。』

《通鑑》：『上遣贄詣懷光營宣慰，因召李晟參議其事，懷光意欲晟自乞減損，沮敗其功，乃曰：「將士戰鬭同，而糧賜異，何以使之協力？」贄未有言，數顧晟，晟曰：「公爲元帥，得專號令；晟將一軍，受指蹤而已，至於增減衣食，公當裁之。」懷光默然，遂止。』上遣吐蕃發兵，蕃相言，制書無懷光署名，故不敢進。上命贄諭懷光，懷光固執以爲不可。

《奉天改元大赦制》。平朱泚後，正月，癸酉朔，上在奉天，改建中五年爲興元元年。

《車駕還京大赦制》

《重優復興元府及洋鳳等州詔》。《新紀》：給復洋州，加給興元一年，免鳳州今歲税。

《議減鹽價詔》。案，《玉海》：德宗召中書度支，議減鹽價。

《改梁州爲興元府升洋州爲望州詔》。《新紀》：是年以梁州爲興元府，給復一年，耆老加版授。

《奉天遣使宣慰諸道詔》。遣蕭復。《新紀》：是年正月，戊子，蕭復爲山南東西、荆湖、淮南、江西、鄂岳、浙江東西、福建、嶺南宣慰安撫使。詔云：『朕自嗣位，迨今六年。』德宗以大曆十四年五月即位，於今六年。

《收復京師遣使宣慰將吏百姓詔》。云『介于梁岷』，是年，上幸梁州。

《平淮西後宴賞諸軍將士放歸本道詔》。同中書門下平章事李抱真、韓滉等。案，滉同平章事，在是年十一月。

《授王武俊李抱真官封并招諭朱滔詔》。《通鑑》：是年加王武俊同平章事，抱真、武俊約爲兄弟，誓同滅賊。

《招諭淮西將吏詔》。稱『賊臣希烈僭竊』。又『言念忠良，銜冤没代』。案，是年希烈稱帝，殺顔魯公。

《招諭河中詔》。『頃以懷光背恩，自生猜阻。』案，是年懷光叛。

《安撫淮西歸順將士百姓敕》。『李希烈首亂淮瀆，又侵滎汴。』案，去年希烈取汴、宋。

《甄獎陷賊守節官詔》。『去年十月三日，職官陷賊。』案，去年十月，戊申，朱泚反。

《令百寮議大禮期日詔》。『朕自遷越，旋於京師。』是在車駕還京之後。

《不許諸軍侵擾敕》。『李希烈阻兵淮右，虐害烝人。』

《放淮西生口歸本貫敕》。『李希烈作亂以來，擒獲淮西生口，一切釋放歸本道。』

《答宰臣請停大禮表》。『朕失德致寇，再經播越。再新景命，祇復皇都。』又《答百寮請停大禮表》，又《答百寮請停大禮第二表》云『播越三時，久虧禋祀之禮；旋歸半歲，未申告謝之誠』，《答百寮請停大禮第三表》，俱在還京之後。

《李晟司徒兼中書令制》。《新書》：晟兼中書令，在是年六月己酉。

《渾瑊侍中制》。《新書》：瑊爲侍中，在是年六月甲寅。

《盧翰劉從一門下中書侍郎平章事制》。案，《新紀》：是年正月，丙戌，吏部侍郎盧翰爲兵部侍郎，同中書門下平章事。

《李納檢校右僕射平章事》、《李納檢校司空制》。《通鑑》：加平盧節度使李納同平章事在是年。

《韓滉檢校左僕射平章事制》、《韓滉加檢校右僕射制》。《通鑑》：加韓滉平章事、江淮轉運使在是年十一月。

《姜公輔左庶子制》。《新書·宰相表》：是年四月甲寅，公輔罷爲左庶子。

《馬燧渾瑊副元帥招討河中制》。《新紀》：是年馬燧爲慈、隰諸軍行營兵馬副元帥，渾瑊爲河中、絳、陝、虢諸軍行營兵馬副元帥。

《李晟鳳翔隴西節度兼涇原副元帥制》。《新書》：是年八月，癸卯，李晟爲鳳翔隴右諸軍、涇原四鎮北庭行營兵馬副元帥。

《劉洽檢校司空充諸道兵馬都統制》。《通鑑》：加宣武節度使劉洽同平章事在是年。

《杜亞淮南節度使制》。《新書·亞傳》：『興元初，入遷刑部侍郎，又拜淮南節度使。』

《賜李納王武俊等鐵券文》。正月二日。

《與回紇可汗書》。言『賊臣尋已誅夷』，是在平朱泚之後。

《嘉王橫海軍節度使制》。案，《舊書》：嘉王運，代宗子，大曆十年封嘉王。《通鑑》：貞元元年，『以橫海軍使程日華爲節度使』。日華子懷直亦爲橫海軍節度，此在其先，當興元之初年。

《奉天論解蕭復狀》。《通鑑》：在是年。

《奉天論李晟所管兵馬狀》。《新書》：李懷光有異志，李晟密言其變，因請移屯，贄上奏勸帝許晟移軍。

《奉天奏李建徽楊惠元兩節度兵馬狀》。《舊書》：李晟移軍東渭橋，建徽、惠元猶在咸陽。贄慮懷光併建徽等軍，又奏。

《駕幸梁州論進獻瓜果人擬官狀》。上欲以散試官授之，贄上奏。

《興元論解姜公輔狀》。《通鑑》：上欲爲唐安公主造塔葬之，公輔表諫，上怒，贄上奏。

《又答論姜公輔狀》

《興元論請優獎曲環所領將士狀》

《興元論解蕭復狀》

《又答論蕭復狀》
《興元論續從賊中赴行在官等狀》。《通鑑》：時有涉遠來赴行在，上頗猜慮，贄奏以爲不可。
《興元賀吐蕃尚結贊抽軍迴歸狀》。《通鑑》：上欲倚吐蕃復京城，聞其去，頗憂之。贄以爲吐蕃貪狡，引去實爲可賀，乃上奏。
《興元奏請許渾瑊李晟等諸軍兵馬自取機便狀》。《通鑑》：上議晟、瑊諸軍規畫進取，贄上奏。
《興元請撫循李楚琳狀》。《通鑑》：楚琳除鳳翔節度使，上心惡之，留楚琳使者不遣，贄上奏。
《興元論中官及朝官賜名定難功臣狀》
《興元論賜渾瑊詔書爲取散失内人等議狀》。《通鑑》：『上令贄草詔賜瑊，使訪求奉天所失裹頭内人。』贄上奏。
《鑾駕將還宮闕論發日狀》
《請釋趙貴先罪狀》
《論替换李楚琳狀》。《通鑑》：上以鳳翔迎駕諸軍，形勢甚盛，欲遣人代楚琳，贄論奏。
貞元元年，乙丑。　三十二歲。

春，贈顏真卿司徒，謚文忠。希烈陷鄧州。
夏，朱滔卒，以其將劉怦代之。怦尋卒，子濟復代之。
上又欲赦懷光，馬燧固争，請一月平之。
秋，懷光爲其下所殺。
《舊傳》：『貞元初，李抱真入朝，從容奏曰：「陛下幸奉天、山南時，赦書至山東，宣諭之時，士卒無不感泣，臣即時見人情如此，知賊不足平也。」』
《貞元改元大赦制》。《舊紀》：正月，丁酉朔，大赦改元。
十一月，《冬至大禮大赦制》。
《蝗蟲避正殿降免囚徒德音》。《新紀》：是年八月，甲子，以旱，避正殿減膳。
《誅李懷光後原宥河中將吏并招諭淮西詔》
六月，《册嘉誠公主文》。
十一月，《告謝昊天上帝册文》。
《告謝玄宗廟文》
《告謝肅宗廟文》
《告謝代宗廟文》
《祭大禹廟文》

《策問賢良方正能直言極諫科》

《策問博通墳典達於教化科》。云：『朕獲主神器，七年於兹。』案，帝以大曆己未即位，故云七年。

又，《策問識洞韜略堪任將帥科》。《舊紀》：貞元元年，上御正殿，策賢良方正、能直言極諫等三科舉人。

《答百寮賀利州連理木》

《答宰臣請復御膳表》。又，《答百寮請復御膳表》。案，是年正月，詔減御膳。

《張延賞中書侍郎平章事制》。《新紀》：是年六月，辛卯，劍南西川節度使張延賞爲中書侍郎、同中書門下平章事。

《賈耽東都留守制》。《舊紀》：是年六月，壬午，以工部尚書賈耽兼御史大夫、東都留守。

《收河中後請罷兵狀》。《通鑑》：贄以河中既平，慮有希旨生事，請乘勝討淮西。兵連禍結，賦役繁興。遂上奏狀。

貞元二年，丙寅。　三十三歲。

春，以劉滋、崔造、齊映同平章事。

夏，淮西將陳仙奇斬李希烈以降。別將吴少誠復殺仙奇。

《誅李希烈後原淮西將士并授陳仙奇節度使詔》、《重原宥淮西將士詔》。

《賑恤諸道將吏百姓等詔》

《優恤畿内百姓并除十縣令詔》。云『每日所進膳各減一半』。《新紀》：貞元二年，詔減御膳之半。

《賜京畿及同華等州百姓種子賑給貧人詔》。云『春陽布和』。案，上年冬至詔：『今年蝗旱損甚，開春之後，量給種子，使就農功。』則此詔定在二年春。

《令諸道募靈武鎮守人詔》。『吐蕃負恩背盟。』《新紀》：是年吐蕃入寇。

十一月，《册淑妃王氏爲皇后文》。

《劉滋崔造齊映平章事制》

《李勉太子太師制》。《新書·李勉傳》：勉以檢校司徒平章事，居相二載辭位，以太子太師罷。

《崔造右庶子制》。《通鑑》：是年十二月，庚申，崔造罷爲右庶子。

《盧翰太子賓客制》。《新書·宰相表》：是年正月，壬寅，盧翰罷爲太子賓客。

《崔縱東都留守制》。《舊紀》：是年九月戊戌，以吏部侍郎崔縱檢校禮部尚書、東都留守。

《虔王申光隨蔡等州節度使制》。《新書·虔王諒傳》：是年領蔡州節度等使。

《韓滉度支鹽鐵轉運使制》。《通鑑》：是年十二月丁巳，以滉兼度支、諸道鹽鐵轉運等使。

《李叔明右僕射制》。充劍南東川節度副大使知節度事。《舊紀》：是年以劍南東川節度使李叔明爲太子太傅。

《唐朝臣振武節度論惟明鄜坊觀察使制》。《舊紀》：是年七月，戊午，以鄜坊節度唐朝臣爲單于大都護、振武綏銀節度使，右金吾大將軍論惟明爲鄜州刺史、鄜坊都防禦觀察使。

《李澄贈司空制》。《新書·澄傳》：是年卒，贈司空。

《賜安西管内黄姓纛官鐵券文》。八月三日。《除鄧州歸順官制》。『迫以凶威，陷於寇境』。案，上年春李希烈陷鄧州。是年，希烈既誅，除獻款投誠歸順者，故有此制。

《賜吐蕃將書》。遣倉部郎中兼侍御史趙聿，並令趙聿口宣尚結贊。又《賜吐蕃宰相尚結贊書》、《賜尚結贊第二書》、《賜尚結贊第三書》。案，《舊書·吐蕃傳》：貞元二年，命倉部郎中兼侍御史趙聿爲入吐蕃使。

貞元三年，丁卯。　三十四歲。

以李泌同平章事。

《馬燧李皋實封制》。《舊紀》：是年以荆南節度使曹王皋爲山南東道節度使。六月，丙戌，以檢校司徒、侍中馬燧爲司徒兼侍中。《舊傳》：『時贄母韋氏在江東，上遣中使迎至京師，搢紳榮之。俄丁母憂，東歸洛陽，寓居嵩山豐樂寺，藩鎮賻贈及别陳餉遺，一無所取；與韋皋布衣時相善，唯西川致遺，奏而受之。贄父初葬蘇州，至是欲合葬，上遣中使護其柩車至洛，其禮遇如此。』案，公免喪後除官，在貞元六年初，故知丁母憂，約在三年也。

貞元四年，戊辰。　三十五歲。

六月，徵處士陽城爲諫議大夫。

貞元五年，己巳。三十六歲。

春，以董晉、竇參同平章事。

貞元六年，庚午。　三十七歲。

《舊紀》：『二月，丙戌，以中書舍人陸贄權兵部侍郎。』

《舊傳》：『免喪，權知兵部侍郎，依前充學士。中謝日，贄伏地而泣，德宗爲之改容敘慰。恩遇既隆，中外屬意爲輔弼，而宰相竇參素忌贄，贄亦短參之所爲，言參黷貨，由是與參不平。』

貞元七年，辛未。　三十八歲。

《舊傳》：『七年，罷學士，正拜兵部侍郎，知貢舉。時崔元翰、梁肅文藝冠時，贄輸心於肅，肅與元翰推薦藝實之士，昇第之日，雖衆望不愜，然一歲選士，纔十四五，數年之内，居臺省清近者十餘人。』

《新書·歐陽詹傳》：『舉進士，與韓愈、李觀、李絳、崔群、王涯、馮宿、庾承宣聯第，皆天下選，時稱「龍虎榜」』。又，《崔群傳》：『未冠，舉進士，陸贄主貢舉，梁肅薦其有公輔才，擢甲科。』

韓愈《與祠部陸員外書》：『往者陸相公司貢士，考文章甚詳，愈時亦幸在得中。其後一二年，所與及第者，皆赫然有聲。原其所以，亦由梁補闕肅、王郎中礎佐之。梁舉八人，無有失者，其餘則王皆與謀焉。陸相之考文章甚詳也，待梁與王如此不疑也，梁與王舉人如此之當也，至今以爲美談。』案，試題《明水賦》，得進士韓愈等二十三人。《舊傳》：『既與二吴不協，漸加浸潤，恩禮稍薄，及通玄敗，上知誣枉，遂復見用。』

權德輿《序》：『翰林學士吴通玄每切中傷，陰結延齡，互言公短。』

《新書·吴通玄傳》：『與弟通微，見贄驟擢，頗娼恨。贄自恃勁正，屢短通玄於帝，即建言：「承平時，工藝書畫之冗，皆待詔翰林而無學士，至德以來，命集賢學士入禁中草書詔。今四方無事，制書宜歸中書舍人，請罷學士。」帝不許。貞元七年，通玄拜諫議大夫，大怨望。贄與竇參交惡，參從子申、從舅嗣虢王則之，共危贄。則之飛謗云：「贄試進士，受賄謝。」帝惡誣構，大怒，罷參宰相，逐則之、通玄，贄遂相矣。』

貞元八年，壬申。　三十九歲。

春，汴宋帥劉玄佐卒軍中，立其子士寧。

夏，賜諫議大夫吴通玄死，貶竇參爲郴州别駕。

《舊書》：『四月乙未，以尚書左丞趙憬、兵部侍郎陸贄爲中書侍郎，同中書門下平章事。』

自薦屬官。』

《舊傳》：『贄久爲邪黨所擠，因而得位，意在不負恩奬，悉心報國，以天下事爲己任。上即位之初，用楊炎、盧杞秉政，樹立朋黨，排擯良善，卒致天下沸騰，鑾輿奔播。懲是之失，貞元已後，雖立輔臣，至於小官除擬，上必再三詳問，久之方下。及贄知政事，請許臺省長官自薦屬官。』

《請許臺省長官舉薦屬吏狀》。《新書》：『贄秉政，始請臺閣長官得自薦其屬，有不職，坐舉者。帝初許之。或言諸司所引皆親黨，招賂遺，無實才，帝復詔宰相自擇。贄奏言。』

《請遣使臣宣撫諸道遭水州縣狀》。《通鑑》：『河南、北、江、淮、荆、襄、陳、許等四十餘州大水，溺死者二萬餘人，贄請遣使賑撫。』

《論淮西管内水損處請同諸道遣宣慰使狀》。《論嶺南請於安南置市舶使狀》。《通鑑》：『嶺南節度使奏：「海舶珍異，多就安南市易，欲遣判官就安南收市，乞命中使。」贄上言。』

《論宣令除裴延齡度支使狀》。《通鑑》：『上欲用司農少卿裴延齡爲度支，贄謂延齡誕妄小人，用之駭物聽，上不從。』

《請減京東水運收脚價於緣邊州鎮儲蓄軍糧事宜狀》。《通鑑》：『贄上言，以邊儲不贍，由於措置失當、蓄斂乖宜。』

《論齊映齊抗官狀》。《舊紀》：八年，以齊抗爲潭州刺史、湖南觀察使，齊映爲洪州刺史、江西觀察使。

權德輿《序》：『公以少年入侍内殿，特蒙知遇，不可與衆浮沉，苟且自愛，事有不可，必諍之。上察物太精，躬臨庶政，失其大體，動與公違，姦諛從而間之，屢至不悦。親友或規之，公曰：「吾上不負天子，下不負吾所學，不恤其他。」公精於吏事，斟酌剖決，不爽錙銖，其經綸制度，具在《德宗實録》。』

韓愈《順宗實録》：『八年春，平章事，始令吏部每年集選人。舊事，吏部每年集人，其後遂三年一置選。選人猥至，文書多，不了尋勘，真僞紛雜，吏因得大爲姦巧。選士一蹉跌，或至十年不得官；而官之闕者，或累歲無人。贄令吏部分内外官員爲三分，計闕集人以爲常，其弊十去七八，天下稱之。』

貞元九年，癸酉。　四十歲。

《舊紀》：『故事，宰相秉筆决事，每人十日一易。至是賈耽、趙憬、陸贄、盧邁同平章政事，百寮有所關白，更相讓而不言。始詔定旬日秉筆，後詔每日更秉筆。』

十一月，《冬至大禮大赦制》。

《謝密旨因論所宣事狀》。《通鑑》：上諭贄，要重之事，勿對趙憬陳論，當密封手疏。苗粲兄弟，宜改外官。又『卿清慎太過，諸道饋遺，受亦無傷』。贄上奏。

《論緣邊守備事宜狀》。《通鑑》：『贄上奏論備邊六失，以爲：「措置乖方，課責虧度，財匱於兵衆，力分於將多，怨生於不均，機失於遥制。」』

《商量處置竇參事體狀》。《通鑑》：上怒，欲殺竇參，贄上奏，以爲『參罪不至死。且朝廷大臣，不可誅之無名』。又，《奏議竇參等官狀》、《請不簿録竇參莊宅狀》。

《請依京兆所請折納事狀》

《論度支令京兆府折稅市草事狀》、《議汴州逐劉士寧事狀》。

《請不與李萬榮汴州節度使狀》。《通鑑》：上議李萬榮逐劉士寧，除一親王充節度使，萬榮知留後，贄復上奏。

《請還田緒所寄撰碑文馬絹狀》。節度使田緒送馬一匹、絹二千匹。先奉旨爲其亡父承嗣撰遺愛碑文，贄以承嗣阻兵犯命，靡惡不爲，請還馬絹以却之。

貞元十年，甲戌。　四十一歲。

《論左降官準赦合量移剳子》、《再奏量移官狀》、《三進量移官狀》。《通鑑》：『贄以郊禮赦下已近半年，而竄謫者尚未霑恩，乃爲三狀擬進。』

《請邊城貯備米粟等狀》。『去歲版築五原，大興師旅。』案，《舊紀》：貞元九年，築鹽州城。鹽州即五原，見《新書·地理志》。

《論裴延齡姦蠹書》。《通鑑》：『十一月，壬申，贄極陳延齡姦詐，數其罪惡。』『書奏，上不悦，待延齡益厚。』

《論朝官闕員及刺史等改轉倫序狀》

《均節賦税恤百姓》。凡六條。第一條論兩税之弊須有釐革，第二條請兩税以布帛爲額不計錢數，第三條論長吏以增户加税闢田爲課績，第四條論兼并之家私斂重於公税。

《舊傳》：『十年十一月，除太子賓客，罷知政事。贄性畏慎，及策免私居，朝謁之外，不通賓客，無所過從。』

韓愈《順宗實録》：『宰相趙憬，本贄所引同對，嫉贄之權，密以贄彈事告延齡。延齡益得以爲計。由是天子益信延齡，而不直贄，竟罷贄相，以爲太子賓客。』

貞元十一年，乙亥。　四十二歲。

《舊傳》：『十一年春，旱，邊軍芻粟不給，具事論訴；延齡言贄與張滂、李充等摇動軍情。德宗怒，將誅贄等四人。會諫議大夫陽城等極言論奏，乃貶贄爲忠州别駕。』『贄在忠州十年，常閉關静處，人不識其面，復避謗不著書。家居瘴鄉，人多癘疫，乃抄撮方書，爲《陸氏集驗方》五十卷，行於代。』後薛延爲忠州刺史，朝辭日，德宗令宣旨慰安。而韋皋累上表，請以贄代己。

貞元十二年，丙子。　四十三歲。

貞元十三年，丁丑。　四十四歲。

司馬光《稽古録》：『上自陸贄罷相後，事無大小，皆自决之，宰相奉行文書而已。然所詢謀倚信者，皆纖邪之人，裴延齡及京兆尹李實、翰林學士韋執誼等，毁譽任情，賞罰益紊焉。又令中官掌宫市，强買人物，京師苦之。』

貞元十四年，戊寅。　四十五歲。

貞元十五年，己卯。　四十六歲。

貞元十六年，庚辰。　四十七歲。

貞元十七年，辛巳。　四十八歲。

貞元十八年，壬午。　四十九歲。

貞元十九年，癸未。　五十歲。

貞元二十年，甲申。　五十一歲。

順宗永貞元年，乙酉。　五十二歲。

《舊紀》：貞元二十一年，春正月，癸巳，上崩，丙申發喪。皇太子即位，永貞元年。

《舊傳》：『順宗即位，與陽城、鄭餘慶同詔徵還，詔未至而贄卒，時年五十二。贈兵部尚書，謚曰宣。子簡禮，登進士第，累辟使府。』